财政部规划教材
全国财政职业教育教学指导委员会推荐教材
全国高职高专院校财经类教材

财务信息审计

涂 君 高楚云 张乐君 主 编
刘建春 赵文莉 尹 敏 陆春风 副主编
单龙生 胡 键 参 编

中国财经出版传媒集团
中国财政经济出版社

图书在版编目（CIP）数据

财务信息审计／涂君，高楚云，张乐君主编．—北京：中国财政经济出版社，2018.8（2024.1重印）

财政部规划教材　全国财政职业教育教学指导委员会推荐教材　全国高职高专院校财经类教材

ISBN 978－7－5095－8501－6

Ⅰ.①财…　Ⅱ.①涂…　②高…　③张…　Ⅲ.①财务审计－高等职业教育－教材　Ⅳ.①F239.41

中国版本图书馆CIP数据核字（2018）第204937号

责任编辑：樊　闽　　　　责任校对：唐　堂

封面设计：构远设计

中国财政经济出版社出版

URL：http：//www.cfeph.cn

E－mail：cfeph@cfeph.cn

社址：北京市海淀区阜成路甲28号　邮政编码：100142

营销中心电话：010－88191537　北京财经书店电话：64033436　84041336

北京富生印刷厂印刷　各地新华书店经销

787×1092毫米　16开　19.25印张　453 000字

2018年9月第1版　2024年1月北京第4次印刷

定价：42.00元

ISBN 978－7－5095－8501－6

（图书出现印装问题，本社负责调换）

本社质量投诉电话：010－88190744

打击盗版举报热线：010－88191661　QQ：2242791300

前 言

本书是财政部规划教材、全国财政职业教育教学指导委员会推荐教材，由财政部教材编审委员会组织编写并审定，作为全国高等职业院校财经类教材使用。本书的编写力图突出以下特征：

1. 科学编排，任务导向

审计是一门理论和实践紧密结合的课程。对初学者来说，学习本课程最怕的就是陷入各种术语、原理等大段的文字表述。为了让学生更好地抓住重点和关键，本书从编写体例上做了科学的安排：(1) 整体布局上，从审计认知到实务简介，再到内审案例分析，最后介绍审计报告，确保循序渐进；(2) 强调通过行动学习，无论是每个篇章开头的“情境引例”、正文业务举例中的“做中学”“动脑筋”“典型案例”，还是章后的“职业能力训练”和“技能强化训练”，都力图打造学以致用的学习反馈闭环；(3) 内容表述上，在追求系统性和精确度的同时，尽可能做到精炼，并与实例紧密结合。

2. 从实务中来，到实务中去

本书根据实务界的最新趋势配备了大量具有较强时效性的案例，让学生从身边的事件和典型实例入手，带着领悟真实商业世界的兴趣去学习审计知识。全书的案例经过精心挑选，既相互独立，又整体覆盖，代表性和系统性兼具。从第2篇开始，案例包含了舞弊形态及其发现、查证技术，并强调分析和业务处理，突出审计过程的关键环节。我们相信，这种“从实务中来，到实务中去”的教学方式有助于提高学生学习审计理论及相关知识的积极性和主动性，帮助他们更好地了解审计工作的内在机理、基本规律及变动趋势。

本书由涂君、高楚云、张乐君担任主编，刘建春、赵文莉、尹敏、陆春风担任副主编，湖南兴源会计师事务所的单龙生和胡键两位注册会计师也参与了教材的编写，并提供了大量的审计案例。在编写过程中，我们借鉴了审计领域的前沿文献和实务资料，以及最新的审计准则及其指南、企业内部控制基本规范及配套指引等，在此一并表示感谢。由于水平和时间有限，书中难免存在纰漏，恳请大家批评指正。

编者

2019 年 8 月

目　录

第1篇 1

审计认知

学习情境1.1 审计基本理论知识

职业能力目标	专业能力	熟悉审计的含义、产生、发展；了解内部审计对象、特征、职能和作用
	职业核心能力	掌握审计证据的特征和分类，能够灵活运用所学方法获取审计证据，能独立编制和审核审计工作底稿
主要概念	内部审计对象；内部审计职能；审计证据	

学习子情境1.1.1 内部审计的产生和发展

情境引例

假如你是一名审计人员，准备审查一所学校是否存在乱收费行为，你会从哪些方面进行审计？

要求：请畅所欲言，从学校审计的提议中对审计建立初步的认知。

一、我国审计的产生和发展

（一）国家审计的产生和发展

审计是社会经济发展到一定阶段的产物，并随着社会经济的发展而发展。审计的产生得益于财产的所有者和经营者之间的经济责任关系的形成。财产的所有权和经营权的分离是审计产生的最直接条件。

我国国家审计的萌芽阶段出现在西周时期，当时出现了“地官司徒”和“天官冢宰”，分别掌管财政收入和财政支出；“冢宰”下设“宰夫”一职，主要负责对各级官府财政收入进行稽查，成为我国官方审计的雏形。秦汉时期主要负责民政、财政及财务收支监察的“御史大夫”一职的出现，是审计最终确立的阶段。隋唐时代至宋朝，是审计日臻健全的阶段，特别是南宋时期“审计司”“审计院”的建立，是我国审计的正式命名。元、明、清三代均是由都察院兼管审计，国家审计发展停滞不前。1912 年国务院下设审计处、1914 年《审计法》的颁布及 1931 年监察院下设审计部，各省（市）设审计处等，都标志着民国时期，审计进入了不断演进阶段。而 1983 年 9 月中华人民共和国审计署成立、1988 年 11 月《中华人民共和国审计条例》颁布、1994 年 8 月通过、1995 年 1 月 1 日施行的《中华人民共和国审计法》，这一切都说明了中华人民共和国成立后，审计进入了振兴阶段。

（二）内部审计的产生和发展

我国内部审计萌芽于西周时期，蓬勃发展于新中国成立以后。1985 年 12 月审计署颁布了《审计署关于内部审计的若干规定》，2003 年 5 月 1 日实行的《审计署关于内部审计工作的规定》及审计署颁发的相关文件，就开展社会审计的重大问题做出了具体规定，从而有力地推动了我国内部审计向前发展。

项目审计计划（具体审计计划）是指审计人员对每一个具体的审计项目做出的详细、细致的安排，包括时间和人员的具体安排。审计方案是对具体审计项目的审计程序及其时间所做的详细安排，项目审计计划和审计方案应在审计实施前编制完成，并经内部审计机构负责人批准。

二、西方民间审计的产生——“南海泡沫”事件

南海公司成立之初，是为了支持英国政府债信誉的恢复（当时英国为与法国争夺欧洲霸主发行了巨额国债），认购了总价值近 1000 万英镑的政府债券。作为回报，英国政府对该公司经营的酒、醋、烟草等商品实行了永久性退税政策，并给予其对南海（即南美洲）的贸易垄断权。当时，人人都知道秘鲁和墨西哥的地下埋藏着巨大的金银矿藏，只要能把英格兰的加工商送上海岸，数以万计的“金砖银块”就会源源不断地运回英国。

1719 年，英国政府允许中奖债券与南海公司股票进行转换。同年年底，南美贸易障碍扫除，加上公众对股价上扬的预期，促进了债券向股票的转换，进而带动股价上升。1720 年，南海公司承诺接收全部国债，作为交易条件，政府要逐年向公司偿还，公司允许客户以分期付款的方式（第一年仅仅只需支付 10% 的价款）来购买公司的新股票。1720 年 2 月 2 日，英国下议院接受了南海公司的交易，南海公司的股票立即从 129 英镑跳升到 160 英镑；

当上议院也通过议案时，股票价格涨到了 390 英镑。投资者趋之若骛，其中包括半数以上的参众议员，就连国王也禁不住诱惑，认购了价值 10 万英镑的股票。由于购买踊跃，股票供不应求，公司股票价格狂飙。从当年 1 月的每股 128 英镑上升到 7 月份的每股 1000 英镑以上，6 个月涨幅高达 700%。

在南海公司股票示范效应的带动下，全英所有股份公司的股票都成了投机对象。社会各界人士，包括军人和家庭妇女，甚至物理学家牛顿都卷入了漩涡。人们完全丧失了理智，他们不在乎这些公司的经营范围、经营状况和发展前景，只相信发起人说他们的公司如何能获取巨大利润，人们惟恐错过大捞一把的机会。一时间，股票价格暴涨，平均涨幅超过 5 倍。大科学家牛顿在事后不得不感叹："我能计算出天体的运行轨迹，却难以预料到人们如此疯狂"。

1720 年 6 月，为了制止各类"泡沫公司"的膨胀，英国国会通过了《泡沫法案》。1721 年议会聘请查尔斯·斯耐尔进行审查，标志独立审计师——注册会计师的诞生。

【业务 1－1】做中学

王丽受聘担任建业会计事务所的总经理，他曾经做过营销工作，此番出任，踌躇满志。上任后，王丽一改从前建业创办人的稳健作风，以经营企业的策略和手段来经营会计师事务所，使事务所的业务快速扩展。近年来，中国证券市场异常活跃，有意申请股票上市的公司如雨后春笋。王丽适时聘请了在证监会任要职的李先生做顾问，并大肆宣传。

思考：经营会计师事务所这一行业，是否如同经营其他公司？是否能用广告或其他促销方式来扩大业务量？

学习子情境 1.1.2　内部审计机构和审计人员

情境引例

慧仁医院没有独立设置的审计机构，相关业务一直由财务处"兼任"。2018 年上级审计机关要求该医院设置独立的审计机构，医院负责人想不明白，审计和会计不是有密切联系吗，为什么要分开？

分析：独立性原则是设立内部审计机构最重要的原则。内审机构在组织机构、人员、工作和经费等方面应独立于被审计单位，不受其他部门和人员的干预，才能更好地体现审计的客观性、公正性。

一、内部审计机构

内部审计机构是指在部门、单位内部从事组织和办理审计业务的专门部门，是我国审计主体的重要组成部分。我国内部审计机构包括部门内部审计机构和单位内部审计机构。部门审计机构，指国务院和县以上地方各级政府按行业划分的业务主管部门设置的专门审计机构。单位内部审计机构，指金融机构、企事业单位等设置的专门审计机构。1995 年审计署颁布的《关于内部审计工作的规定》明确，国家机关、金融机构、企事业组织、社会团体以及其他单位，应当按照国家有关规定建立健全内部审计制度。法律、行政法规没有明确规定设立内部审计机构的单位，可以根据需要设立内部审计机构。对于有内部审计工作需要，但不具有设立独立的内部审计机构条件和人员编制的国家机关，可以授权本单位内设机构履行内部审计职责。

在我国，要设立独立的内部审计机构都应当遵循下列两个原则：一是独立性原则。内部审计机构在组织、人员、工作和经费等方面应独立于被审计单位，独立行使审计职权，不受其他职能部门和个人的干涉，以体现审计的客观性、公正性和有效性。二是权威性原则。内部审计机构的组织地位和设置层次越高，权威性越大，内部审计的作用就发挥得越充分。

二、内部审计人员

（一）内部审计人员的组成

内部审计人员是指在部门、单位内部审计机构从事审计事务的人员，以及在部门、单位内设置的专职从事审计事务的人员。内部审计人员中除熟悉会计、财务、审计的专业人员以外，也可视工作需要配备其他专业人员，如经济师、工程师、律师等。

（二）内部审计人员的职业要求

根据中国内部审计准则《第 1201 号——内部审计人员职业道德规范》，内部审计人员应遵循以下要求：

（1）内部审计人员在从事内部审计活动时，应当保持诚信正直。

（2）内部审计人员应当遵循客观性原则，公平、不偏不倚地做出审计职业判断。

（3）内部审计人员应当保持并提高专业胜任能力，按照规定参加后续教育。

（4）内部审计人员应当遵循保密原则，按照规定使用其在履行职责时所获取的信息。

（5）内部审计人员违反本规范要求的，单位应批评教育，也可以视情节给予一定的处分。

三、内部审计机构的权限

根据审计署《关于内部审计工作的规定》要求，内部审计机构的权限主要有：

（1）要求报送资料权。要求被审计单位根据内部审计工作的需要，及时报送生产、经营、财务收支计划、预算执行情况、决算、会计报表和其他有关文件、资料。

（2）审核检查权。即审核凭证、账表、决策资料，检查资金和财产，检测财务会计软件，查阅有关文件和资料。

（3）参加会议权。可参加本单位有关会议，召开与审计事项有关的会议。

（4）调查取证权。对审计涉及的有关事项进行调查，并索取有关文件、资料等证明材料。

（5）临时制止权。对正在进行的严重违法违规、严重损失浪费行为，做出临时制止决定。

（6）临时措施权。对阻挠、妨碍审计以及拒绝提供有关资料的，经单位领导人批准，可以采取必要的临时措施，并提出追究有关人员责任的建议。

（7）建议意见权。内部审计机构有权提出改进管理、提高效益的建议和纠正、处理违反财经法规行为的意见。

（8）建议反映权。对违法违规和造成损失浪费的单位和人员，向上级内部审计机构或审计机关，提出给予通报批评或者追究责任的建议。

四、内部审计人员的职业道德规范

内部审计人员的职业道德规范是依据《中华人民共和国审计法》《审计署关于内部审计工作的规定》及相关法律法规制定的，具体内容如下：

（1）内部审计人员在履行职责时，应当严格遵守中国内部审计准则及中国内部审计协会制定的其他规定。

（2）内部审计人员不得从事损害国家利益、组织利益和内部审计职业荣誉的活动。

（3）内部审计人员在履行职责时，应当做到独立、客观、正直和勤勉。

（4）内部审计人员在履行职责时，应当保持廉洁，不得从被审计单位获得任何可能有损职业判断的利益。

（5）内部审计人员应当保持应有的职业谨慎，并做出合理的职业判断。

（6）内部审计人员应当保持和提高专业胜任能力，必要时可聘请有关专家协助。

（7）内部审计人员应诚实地为组织服务，不做任何违反诚信原则的事情。

（8）内部审计人员应当遵循保密性原则，按规定使用其在履行职责时所获取的资料。

（9）内部审计人员在审计报告中应客观地披露所了解的全部重要事项。

（10）内部审计人员应具有较强的人际交往技能，妥善处理好与组织内外相关机构和人士的关系。

（11）内部审计人员应不断接受后续教育，提高服务质量。

【业务1-2】动脑筋　如何理解内部审计机构的权限？

学习子情境1.1.3　内部审计对象、特征、职能、作用

一、内部审计的对象

内部审计对象是指内部审计在部门、单位等组织中所要进行检查和评价的内容，其具体对象是指被审计单位（或公司）的经济业务活动。具体而言，内部审计的对象主要包括下列内容：

（1）内部审计要检查和评价财务收支活动的合法性和合规性。内部审计主要检查这些活动是否符合国家的有关政策和法规，是否有违反法纪的虚假行为，是否符合有关内部制度的要求，检查和评价各种报表、信息的真实性和可靠性，鉴证账实是否相符，一般也称为“内部财务审计”。

（2）内部审计人员把企业供、产、销等业务经营活动的过程和结果作为具体审计对象。内部审计主要检查和评价经济业务活动的效率、效果和资源消耗是否经济，一般又称为“内部经营审计”。

（3）内部审计还必须检查和评价单位的内部控制制度和管理活动。即内部审计主要检查和评价各部门管理制度设计的合理性，组织目标和方针的恰当性及其履行的有效性，鉴定组织内部各职能部门存在的或潜在的薄弱环节，检查和评价单位的人事政策、人员素质及培训情况等，进而提出改进管理的措施和建议，以促进管理素质和水平的提高。因此，内部审计工作要从管理素质的改善和管理水平的提高这两个角度入手，一般又称为“内部管理审计”。

二、内部审计的特征

1. 服务的内向性

内部审计的目的在于促进本部门、本单位经营管理和经济效益的提高，因而内部审计既是本单位的审计监督者，也是根据单位管理要求提供专门咨询的服务者。服务的内向性是内部审计的基本特征。内部审计一般在本单位主要负责人的领导下进行工作，只向本单位领导负责。

2. 工作的相对独立性

一方面，内部审计同外部审计一样，都必须具有独立性，在审计过程中必须根据国家的法律法规及有关财务会计制度，独立地检查、评价本部门、本单位及所属各部门、各单位的财务收支及与此相关的经营管理活动，维护国家和单位利益。另一方面，由于内部审计机构是部门、单位内设的机构，内部审计人员是本单位的职工，这就使内部审计的独立性受到很大的制约，特别是遇到国家利益与部门、单位利益发生冲突的情况下，内部审计机构的独立决策可能会受到本单位利益的限制。

3. 审计程序的相对简化性

内部审计的程序主要包括规划、实施、终结和后续审计四个阶段。由于内部审计机构对本部门、本单位的情况比较熟悉，在具体实施审计过程中，各个阶段的工作都大为简化。一是规划阶段中的许多工作，往往可以结合日常工作来进行，从而使规划工作量得以减少，时间也大为缩短。二是内部审计的实施过程，针对性比较强，许多资料和调查都依赖于内部审计人员的平时积累。三是内部审计机构提出审计报告后，通常由所在部门和单位出具审计意见书或做出审计决定。四是被审计单位对审计意见书和审计决定如有异议，可以向内部审计机构所在部门、单位负责人提出。

4. 审查和评价的及时性和广泛性

内部审计可以选择在事前、事中和事后进行审查和评价，可以在整个单位范围内自主灵活地选择审计的内容和审计的时间，以便及时地提供本单位经营和管理所需要的信息。

5. 与本单位目标的紧密相关性

内部审计的出发点是为实现本单位目标提供帮助。内部审计结果中至关重要的一点是为单位加强管理、规避风险，实现本单位的目标提出建议和意见。

三、内部审计的职能

内部审计主要具有监督、评价、控制和咨询四项职能。

1. 监督职能

内部审计部门是企业内部一种独立的经济监督主体，其基本职能就是经济监督。

2. 评价职能

所谓评价职能就是通过内部审计，对被审部门或单位的经济活动进行评价，从而有针对性的提出建议，促进单位改善经营管理，提高经济效益。

3. 控制职能

内部审计人是企业内部控制的再控制，能够站在单位发展的全局来分析和考虑问题，发现控制中存在的不足和问题，确保实现控制系统的最终目标。

4. 咨询职能

内部审计机构有义务和责任对企业的各项经营活动提供政策咨询服务，为单位各管理层提供有效的服务。

四、内部审计的作用

1. 监督各项制度、计划的贯彻情况，为本部门、本单位领导做出经营决策提供依据

现代内部审计已经从一般的查错防弊发展到对内部控制和经营管理情况的审计，涉及生产、经营和管理的各个环节。其不仅可以确定本部门、本单位的活动是否符合国家的经济方针、政策和有关法令，又可以确定部门内部的各项制度、计划是否得到落实，是否已达到预期的目标和要求。

2. 揭示经营管理薄弱环节，促进部门、单位健全自我约束机制

内部审计机构可以相对独立地对本部门、单位内部控制情况进行监督、检查，客观地反映实际情况，并通过这种自我约束性的检查，促进本部门、本单位建立健全内部控制制度。

3. 促进本部门、本单位改进工作或生产，提高经济效益

内部审计通过对经济活动全过程的审查，发现差异，分析差异形成的因素，评价经营业绩，提出改进措施，从而极大地促进经济效益的提高。

4. 监督受托经济责任的履行情况，维护本部门、本单位的合法经济权益

内部审计通过查明各责任者是否完成了应负经济责任的各项指标，以及这些指标是否真实可靠，既可以对责任者的工作进行正确评价，也能够揭示责任人与整个部门、单位的正当权益，有利于维护有关各方的合法经济权益。

5. 监控财产的安全，促进部门、单位财产物资的保值增值

内部审计通过对财产物资的经常性监督、检查，可以及时有效地发现问题，指出财产物资管理中的漏洞，并提出意见和建议，以促进有关部门加强财产物资管理，努力保证财产物资的安全完整并实现其保值、增值。

【业务 1-3】动脑筋

内部审计的职能与国家审计、民间审计的职能有何不同？

学习子情境 1.1.4　审计证据

情境引例

注册会计师王刚在对长江有限责任公司审计时，收集到以下六组审计证据：①收料单与购货发票；②销货发票副本与产品出库单；③领料单与材料成本计算表；④工资计算单与工资发放单；⑤存货盘点表与存货监盘记录；⑥银行询证函回函与银行对账单。

思考：上述每组审计证据中哪项证据较为可靠？

一、审计证据的含义

审计证据是指审计机关和审计人员在实施审计过程中根据自己的职业判断所获取的，用以证明审计事实真相，形成审计结论的证明材料。

二、审计证据的种类

（一）按外形特征分类

审计证据按外表形式的不同，可以分为实物证据、书面证据、口头证据、环境证据和视听电子证据。

1. 实物证据

实物证据是指通过观察和检查有形资产所取得的，用以确定实物资产是否存在的审计证据。如实际盘点现金，可以证明现金的存在。实物证据证明力最强，可以有效地证明实物资产的形态、数量、特征等。但是实物证据也具有一定的局限性，它不能证明实物资产的所有权、计价及分类等。

2. 书面证据

书面证据是指注册会计师通过检查、函证、计算和分析程序等方式，审查书面资料而取得的审计证据。如有关的原始凭证、记账凭证、各种合同、会议记录和文件、函件、声明

书、程序手册等。由于书面资料数量较多，来源广泛，因此书面证据成为审计证据的主要组成部分。

3. 口头证据

口头证据是指被审计单位员工或有关人员，对审计人员的提问所做的口头答复而形成的审计证据。口头证据往往掺杂作证者个人的主观看法，证明力较弱，不能独立地证明事实，但它可以提供重要的审计线索。在询问过程中，审计人员应将重要的口头证据形成书面记录，注明被询问者姓名、时间和地点，必要时，应要求被询问者签名确认。

4. 环境证据

环境证据是审计人员采用观察等方式取得的对被审事项产生影响的各种环境事实。如审计人员通过调查、评价企业内部控制，观察存货状况、生产秩序，了解管理人员的工作能力以及企业所处的经济环境、经营条件和发展趋势等，都可获得环境证据。环境证据不属于基本证据，但它有助于审计人员深入了解被审计单位的事实。

5. 视听电子证据

在证据信息化的大趋势下，以计算机及其网络为依托的电子数据在证明案件事实的过程中起着越来越重要的作用。这种以新的形态出现的证据形式在证据法律实践与理论研究中被定义为电子证据。电子证据是存储于磁性介质之中，以电子数据形式存在的诉讼证据，其在证据法中的地位是有限的，它充其量是印证当事人陈述、书证、物证等其他证据的有力工具。

【业务1-4】做中学

注册会计师在对某客户审计过程中，获取了销货发票存根联、购货发票、审计助理人员监盘存货的记录、询问客户应收账款负责人的记录、银行存款余额调节表、内部控制状况等审计证据。请指出上面的审计证据按外形特征分别属于哪一类。

分析：销货发票存根联、购货发票、银行存款余额调节表为书面证据，审计助理人员监盘存货的记录是实物证据，询问客户应收账款负责人的记录是口头证据，内部控制状况是环境证据。

（二）按相关程度分类

审计证据按相关程度分类，可以分为直接证据和间接证据。

1. 直接证据

直接证据是指审计人员通过实地盘点、观察、计算和检查等方法直接收集到的审计证据。其具有较强的证明力，能单独、直接地证明审计事项，如注册会计师亲自盘点取得的盘点记录。

2. 间接证据

间接证据是指由被审计单位提供的数据资料或审计人员经过分析推算后取得的数据资料。如企业财务人员向注册会计师提供的销售、利润、产量、产值、库存商品等数据，注册会计师依据上述数据计算的成本利润率等指标都是间接证据。

（三）按来源不同分类

审计证据按来源不同，可以分为外部证据、内部证据和亲历证据。

1. 内部证据

内部证据是指由被审计单位内部机构或职员编制和提供的书面证据。它包括被审计单位的会计记录、被审计单位管理当局的声明书等。一般而言，内部证据不如外部证据可靠，但当内部证据在外部流转并得到印证时则具有较高的可靠性。

2. 外部证据

外部证据是指由被审计单位以外的机构或人员编制的审计证据。由于外部机构或人员独立于被审计单位，外部证据一般具有较强的证明力。外部证据又可以分为：

（1）直接递交的外部证据。如应收账款的函证回函，律师等专家的证明信函，这类外部证据不仅是外部独立编制，且未经被审计单位之手，证明力最强。

（2）被审计单位持有并提交的外部证据。如银行对账单、购货发票、合同契约等，此类外部证据存放于被审计单位，注册会计师在评价其可靠性时，应当考虑篡改、伪造的可能。尽管如此，在一般情况下外部证据的证明力仍然要高于内部证据。

3. 亲历证据

亲历证据是指审计人员自行编制的各种审计证据。如审计人员自己编制的各种计算表、分析表等。这类证据的可靠性一般较高。

【业务1－5】做中学

注册会计师在审计过程中所收集的书面证据包括：销售发票、明细账、银行对账单、应收票据、有限责任公司章程、采购合同、董事会会议记录、应收账款函证回函、管理当局声明书、货运提单复印件。请将上述书面审计证据按其来源划分为外部证据和内部证据。

分析：①外部证据有银行对账单、应收票据、采购合同、应收账款函证回函、货运提单复印件等；②内部证据有销售发票、明细账、有限责任公司章程、董事会会议记录、管理当局声明书等。

（四）按其他标准分类

除上述几种分类外，审计证据还可以按重要性分为基本证据和辅助证据；按完备性分为现成证据和非现成证据；按注册会计师选择顺序分为首选证据和次选证据；按取证量分为总体证据和样本证据。

三、审计证据的特征

（一）审计证据的充分性

审计证据的充分性是对审计证据数量的衡量，主要与审计人员确定的样本量有关。如从

200个样本中获取的证据要比从100个样本中获得的证据更充分。那么，是否审计证据越多越好？回答是否定的。因为为了取得过多的审计证据必然要耗费过多的审计成本，影响审计效益和效率。审计证据的充分性与重大错报风险和审计证据的质量有关。注册会计师仅靠获取较多的审计证据无法弥补质量上的缺陷。

（二）审计证据的适当性

审计证据的适当性，是对审计证据质量的衡量。适当性包括相关性和可靠性，只有相关可靠的审计证据才是高质量的。

1. 审计证据的相关性

相关性是指用做审计证据的信息与审计程序的目的和所考虑的相关认定之间的逻辑联系。审计人员获取的审计证据，必须与审计目标相关。

【业务1-6】做中学

注册会计师在审计过程中获取以下审计证据：观察经营活动的记录；询问被审计单位的管理当局和生产部门的书面记录；检查固定资产明细账和相关凭证的记录；检查固定资产实物的盘点表。请分析哪一项审计证据是证实固定资产存在最相关的审计证据。

分析：对固定资产盘点是证明固定资产存在最直接的方法，因此固定资产实物的盘点表是证实固定资产存在最相关的审计证据。

2. 审计证据的可靠性

审计证据的可靠性是指证据的可信程度。例如，注册会计师亲自检查存货所获得的证据，就比被审计单位管理层提供给注册会计师的存货数据更可靠。在判断审计证据的可靠性时，审计人员通常会考虑下列原则：

（1）从外部独立来源获取的审计证据比从其他来源获取的审计证据更可靠。从外部独立来源获取的审计证据未经被审计单位有关人员之手，减少了伪造、更改的可能性，因而证明力最强。如应收账款询证函回函等。

（2）内部控制有效时生成的审计证据比内部控制薄弱时生成的审计证据更可靠。如果被审计单位有着健全的内部控制且得到一贯执行，会计记录的可信程度将大幅增加；反之，会计记录的可信程度将大幅降低。

（3）直接获取的审计证据比间接获取或推论得出的审计证据更可靠。如审计人员观察某项内部控制的运行得到的证据比询问被审计单位得到的审计证据更可靠。

（4）以文件、记录形式存在的审计证据比口头形式存在的审计证据更可靠。如会议的同步书面记录比口头表述更可靠。

（5）从原件获取的审计证据比从传真件或复印件获取的审计证据更可靠。传真件或复印件容易被篡改或伪造，可靠性较低。

【业务1-7】做中学

注册会计师在审计长江公司的过程中获取以下审计证据：该公司连续编号的采购订单；

该公司编制的成本分配计算表；该公司提供的银行对账单；该公司管理层提供的声明书。请分析哪一项审计证据最可靠。

分析：银行对账单可靠性最强，因为银行对账单属于外部证据，其余三项均为内部证据。外部证据可靠性强于内部证据。

四、审计证据的获取

审计人员获取审计证据可以采用下列方法：

（1）审核。主要包括凭证的审核、账簿的审核和报表的审核。一般情况下，审核与复校通常是结合起来使用的。

（2）观察。是指审计人员亲赴现场，对被审对象的环境状况进行实际观察，从而取得审计证据，常用于生产经营管理、财产物资保管、内部控制系统的遵行、资源的利用、劳动效率和纪律等情况的观察。

（3）监盘。是指审计人员通过实地监督盘点取得审计证据。如审计人员对房屋建筑物、机器设备等固定资产的监盘。

（4）查询及函证。是指审计人员对有关人员进行书面或口头询问以获取审计证据的方法，又分为面询和函询。

（5）计算。是指审计人员对被审计单位的原始凭证及会计记录的数据进行的验算或另行计算。

（6）分析性复核。是指分析被审计单位重要的比率或趋势，包括调查这些比率或趋势的异常变动及其与预期数额和相关信息的差异。

学习子情境 1.1.5　审计工作底稿

一、审计工作底稿的含义

审计工作底稿是指审计人员在审计过程中按照一定的审计格式填制的，反映审计活动和所获取的相关信息资料形成的工作记录，是联系审计证据和审计结论的桥梁。它形成于审计过程，也反映整个审计过程。审计工作底稿可以以纸质、电子或其他介质形式存在。

二、审计工作底稿编写的基本要求

（一）内容完整

即审计工作底稿的基本内容需完整无缺，所附审计证据应该齐全。

（二）记录清晰

审计工作底稿的审计程序、记录清晰，文字工整，语言表达清楚，数字整洁，便于识别。相关工作底稿之间如存在勾稽关系应予以清晰反映，相互引用时应交叉注明索引编号。填制人员和复核人员均应在审计工作底稿上签字，并注明日期。

（三）标识一致

审计人员在审计工作底稿中可使用各种审计标识，但应注明含义并保持前后一致。

（四）格式规范

审计工作底稿在结构设计上应当合理，并有一定的逻辑性，审计人员应严格按照格式编制工作底稿。但需注意要求格式规范并非意味着格式统一，一成不变。

（五）结论明确

审计人员的总体结论是根据各具体事项的具体审计结论综合而成的，对每一事项的审计完成后，应有明确的审计结论，并列示在审计工作底稿上。

三、审计工作底稿的内容

（一）审计工作底稿应载明的事项

（1）审计事项及其期间或截止日期；

（2）被审计单位的名称；

（3）审计程序的执行过程和执行结果记录；

（4）审计结论；

（5）执行人员姓名和执行日期；

（6）复核人员姓名、复核日期和复核意见；

（7）索引号及页次；

（8）审计标识与其他符号及其说明等。

（二）审计工作底稿的复核

内部审计一般采用三级复核制度，即内部审计委员会制定的以内部审计主管、内部审计部门负责人和审计项目负责人为复核人，对审计工作底稿进行逐级复核的一种复核制度。主要检查审计工作底稿的各项要素是否齐全规范、引用的资料是否翔实可靠、审计程序是否按计划实施并取得相应的证据、审计证据是否充分适当、审计判断是否有理有据、审计结论是否恰当。

（三）审计工作底稿的保管

对每项具体审计业务，审计人员都应当将审计工作底稿归整为审计档案。审计工作底稿的归档期限为审计报告日后的60天内。如果注册会计师未能完成审计业务，审计工作底稿的归档期限为审计业务中止后的60天内。审计工作底稿应当自审计报告日起，对审计工作底稿至少保存10年。如果注册会计师未能完成审计业务，审计工作底稿应当自审计业务中止日起，至少保存10年。

职业能力训练

一、单项选择题

1. 中国的国家审计起源甚早，早在（　　）时期，皇家（政府）审计就有了一定的发展。

A. 春秋战国　　B. 西周

C. 唐朝　　D. 北宋

2. （　　）是指以实物形态存在的证据，主要用以查明实物的存在性。

A. 口头证据　　B. 直接证据

C. 实物证据　　D. 书面证据

3. 下列关于审计证据的充分性和适当性的说法中，不正确的是（　　）。

A. 审计证据的充分性是对审计证据数量的衡量

B. 审计证据的适当性是对审计证据质量的衡量

C. 错报风险越大，需要的审计证据可能越多

D. 审计证据的数量可以弥补质量上的不足

4. 审计人员获取的下列文件记录形式的证据中，证明力最强的是（　　）。

A. 银行存款函证回函　　B. 购货发票

C. 产品入库单　　D. 应收账款明细账

5. 下列审计证据中证明力最弱的是（　　）。

A. 债务人询证函的回函　　B. 被审计单位提供的领料单

C. 审计人员监盘存货的监盘表　　D. 银行对账单

6. 目前我们的内部审计都是事后审计，主要起（　　）作用。

A. 评价　　B. 监督

C. 鉴定　　D. 报告

7. 内部审计机构的设置原则，下列说法中正确的是（　　）。

A. 公平原则　　B. 客观原则

C. 平等原则　　D. 独立性原则

8. 内部审计机构没有下列权限中的（　　）。

A. 要求报送资料权　　B. 审核检查权

C. 行政任免权　　D. 调查取证权

9. 审计工作底稿的复核实行（　　）复核制度。

A. 一级　　B. 二级

C. 三级　　D. 四级

二、多项选择题

1. 内部审计具有（　　）几个特征。

A. 服务的内向性
B. 工作的相对独立性
C. 审计程序的相对简化性
D. 审查范围的广泛性
E. 审计实施的及时性
F. 对内部控制进行审计

2. 内部审计的职能主要有（　　）。

A. 监督职能
B. 评价职能
C. 观察法
D. 咨询职能

3. 内部审计机构的设置应遵循（　　）原则。

A. 公平原则
B. 客观原则
C. 权威性原则
D. 独立性原则

4. 内部审计机构的权限有（　　）。

A. 要求报送资料权
B. 审核检查权
C. 参加会议权
D. 调查取证权
E. 临时措施权
F. 建议意见权

5. 审计证据按其存在形式（或称按其外形特征）的分类，即分为（　　）。

A. 书面证据
B. 亲历证据
C. 实物证据
D. 视听电子证据
E. 口头证据
F. 环境证据

6. 内部审计人员获取的审计证据应当具备（　　）。

A. 充分性
B. 相关性
C. 可靠性
D. 公平性

三、判断题

1. 内部审计人员在审计报告中可以简单地披露所了解的全部重要事项。（　　）

2. 审计证据要有证明力，可以与审计人员的审计目标无关。（　　）

3. 内部控制较好时的内部证据比内部控制较差时的内部证据可靠。（　　）

4. 不同来源或不同性质的审计证据能相互印证时，审计证据更为可靠。（　　）

5. 一般而言，对于数量较大的财产物资，应由审计人员亲自参与盘点；对于较少或较为贵重的实物则可以监督盘点。（　　）

6. 内部审计人员可聘请其他专业机构或人士对审计项目的某些特殊问题进行鉴定，以鉴定结论作为审计证据。内部审计人员应对引用该证据的可靠性负责。（　　）

7. 为了保证审计工作底稿复核工作的质量，内部审计组织应该建立多层次的审计工作底稿复核制度。一般采用审计工作底稿三级复核制度。（　　）

四、简答题

1. 什么是内部审计，内部审计的作用有哪些？

2. 内部审计证据的种类有哪些，各类证据的特征有哪些？

3. 什么是内部审计工作底稿，如何进行工作底稿的复核？

学习情境 1.2　审计程序与审计方法

职业能力目标	专业能力	熟悉审计准备阶段的主要工作；理解审计重要性与审计风险、审计证据的关系；掌握各种审计方法及其优缺点
	职业核心能力	掌握不同阶段审计工作的核心和重点，能够灵活选择各种审计方法进行纠错查弊
主要概念	内部审计程序；审计重要性和审计风险；审计方法	

学习子情境 1.2.1　内部审计程序

情境引例

北斗星公司成立于2017年，主要经营日用品的生产和销售，注册资本800万元，公司股东三人，由出资比例最大的投资者担任公司法人代表，其他两位股东没有在公司任职，也没有参与公司经营。经过一年的经营，公司亏损近200万元。2018年，注册资本增加200万元，到年底，公司亏损达到1,000万元。两位股东感觉公司经营和管理上有问题，于是便到北斗星公司来了解情况，要求公司内审机构对公司的2017—2018年的经营情况进行详细的审计，并将审计结果报告给公司三位股东，以商量公司经营决策，改变公司亏损的局面。

分析：北斗星公司内部审计机构接受两位股东的指派，对公司的经营情况进行详细的审计，这是公司内部审计的一种情况。内部审计机构接到任务后，应成立审计小组，审计小组组长与小组成员一起制定审计方案，理清审计思路，共同研究探讨审计方法。请思考以下问题：

（1）审计方案中应有哪些程序？

（2）每个程序中应开展哪些主要工作？

（3）对公司的经营情况进行审计，主要的审计方法有哪些？

（4）如果运用审计方法不恰当，会得出什么样的审计结论，会给公司股东及公司经营造成什么影响？内部审计人员应对此承担什么审计责任？

一、内部审计程序

（一）内部审计程序的概念

内部审计程序是指内部审计工作从开始到结束的全过程。这一过程主要包括审计准备阶段、审计实施阶段、审计终结阶段、审计后续阶段四个阶段。

(二) 审计准备阶段

审计准备阶段是整个内部审计工作的起点，目的在于摸清情况，确定审计目标，制定出完整的审计实施方案。这一阶段的主要工作有以下几个方面：

1. 选择被审对象

内部审计机构的工作应与本单位的目标保持一致，因此，在选择被审对象时要考虑两个方面的因素：一是确定被审事项的具体内容；二是在确定相关风险因素的同时评估其重要性。

内部审计人员除了在考虑上述两个因素外，还应考虑企业董事会和高管人员提出的审计对象，或者由审计对象主动提出来，愿意接受内部审计机构的审计，以改善管理、提高效益。因此，内部审计机构应优先进行这方面的审计。

2. 成立审计小组，编制审计计划

审计小组成员的配备要根据审计任务的繁重程度来确定，参加审计工作的成员应该具备良好的政治素质和业务素质，这样才能胜任审计工作。审计小组成员应该由初级、中级、高级三类人员组成，这样可以做到合理搭配，优化资源，以如期完成各项审计工作。

审计小组确定之后，作为项目组的组长应该根据审计对象的特点及要求编制审计计划。审计计划是指审计人员为完成审计目标，达到预期的审计目的，对审计工作任务或具体事项做出的事先规划或安排。审计计划通常包括年度审计计划（也叫总体审计计划）、项目审计计划（也叫具体审计计划）和审计方案。

年度审计计划（总体审计计划）是指内部审计机构对本单位本年度的审计任务所做的全局性的规划和安排，是企业年度工作计划的重要组成部分。一般年度审计计划应在下一年度开始前编制完成，并报企业管理层批准，以指导内部审计机构下一年度的工作。

审计计划的繁简程度是由审计项目的性质、规模及业务的复杂程度来决定的，审计计划在执行过程中，应根据业务的实际情况进行适当的修改和补充。审计项目小组负责人应定期检查审计计划的完成情况。

项目审计计划（具体审计计划）是指审计人员对每一个具体的审计项目做出的详细、细致的安排，包括时间和人员的具体安排。

审计方案是对具体审计项目的审计程序及其时间所做的详细安排，项目审计计划和审计方案应在审计实施前编制完成，并经内部审计机构负责人批准。

【业务1-8】动脑筋

外部审计机构的审计小组成员及审计计划分别与内部审计机构有什么不同？请你代审计小组编制一份北斗星公司内部审计计划。

3. 审计重要性与审计风险

（1）重要性。

①概念。重要性是指被审事项中错报或漏报的严重程度，这一程度在一定环境下会影响决策者的判断或决策。内部审计人员在编制审计计划时，应当就审计事项的重要性做出初步

判断，以合理估计被审计事项所需证据的数量。

重要性标准与审计证据的数量呈反向关系，重要性标准越低，需要获取的审计证据的数量越多。

②运用。运用重要性的一般要求是：对重要性评估需要运用专业判断；审计人员在审计过程中应当运用重要性原则；在审计过程中需要运用重要性原则的情形。

③影响重要性水平的因素。审计人员在运用重要性原则时，应当考虑错报或漏报的金额和性质。也就是说，重要性具有数量和质量两个方面的特征。

④两个层次的重要性水平的确定：a. 会计报表层次；b. 账户和交易层次。

⑤编制审计计划时对重要性的评估。

a. 对重要性评估的总体要求：

- 编制审计计划时必须对重要性水平做出初步判断；
- 初步判断的目的是确定所需审计证据的数量；
- 重要性水平与审计证据之间呈反向关系。

b. 对重要性水平做出初步判断应考虑的因素：

- 以往的审计经验；
- 被审计单位的经营规模与业务的复杂程度；
- 内部控制与审计风险的评估结果；
- 会计报表各项目的性质及其相互关系；
- 会计报表各项目的金额及其波动幅度。

c. 会计报表层次重要性水平的确定。确定会计报表层次的重要性水平的内容包括：

- 判断基础和计算方法；
- 会计报表层次的重要性水平的判断基础有资产总额、所有者权益总额及主营业务收入、总利润和净利润等指标；
- 会计报表层次重要性水平的计算方法是根据判断基础与固定比例计算出来。固定比例一般是资产总额的0.5%，股东权益的1%，主营业务收入的0.5%和利润总额或净利润的5%；
- 会计报表层次重要性水平的选取。根据不同判断基础计算出来的重要性水平不一样，审计人员应取其低者作为审计的重要性水平；
- 会计报表尚未完成时重要性水平的选取。

d. 账户和交易层次的重要性水平。确定账户和交易层次的重要性水平的方法有：

- 分配的方法，各账户和交易按照相同的比例进行分配；
- 不分配的方法，各账户和交易根据其性质和重要性进行确定。

⑥评价审计结果时对重要性的考虑。

a. 评价审计结果时所应用的重要性水平。审计人员评价结果时所应用重要性水平，可能与编制审计计划时所确定的重要性水平初步判断不同，如前者大大低于后者，审计人员应当重新评估所执行的审计程序是否充分。

b. 错报或漏报的汇总。

c. 汇总数超过重要性水平时的处理。

d. 汇总数接近重要性水平时的处理。

【业务 1－9】做中学

审计人员对北斗星公司 2017 年至 2018 年经营情况进行审计，获取了 2017 年度会计报表，报表中有关项目的金额如表 1－1 所示：

表 1－1　　北斗星公司 2017 年度会计报表项目金额表　　单位：元

会计报表项目名称	金额
资产总额	8,600,000.00
股东权益合计	－2,000,000.00
主营业务收入	21,000,000.00
利润总额	－4,000,000.00
净利润	－4,000,000.00

要求：

（1）如果以资产总额、净资产（股东权益）、主营业务收入和净利润作为判断基础，采用固定比率法，并假定资产总额、净资产（股东权益）、主营业务收入和净利润的固定百分比分别为 0.5%、1%、0.5% 和 5%，请同学们代北斗星公司内部审计人员计算确定北斗星公司 2017 年度会计报表层次的重要性水平，并列明计算过程。

（2）简要说明重要性水平与审计风险之间的关系。

（3）简要说明重要性水平与审计证据之间的关系。

分析：

（1）计算过程如表 1－2 所示：

表 1－2　　北斗星公司 2017 年度会计报表项目金额表　　单位：元

会计报表项目名称	金额	固定百分比	乘积	会计报表层次重要性水平
资产总额	8,600,000.00	0.50%	43,000.00	
股东权益合计	－2,000,000.00	1%	－20,000.00	20,000
主营业务收入	21,000,000.00	0.50%	105,000.00	
净利润	－4,000,000.00	5%	－200,000.00	

（2）重要性水平与审计风险呈反向关系：重要性水平越高，审计风险越低；重要性水平越低，审计风险越高。

（3）重要性水平与审计证据呈反向关系：重要性水平越高，应获取的审计证据越少；重要性水平越低，应获取的审计证据越多。

（2）审计风险。

审计风险是指财务报表存在重大错报而内部审计人员发表不恰当审计意见的可能性。审计风险始终存在，内部审计人员应当通过计划和实施审计工作，获取充分适当的审计证据，将审计风险降至可接受的低水平。

①审计风险要素。一般说来，审计风险要素取决于重大错报风险和检查风险：

a. 重大错报风险是指财务报表在审计前存在重大错报的可能性。内部审计人员应当关注财务报表的重大错报，但没有责任发现对财务报表整体不产生重大影响的错报。内部审计人员应当考虑已识别的但尚未更正的单个或累计的错报对财务报表在整体上产生的影响。在设计程序以确定财务报表是否存在重大错报时，内部审计人员应当从财务报表层次和各类交易、账户余额、列报认定层次上考虑重大错报风险。

b. 检查风险。检查风险是指某一认定存在错报，该错报单独或连同其他错报是重大的，但内部审计人员未能发现这种错报的可能性。检查风险取决于审计程序设计的合理性和执行的有效性。

②审计风险模型及运用。审计风险要素除了要进行定性分析，还要进行定量分析。审计风险模型及运用为：

审计风险 = 重大错报风险 × 检查风险

【业务 1 - 10】做中学

北斗星公司内部审计人员就北斗星公司的经营情况进行审计时，评估应付账款的重大错报风险为 50%，估计的检查风险为 10%，则审计风险 = 50% × 10% = 5%。即内部审计人员对应付账款得出不恰当审计结论的可能性为 5%。

在审计计划阶段，常运用审计风险模型确定可接受的检查风险，此时，审计风险模型可以演变为：

可接受的检查风险 = 可接受的审计风险/重大错报风险

在既定的审计风险水平下，可接受的检查风险水平与认定层次重大错报风险的评估结果呈反向关系。评估的重大错报风险越高，可接受的检查风险越低；评估的重大错报风险越低，可接受的检查风险越高。

审计计划阶段中，内部审计人员在既定的可接受审计风险水平下，首先评估认定层次重大错报风险，然后利用上述公式确定可接受的检查风险水平，据以合理设计和实施进一步审计程序的性质、时间和范围，以将检查风险控制在可接受的水平。

注意，整个审计过程都要运用这种审计模型。

③审计风险应对。

a. 控制审计风险的总体要求。内部审计人员通过计划和实施审计工作，获取充分、适当的审计证据，将审计风险降至可接受的低水平。

b. 风险控制。内部审计人员无法控制企业的重大错报风险，只能实施风险评估程序来正确评估重大错报风险，并根据评估的两个层次的重大错报风险分别采取应对措施。对于各类交易账户余额列报认定层次的重大错报风险，内部审计人员可以通过控制检查风险将审计风险降至可接受的低水平。

检查风险取决于审计程序设计的合理性和执行的有效性。内部审计人员通常无法将检查风险降为零。内部审计人员可以通过控制检查风险将审计风险降至可接受的水平。

c. 重要性、审计风险、审计证据之间的关系。审计重要性与审计风险之间呈反向变动关系：重要性水平越高，审计风险越低；重要性水平越低，审计风险越高。审计重要性与审计证据之间呈反向变动关系：重要性水平越低，需要的审计证据越多；重要性水平越高，重要的审计证据越少。审计风险与审计证据之间存在反向变动关系：一方面，接受的审计风险越低，需要的审计证据的数量越多；另一方面，实际收集的审计证据越多越有效，实际的审计风险水平越低。

4. 制定审计实施方案，下发审计通知书

内部审计项目组组长应根据项目审计计划编制审计实施方案，以对某一具体的审计项目做出详细周密的部署，并且在实施中随时检查、控制、监督审计项目的进度和质量，以保证审计项目的顺利进行。

（1）制定审计实施方案。审计实施方案应当包括下列基本内容：

①具体的审计目的；

②审计的内容、方法和程序；

③预定的执行人及执行日期；

④其他有关内容；

⑤审计工作底稿索引号。

（2）下发审计通知书。审计通知书是内部审计机构在审计实施前通知被审计单位或个人接受审计的书面文件。审计通知书一般应包括下列内容：

①被审计单位及审计项目的名称；

②审计目的和审计范围；

③审计时间；

④被审计单位应提供的有关文件、会计凭证、账簿、报表等相关资料；

⑤审计小组负责人和其他成员名单；

⑥内部审计机构以及负责人的签章和签发日期。

学习子情境 1.2.2 内部审计实施阶段和终结阶段

情境引例

北斗星公司内部审计组编制内部审计计划后，小组成员应按照已制定的计划开展下一步的审计工作，下一步的审计工作即是审计工作的核心——审计实施阶段。这一阶段审计人员的主要工作内容有哪些，如何开展？

分析：审计人员在完成准备阶段的工作之后，就可依据审计计划来实施具体的审计工作，即审计实施。审计实施阶段是整个审计工作的核心，在这一阶段，审计人员要运用一系列的审计方法实施审计程序，在实施审计程序的过程中搜集各种审计证据，并对审计证据进行评价，形成审计结论。其主要工作有：对被审计单位或被审事项的内部控制的建立和执行情况进行控制测试，即审查相应内部控制的设计和运行情况是否合理有效；同时对会计报表或各类会计事项进行实质性测试，即检查会计报表各项目或会计事项是否真实完整、反映的业务是否合理合法。

一、初步调查和检查内部控制

调查了解内部控制制度的目的是确定被审计单位的内部控制制度是否存在，以便确定控制风险，并确定是否进行控制检查。如果经了解和初步评估内部控制是健全并有效的，应视为“可信赖”，可据此进行控制测试；反之，则不需要进行控制测试，直接进行实质性测试。

1. 初步调查和检查内部控制

初步调查和检查内部控制是指内部审计人员在了解内部控制结构的基础上，为确定内部控制结构政策和程序的设计与执行是否有效而实施的审计程序，其目的是检查内部控制在防止、发现并纠正重大错报方面的运行是否有效，并据此确定实质性程序的性质、时间和范围。

内部审计人员应当在下列情形之一时实施控制测试：

（1）在评估认定层次的重大错报风险时，预期控制的运行是有效的。

（2）仅实施实行性程序不足以提供认定层次充分适当的审计证据。

2. 初步评估内部控制

如果认为被审计单位控制设计合理并得到执行，能够有效地防止或发现并纠正重大错报，那么，内部审计人员通常可以信赖这些控制，减少实施的实质性程序。如果更多地信赖这些控制，需要确认所信赖的控制在整个拟信赖期间都有效地发挥了作用，即内部审计人员应对这些控制在该期间内是否得到一贯运行进行检查，即控制测试。如果控制测试进一步证实内部控制是有效的，内部审计人员可以认为相关账户及认定发生错报的可能性较低，对相关账户及认定实施实质性程序的范围也将减少。

有时，内部审计人员也可能认为控制是无效的，包括控制本身设计不合理，不能够实现控制目标；或者尽管控制设计合理，但没有得到执行，内部审计人员不需要检查控制运行的有效性，而直接实施实质性程序。但在评估重大错报风险时，需要考虑控制失效对财务报表及其审计的影响。

【业务 1－11】典型案例

北斗星公司内部审计人员根据审计计划安排，由王虎、张清、刘彪三人对北斗星公司的经营情况进行审计，王虎负责资产类项目的审计，张清负责负债和所有者权益类项目的审计，刘彪负责收入、费用和利润类项目的审计。

王虎首先对北斗星公司的组织架构进行了解，公司法人代表蔡文清，财务部负责人周山系蔡文清的妻子，公司仓库主管蔡新系蔡文清的弟弟，生产部经理、销售部主管系外聘的高层管理人员，但董事长本人会亲自处理一些销售和采购事项。了解货币资金内部控制时，要求财务部出具有关货币资金收支相关的内部文件。根据文件记录，北斗星公司发生款项支付时，由付款申请人填制申请书，经财务部负责人审核批准后由董事长审核付款。如果某项交易或事项是由董事长或财务负责人亲自办理的，则没有其他控制程序和流程对他们进行控制。

思考：北斗星公司内部控制程序的设计和运行是否有效？内部审计人员了解和评价内部控制后，下一步该如何进行？

二、扩大审计检查范围和审计发现

1. 扩大审计检查范围

扩大测试是为了搜集更多的审计证据而必须进行的一个步骤。一般来讲，对下列几种情况应扩大审计检查范围：

（1）被审计单位财务资料和经营状况信息不真实；

（2）被审计单位未能遵循有关法律、法规、政策、准则、制度、计划等；

（3）被审计单位的资产遭受到严重损失；

（4）被审计单位的各项资源未能得到合理、有效的运用；

（5）被审计单位的经营目标未能实现。

在进行扩大测试时，可以运用审阅法、分析法、复核法、查询法等方法，对被审计单位的凭证、账簿、报表及有关合同、计划、方案等资料进行合法性和专业技术手段方面的检查。

2. 提出审计中发现的问题及审计建议

内部审计人员在对被审计单位的经济活动和内部控制的检查过程中，会发现一些有利和不利的事项，会发现被审计单位的生产经营和管理过程之中存在的一些问题，审计人员应将这些事项和问题报告给被审计单位，具体应报告以下事项：

（1）所发现事实的现状，即审计发现的具体情况；

（2）所发现事实应遵照的标准，如政策、程序和相关法律法规；

（3）所发现事实与预定标准的差异；

（4）所发现事实已经或可能造成的影响；

（5）所发现事实在目前状态下产生的原因（包括内部原因和外部原因）。

对于内部审计人员所提出的审计发现，审计人员可以提出审计建议。审计建议是审计人员针对审计发现存在的问题提出的方案、措施和办法。审计建议可以是对被审计单位经营活动和内部控制存在的缺陷和问题提出的改善和纠正建议，也可以是对显著经济效益和有效内部控制提出的表彰和奖励建议。

内部审计人员应该依据审计发现的问题和获取的审计证据，结合组织的实际情况和审计结论的性质，提出审计建议。审计建议应该分为以下几种类型：

（1）现有系统运行良好，无需改变；

（2）现有系统需要全部或局部改变：①改进的方案设计；②方案实施的要求；③方案实施效果的预计；④未实施此方案的后果预计。

【业务1－12】动脑筋

根据王虎了解到的关于货币资金的内部控制，你认为北斗星公司现有的内部控制系统是否有效，是否需要改变？应该向股东们提出哪些问题？针对存在的问题提出哪些审计建议？

三、内部审计终结阶段

审计终结阶段，也称为审计报告阶段。审计人员在实施必要的审计程序并取得审计证据后，即完成了审计实施阶段进入审计终结阶段。这一阶段的主要工作包括：汇总审计工作底稿，评价审计结果；编写内部审计报告；与被审计单位领导层沟通；报送内部审计报告；归集整理审计档案。

（一）汇总审计工作底稿，评价审计结果

审计工作底稿是审计人员在审计工作中归纳、分析、整理与审计有关的资料所形成的书面文件。审计工作底稿是由审计人员独立编写，难免存在主观性和片面性，还必须进行分类、归纳、汇总和排序等。

内部审计人员在审查业务结束以后、出具审计报告之前，应对审计结果进行评价，以确定将要发表的审计意见和出具的审计结论。为此，审计人员应做好以下几项工作：一是对重要性和审计风险进行最终评价；二是对被审计单位已审计事项进行技术性复核；三是对被审计单位已审事项形成审计意见并草拟审计报告；四是对审计工作底稿进行最终复核。

（二）编制内部审计报告

内部审计报告是指内部审计人员根据审计计划对被审计单位实施必要的审计程序后，就被审计单位内部控制的适当性、合法性和有效性以及经营活动的效益性等出具的书面文件。

审计报告应实事求是地反映审计中发现的问题，报告的格式要规范，内容要完整，对审计中发现的问题要提出相应的解决措施。

关于审计报告具体的格式、内容、要求等，将在后面的审计报告部分详细讲解。

（三）与被审计单位领导层沟通

内部审计人员对审计工作底稿和审计证据进行整理、分析、取舍以后，应向被审计单位领导说明审计情况，即与领导层沟通。沟通的事项有：一是审计中存在哪些问题，这些问题的严重程度；二是这些问题该如何进行改进；三是如何针对存在的问题进行相应的处罚。

内部审计人员将根据与领导沟通后的最终结果形成审计意见，出具审计报告。

（四）报送内部审计报告

内部审计机构应当建立审计报告的三级复核制度，由审计项目负责人进行全面复核，由审计机构业务部负责人进行重点复核，审计机构负责人进行总体复核。三级复核的分工，可由内部审计机构自行决定。各级复核的负责人可在必要时授权他人代为行使权力，但责任仍由负责人承担。

内部审计报告的发送范围一般限于单位内部，内部审计机构也应根据具体情况，决定是否将审计报告发送到单位外部的相关部门和人员。决定对外报送内部审计报告时，应当经过内部审计机构负责人或组织适当管理层的批准程序。

（五）归集整理审计档案

在审计项目完成之后，审计人员应将审计报告、审计工作底稿及各种审计证据等相关资料，按照一定的要求进行整理、归类、装订、立档。所形成的审计档案既是审计业务的真实记录，也是衡量审计工作质量的依据，同时也是考察审计工作、研究审计历史的重要资料。审计资料的归档也是审计报告阶段必不可少的程序。

学习子情境 1.2.3　后续审计

情境引例

王虎了解了北斗星公司货币资金内部控制后，认为货币资金内部控制存在重大缺陷。经与股东就此沟通后，提出了一系列的改进建议，并在审计报告中予以详细描述。至此，王虎的审计工作是否结束了呢？他还需要做哪些工作？

分析：王虎针对货币资金的内部控制缺陷所提出的审计建议，应当在审计工作结束后继续跟踪北斗星公司有没有制定或完善相关内部控制，相关人员有没有执行改进后的内部控制程序，且收效较好。在审计工作中这一工作叫作后续审计。

一、后续审计的含义与作用

后续审计是指内部审计机构为检查被审计单位对审计发现的问题所采取的纠正措施及其效果而实施的审计。其目的主要是检查审计结论和处理决定的执行和落实情况，如没有执行应立即采取相应的措施，使审计决定得到实施。

后续审计是审计工作程序不可缺少的重要组成部分，是强化审计监督职能，深化审计内容，加快实现审计工作制度化、规范化的有效途径。后续审计有利于维护审计决定的严肃性，保证被审计单位认真执行，充分发挥审计的各项作用。

二、后续审计的判断标准

后续审计的目的是为了确认被审计单位是否对审计发现的问题采取了有效的纠正措施。因此，后续审计的判断标准就是已经采取的纠正行动和达到的效果以及不采取相应的行动时可能产生的风险。

三、后续审计的实施时机

选择后续审计的良好时机，应充分考虑以下因素：

（1）审计决定和审计建议的重要性；

（2）纠正措施的复杂性；

（3）落实纠正措施所需要的期限和成本；
（4）被审计单位的业务安排和时间要求。

四、后续审计的主要步骤

（1）认真分析被审计单位的反馈；
（2）对反馈不充分或未反馈的问题与被审计单位进行探讨；
（3）对纠正行动与重大的审计发现有关的事项实施现场追踪审计；
（4）针对已采取的各项措施进行评估，对控制风险重新进行评估；
（5）提交后续审计报告。

学习子情境 1.2.4　内部审计方法

情境引例

王虎、张清、刘彪三人接到公司委派后，成立了审计小组，在审计准备阶段对公司内部控制进行了初步了解和评估，认为北斗星公司内部控制存在重大缺陷，相关内部控制不值得信赖，准备直接进行实质性测试。请问，他们应分别采取哪些审计方法对公司的经营情况进行内部审计？

分析：王虎、张清、刘彪三人应该根据具体的审计对象，即各个资产、负债、所有者权益、收入、费用和利润类项目的不同特征及要求，运用各种手段和技术，获取各种证审计证据，以准确地分析和反映北斗星公司的经营情况，完成审计任务，实现审计目标。

审计方法是指审计人员为完成审计任务，实现审计目标而采取的各种手段，是审计人员搜集审计证据、形成审计意见和审计结论的各种专门手段的总称。

目前，审计人员采用的审计方法分为审计基本方法和审计技术方法。审计基本方法是根据审计工作的顺序、审计范围和详略程度而采取的一种审计方法。审计技术方法是指审计人员要采取一定的技术手段，对审计对象进行分析进而获取审计证据的一种方法。实际工作中还把审计方法分为检查书面资料的方法和获取实物证据的方法两种。

一、检查书面资料的方法

（一）基本方法

1. 顺序查账法

（1）顺查法，是指审计人员按照会计业务的处理程序依次对证、账、表进行检查的一种方法。即审计人员首先审阅和核对原始凭证和记账凭证，检查原始凭证和记账凭证的内容是否一致；而后将记账凭证与明细账和总账进行核对，最后将总账、明细账与会计报表进行核对，以发现证、账、表内容不一致的地方，并进行分析，查明原因。

在顺查法中，认真仔细地审查会计凭证是关键环节，通过审查，弄清被审计单位的经济业务及其会计处理是否正确、合理和合法。

【业务1-13】典型案例

审计人员王虎为了审查货币资金支付时的账务处理及审核程序，决定审查付款凭证和收款凭证。审计人员在审查付款凭证时查到了一笔记账凭证2017年8月30日记录为“管理费用——公关费”的业务处理。审计人员对公关费的内容不大清楚，于是查阅了后面的原始凭证，并根据凭证记录查到相应的会计账簿。审计人员发现，记账凭证后面并未附有其他合理合法的发票，只有一张费用报销签呈单，签呈单只有财务负责人签字，再没有其他任何审核手续。审计人员感觉这种公关费支出不合理，便将管理费用账薄记录中所有的公关费调出来进行审查，结果发现全年的公关费支出共60万元，且全部的公关费均未附相应的合理合规的原始凭证，只有财务负责人一个人签字的费用报销签呈单。于是审计人员将这些业务处理全部记录在审计工作底稿上，并将相关凭证复印附在其后，作为审计发现的一个重要问题予以记录。

分析：这一案例中，审计人员运用的就是顺查法，进而查出所有公关费的不合理支出。审计人员在使用顺查法时，主要查明记账凭证后所附的原始凭证的合理合规性，两者记录金额是否一致，记录的经济业务内容是否与被审计单位相关。

顺查法的优点：全面系统、简便易行，适用于会计核算制度不健全、账务处理较混乱的单位，以及适用于对销售业务、费用支出、现金出纳、银行存款的收支等的审查。

顺查法的缺点：如果被审计单位会计凭证较多，会导致检查期长、工作量大，不利于提高审计工作效率、降低审计成本。

（2）逆查法，是指按照会计业务处理的相反程序进行审查的方法，也称为倒查法。即先审阅、分析会计报表，然后根据发现的问题和疑点，确定审计重点，再来审查核对有关的会计账册和凭证，因而可以不必对会计报表中所有的项目一一进行审查。

逆查法的关键环节是对会计报表的审阅和分析比较，找准审计重点，否则会影响到审计工作质量。

【业务1-14】典型案例

根据审计计划安排，张清主要负责负债项目的审计。张清首先获取了2017年12月31日的会计报表，了解整个资产、负债的情况。

报表记录资产总额860万元，所有者权益总额-200万元，负债总额1,060万元。

负债中其他应付款758万元，应付账款200万元，应交税费2万元，应付职工薪酬100万元。

审计人员张清觉得其他应付款758万元比较高，于是对其他应付款明细账进行审查，审查中发现衡东明星公司代北斗星公司支付材料款336.45万元，与三位股东的往来款258万元，其他零星往来款合计163.55万元。

审计人员张清从衡东明星的代付款账簿记录中抽取一笔进行核对审查，会计业务处理为：

借：原材料　　300,000

　　贷：其他应付款　　300,000

审计人员审查后附的原始凭证，结果发现会计凭证后面所附的原始凭证没有北斗星公司的采购合同、发票及材料入库单和验收单，只有一张转账汇款的复印件。

审计人员找来相关人员进行询问，了解这笔业务的来龙去脉，但相关人员均无法合理地解释这笔业务发生的过程，回答含糊。审计人员将其记录下来作为下一步的审计重点，并决定对所有与衡东明星公司的往来账进行原始凭证的追踪。

分析：这一案例中，审计人员运用的就是逆查法，审计人员通过对报表的审阅，确定负债的审计重点是其他应付款，通过追查其他应付款明细账，进而查出衡东明星公司的往来明细，追查出与该公司业务往来的原始凭证的不合规性、会计处理的不合理性。

逆查法的优点：在全面了解和比较分析的基础上，能抓住重点，进行深入的检查，可以节省审计的时间和人力，有利于提高审计工作的效率和降低审计成本。

逆查法的缺点：如果审计人员的分析判断能力较差，经验不丰富，往往容易出现遗漏或忽略重大问题，以及重点选择不准等问题。因此，除了那些管理特别混乱的审计单位，以及某些特别重要和危险的审计项目不能采用逆查法外，其余场合均可适用。

顺查法和逆查法各自都有优缺点，因此，在实际工作中，应将两者结合起来运用。取长补短，提高审计工作效率。

【业务1－15】动脑筋

审计人员张清查明了衡东明星公司的往来账后，是不是负债的审计就结束了？张清还要不要继续查其他负债项目？如果要查，怎么查，思路是什么？

2. 范围查账法

（1）详查法，又称精查法，是指对被审计单位一定会计期间内的全部会计资料，包括凭证、账册、报表等，进行全面、详细的审查，以判断被审计单位的经济活动的合法性、真实性和效益性的一种审计方法。

【业务1－16】典型案例

结合【业务1－13】，审计人员王虎在审查货币资金的业务处理时，发现了公关费开支的不合理，他判断公司除了公关费开支不合理之外，可能还存在其他开支不合理的地方，于是决定对所有关于货币资金业务的会计资料进行全面细致的审查。

详查法的优点：掌握情况全面、详细、准确，一般不会发生遗漏，审计质量能够得到较大程度的保证。

详查法的缺点：工作量太大，费时费力，审计成本高，一般情况下不宜采用。但对于问题特别严重，例如重大贪污舞弊和严重违反财经纪律的单位和个人，可以采用详查法。另外，一些经济活动不多、会计业务少的小型单位，也可以使用详查法。

（2）抽查法，又称抽样审计，是指从被审计单位一定时期内的全部会计资料中，抽取一部分的样本进行审查，根据对样本的审计结果来推断总体特征的一种审计方法。

抽查法的优点：能明确审计重点，省时省力，效率高、成本低、事半功倍。

抽查法的缺点：审计结果过于依赖抽查样本的合理性，如果抽样不合理，或缺乏代表性，抽样结果往往不能发现问题，甚至以偏概全，做出错误的审计结论。因此，抽查法仅适用于规模较大、业务比较复杂、内部控制制度比较健全、会计基础比较好的单位。

在运用抽样方法的过程中，审计人员应特别注意选取的样本是否能够代表总体，在审计的实践工作中，常用的样本选取方法有判断抽样法和统计抽样法两种。

①判断抽样法，又称重点抽样法，是在审核的总体中，有选择地抽取部分样本进行审查，根据对样本的审计结果来推断总体特征的一种方法。一般情况下，可选择下列样本来进行审查：a. 被审计单位内部控制制度和会计核算中的薄弱环节；b. 单价高、期末余额大的财产物资账户；c. 根据审计目的，结合被审计单位的实际情况，认定的重要账户；d. 贵重的财产物资；e. 收到检举揭发线索时，检举线索提供的有关账户。

样本选取的数量一般为总体数量的20%—30%之间，实际工作中可根据具体情况进行适当的增减。

判断抽样法具有简便灵活的特征，在财政财务收支审计、财经法纪审计和经济效益审计中都被广泛运用，是现代审计中的一种基本方法。其不足之处是单纯依靠审计人员的实际经验和判断能力，不一定能保证审计抽样对象、时期、范围的科学性和可靠性，如果审计人员素质不高，运用判断抽样法得出的审计结论，也达不到客观公正的要求。因此，判断抽样法也有一定的局限性。

②统计抽样法，又称随机抽样法。是指在审计工作中，运用概率论和数理统计的方法，随机从总体中选取部分样本，得出样本特征，来推断总体特征的一种审计方法。它具有以下两个特征：随机选取样本；运用概率论评价样本结果。

统计抽样法的优点在于能够客观地选取样本，科学地计量抽样风险，并通过调整样本规模有效地控制抽样风险，定量地评价样本结果。

在运用统计抽样法时，应该能使抽样总体中每一个个体都有被抽中的机会。因此，可以避免审计人员由于主观判断所带来的各种影响。但是，在实际工作中，往往将判断抽样法和统计抽样法结合使用，因为统计抽样法不能代替审计人员的判断，它只能在判断选取抽查什么样本之后，才能计算抽查样本数量的多少，所以统计抽样法应以判断抽样法为前提。当然，也不能认为判断抽样法可以取代统计抽样法，只有将两者有机结合起来，才能提高审计结论的准确性。统计抽样的具体方法可分为以下几种：

- 简单随机抽样法，是指对被审查的全部个体，不做任何有目的的和有重点的选择，任意抽取个体作为样本进行审计的方法。

- 抽签抽样法，也称抽签法，即先将要审查的全部个体编号，然后采取抽签的方式，随机抽取，从而确定随机抽查的样本。

- 随机数表法：也称乱数表法，是利用随机数表进行抽样的一种方法。所谓随机数表，是指由随机生成的0～9的数字组成的数表，每个数字在表上出现的次数大致是相等的，在表上的顺序是随机的。

- 系统抽样法，也称等距抽样法，是指将要审查的全部个体按某种标志排列，开头随机选取样本，然后按照相等的间隔抽取样本。抽样间隔的计算公式为：

$$抽样间隔=\frac{总体容量}{样本规模}$$

- 整群抽样，也称整体随机选样法，是指先将总体项目按照某一标志分成若干群，然后使用随机数表或系统抽样的方式，整群地抽取样本项目的一种方法。整群抽样法的特点是每次抽取的样本数量是一群，每群的样本数量虽不相等，但至少不会只有一个样本。
- 分层抽样法，也称分组抽样法，是指将需要审查的全部个体按某种标志进行分组，每组为一层，然后在每一层中按不同要求，用简单随机抽样或等距抽样方式抽取样本，最后加以综合分析，从而推断总体特征的一种方法。
- 金额单位抽样法，也称元单位抽样，它是按照总体金额（元），而不是实物单位进行抽样的一种方法。在金额单位抽样中，总体中某一项目被抽中的概率等于该项目的金额与总体金额的比例。

（二）技术方法

1. 审阅法

审阅法是根据有关政策、法律或法规等审计标准，查看所审阅的书面资料，鉴别各种书面资料所反映的经济活动的真实性、合法性、合理性、有效性和正确性的一种审计方法，包括对会计凭证、账簿和报表的审阅。

【业务1－17】典型案例

审计人员获取北斗星费用和销售费用明细账分别如表1－3和表1－4所示，请用审阅法审查下列管理费用（见表1－3）中存在什么问题。对此审计人员应该如何做？

2. 核对法

核对法是将两个或两个以上相互联系的不同会计记录之间的有关数据相互验证、对比，用以确定会计记录是否正确的一种技术检查方法。采用核对法可以证实各种会计资料之间的衔接是否正确，有无差错和弊端。

核对法一般有以下几种：

（1）证证核对：原始凭证与记账凭证核对；

（2）账证核对：原始凭证和记账凭证与会计账薄核对；

（3）账账核对：明细账、日记账、分类账、总账相互核对；

（4）账表核对：会计账簿与报表进行核对；

（5）表表核对：会计报表之间进行核对；

（6）账实核对：会计账簿与实物进行核对。

通过上述详细核对之后，可以发现会计资料中存在的差错和问题。然后再进一步分析其性质。有的可能是一般工作的差错，有的可能是违法乱纪行为，应依据问题的性质及严重程度进行处理，并确定其对审计意见的影响。

表 1-3　　2017 年各月管理费用明细表　　单位：元

项目	1 月	2 月	3 月	4 月	5 月	6 月	7 月	8 月	9 月	10 月	11 月	12 月	合计
工资		137, 044. 18	524, 425. 40	241, 877. 00	177, 641. 49	133, 750. 76	143, 862. 92	178, 271. 97	112, 332. 42	126, 418. 66	151, 097. 35	247, 873. 56	2, 174, 595. 71
折旧费			72. 14	72. 14	577. 12	1, 316. 39	1, 099. 97	1, 180. 27	1, 383. 48	1, 305. 90	1, 305. 90	1, 374. 77	9, 688. 08
低值品		108. 00	2, 954. 00	11, 067. 00	5, 797. 00	381. 50	6, 018. 00		630. 00		3, 720. 00	1, 100. 00	31, 775. 50
物料消耗		4, 406. 90	8, 378. 00	14, 624. 50	3, 111. 70	5, 017. 05	25. 00			307. 00	7, 509. 32	44. 00	43, 423. 47
劳保费用		304. 00								40. 00		539. 20	883. 20
五金配件			354. 00	128. 00						2, 000. 00		38. 00	2, 520. 00
修理费		300. 00		87, 823. 90		859. 00	1, 000. 00						89, 982. 90
办公费		20, 855. 50	2, 044. 00	5, 728. 00	7, 558. 50	2, 480. 10	2, 467. 20	1, 455. 00	2, 246. 90	3, 112. 90	4, 599. 80	4, 885. 00	57, 432. 90
差旅费		2, 553. 00	5, 373. 50	6, 191. 00	2, 357. 00	4, 331. 00	3, 192. 00	2, 740. 00	2, 978. 00	6, 086. 00	7, 345. 78	14, 970. 50	58, 117. 78
税费支出					1, 005. 00		2, 700. 72	266. 80	463. 40		699. 98	58, 636. 20	63, 772. 10
业务招待费		7, 389. 90	7, 365. 00	2, 500. 60	2, 585. 20	5, 890. 00	3, 375. 70	1, 782. 30	28, 746. 00	210. 00	869. 00	2, 458. 40	63, 172. 10
广告宣传费				8, 530. 00					2, 985. 00			4, 990. 00	16, 505. 00
福利费		21, 193. 50	47, 398. 81	21, 344. 96	56, 112. 45	33, 179. 50	81, 414. 40	47, 796. 29	36, 389. 48	67, 261. 24	69, 706. 10	81, 152. 27	562, 949. 00
社会保险费					12, 483. 00	13, 782. 40		21, 990. 60	18, 228. 60	18, 057. 60	17, 510. 40	17, 407. 80	119, 460. 40
职工教育经费								202. 60				1, 740. 00	1, 942. 60
运输装卸费		610. 00		300. 00	314. 00	582. 00		348. 00			22. 00	40. 00	2, 216. 00
电话通讯费		3, 038. 00	1, 000. 00	200. 00	1, 340. 00	600. 00	105. 00	505. 00	300. 00	115. 00	305. 00		7, 508. 00
水电费		3, 308. 31					1, 944. 57	5, 823. 62					11, 076. 50
车辆费用		2, 014. 00	2, 123. 00		8, 277. 00	6, 432. 60	4, 460. 00	10, 710. 89	13, 518. 64	8, 764. 00	7, 421. 76	314. 00	64, 035. 89
厂房租金		160, 000. 00	80, 000. 00	80, 000. 00	80, 000. 00	80, 000. 00	80, 000. 00	80, 000. 00	80, 000. 00	80, 000. 00	151, 395. 00	80, 000. 00	1, 031, 395. 00
资产摊销						15, 000. 00	2, 500. 00	2, 500. 00	2, 500. 00	2, 500. 00	2, 500. 00	2, 500. 00	30, 000. 00
开发费								128, 366. 00					128, 366. 00
其他管理费		160, 782. 80				-1, 028. 19	-368. 80	-373. 40	-296. 60	39, 680. 60	82. 80	-28, 404. 00	170, 075. 21
合计		523, 908. 09	681, 487. 85	480, 387. 10	359, 159. 46	302, 574. 11	333, 796. 68	483, 565. 94	302, 405. 32	355, 858. 90	426, 090. 19	491, 659. 70	4, 740, 893. 34

表 1-4　　**2017 年各月销售费用明细表**　　单位：元

项目	1 月	2 月	3 月	4 月	5 月	6 月	7 月	8 月	9 月	10 月	11 月	12 月	合计
工资				5,486.43	5,371.38	5,344.82	4,920.00	6,046.11	7,670.00	5,181.00	5,076.00	15,002.11	60,097.85
进口关税					2,450.00		13,538.80		2,600.00		1,900.00		20,488.80
出口关税					3,571.00	21,096.20	4,897.00	3,044.56	2,449.00	5,330.00	5,576.00	7,464.29	53,428.05
差旅费				83.00		177.00	1,188.00	10,152.80	29,795.70	200.00	395.00	2,695.00	44,686.50
办公费				3,600.00				100.00	175.00	20.00		120.00	4,015.00
电话通讯费													
折旧费							144.28	144.28	214.51	284.74	284.74	284.74	1,357.29
低值品费													
物料费													
修理费													
业务招待费				34.00		360.00		9,526.10	8,834.50	3,782.90	5,912.00	2,839.00	31,288.50
运输费						45,516.60	318,953.57	57,462.36	16,555.90	3,531.00	100,607.34	92,680.78	635,307.55
福利费用													
职工教育经费						-6.00		680.00	1,000.00				1,674.00
其它营业费用													
合计				9,203.43	11,392.38	72,488.62	343,641.65	87,156.21	69,294.61	18,329.64	119,751.08	121,085.92	852,343.54

3. 复算法

复算法又称为验算法或重算法，是指审计人员对会计资料中的某些数字重新计算，以验证其是否正确无误的方法。在实际工作中，有的单位或个人为了达到非法目的，故意在有关计算过程中制造差错，查账人员需要根据有关会计数据或信息，按照原计算所需要的科学方法与要求重新计算，并将计算与被审计单位的原计算结果进行对照，看其是否相符，以判断被审计单位经济业务处理的真实性和正确性。

【业务1－18】典型案例

根据【业务1－17】的资料，审计人员判断累计折旧及3月、4月、5月、8月、11月、12月管理人员的工资变动不正常，应该进行审查。此时，审计人员应该根据北斗星公司累计折旧及工资的计算方法进行重新计算，以查明累计折旧及工资是否存在问题。

4. 分析法

分析法是指通过对被审计项目的有关内容进行对比与分解，从中找出项目之间的差异以及各项目的构成因素，以揭示其中有无问题，从而为进一步审计提供线索或主攻方向的一种审计技术方法。

分析法在审计工作中运用较为广泛。通过分析发现存在的差距和问题以后，需要进一步分析原因，提出改进的方法。审计分析法按其分析的技术分类，可以分为比较分析、比率分析、趋势分析、账户分析、账龄分析、平衡分析和因素分析等方法。

（1）比较分析法：是指将某项财务指标与性质相同的指标、标准进行对比，揭示单位财务状况和经营成果的一种分析方法。比较分析法又可分为相对数比较分析和绝对数比较分析两种。

①相对数比较分析法：通过被审计项目的百分比、比率或比重结构等相对数指标的对比来揭示差异并分析问题的一种方法，采用这种方法比较容易发现问题。

②绝对数比较分析法：通过被审计项目各期完成情况的绝对数来揭示差异并分析问题的一种方法。

【业务1－19】典型案例

结合【业务1－17】及表1－5，请用比较分析法分析管理费用的变化情况。

比较分析法在实际工作中可广泛运用于会计账簿和会计报表中。在会计账簿中，可将不同时期的同一指标进行比较分析，往往能发现一些蛛丝马迹，收到事半功倍之效。而在会计报表中，运用相对数比较分析法，能给审计人员提供很多有价值的信息，这些信息往往隐藏得比较深，从表面上看很难发现线索，但只要计算分析得当，也可以识别“庐山真面目”。

（2）趋势分析法，是指利用财务报表提供的数据资料，将各期实际指标与历史指标进行对比，提供单位财务状况和经营成果变化趋势的一种方法。

运用趋势分析法应注意掌握分析的重点。审计人员应对财务报表的重要项目进行重点分析，提高分析的效率，避免平均使用力量，分析时可与比较分析结合使用。

表 1－5

2018 年度各月费用明细表

单位：元

项目	1 月	2 月	3 月	4 月	5 月	6 月	7 月	8 月	9 月	10 月	11 月	12 月	合计
工资	186, 086. 75	135, 915. 46	152, 531. 45	146, 891. 66	107, 172. 24	151, 703. 92	147, 171. 50	157, 631. 34	149, 500. 00	137, 203. 04	128, 955. 32	153, 289. 79	1, 754, 052. 47
折旧费	1, 374. 77	2, 830. 35	－80. 81	1, 374. 77	1, 374. 77	1, 374. 77	1, 434. 11	2, 979. 65	－111. 43	1, 434. 11	1, 538. 58	1, 652. 56	17, 176. 20
低值品	6, 190. 00		120. 00	7, 300. 00		450. 00			224. 00				14, 284. 00
物料消耗		7, 249. 90	130. 10	20. 00	54. 60	130. 60		3, 007. 00	1, 359. 00				11, 951. 20
劳保费用	344. 00						303. 00						647. 00
修理费	150. 00				100. 00			2, 780. 00	2, 000. 00				5, 030. 00
办公费	4, 599. 00	625. 00	1, 530. 00	7, 190. 00	568. 00	3, 870. 75	54, 849. 00	24, 714. 78	16, 840. 00	4, 175. 00	39, 241. 80	6, 350. 00	164, 553. 33
差旅费	15, 223. 00	1, 389. 00	1, 443. 00	4, 254. 90	20, 110. 50	－2, 914. 00	2, 740. 50	37, 346. 55	3, 923. 67	3, 015. 50	36, 977. 50	700. 50	124, 210. 62
税费支出	1, 889. 35	174. 95	1, 124. 20	1, 038. 30	2, 128. 00	973. 83	11, 123. 46	854. 71	1, 200. 28	1, 403. 12	1, 523. 29	1, 749. 76	25, 183. 25
业务招待费	1, 275. 80	8, 138. 00	2, 569. 10	17, 989. 10	7, 964. 10	11, 127. 30	6, 781. 30	7, 665. 70	109, 154. 00	9, 687. 08	27, 437. 57	16, 255. 67	226, 044. 72
广告宣传费										2, 130. 00			2, 130. 00
福利费	80, 319. 50	7, 682. 53	107, 095. 47	87, 202. 75	37, 038. 76	21, 391. 08	128, 538. 58	18, 909. 09	25, 601. 05	19, 827. 05	38, 495. 83	28, 913. 48	601, 015. 17
社会保险费	15, 937. 20		20, 706. 05	12, 218. 98	29, 765. 36	18, 358. 86	15, 950. 88	18, 238. 43	15, 108. 22	16, 221. 92	30, 758. 24		193, 264. 14
职工教育经费											2, 110. 00		2, 110. 00
运输装卸费					88. 00								88. 00
电话通讯费				550. 00	100. 00	6, 601. 20			718. 00				7, 969. 20
水电费												17, 820. 12	17, 820. 12
车辆费用	3, 106. 05			2, 854. 00	2, 752. 00	2, 497. 00	22, 586. 40	6, 131. 97	5, 900. 00	3, 090. 00	16, 161. 02		65, 078. 44
审计费			1, 600. 00			17, 000. 00		3, 460. 00					22, 060. 00
财产保险费						8, 547. 42							8, 547. 42
厂房租金					257, 264. 00								257, 264. 00
资产摊销	2, 500. 00	2, 500. 00	2, 500. 00	2, 500. 00	2, 500. 00	－24, 368. 16	3, 799. 99	5, 378. 41	7, 461. 74	7, 461. 74	9, 545. 05	9, 545. 08	31, 323. 85
其他管理费	2, 268. 70		803. 60			2, 434. 96	61. 03	381. 00	570. 00			－30. 85	6, 488. 44
合计	321, 264. 12	166, 505. 19	292, 072. 16	291, 384. 46	468, 980. 33	219, 179. 53	395, 339. 75	289, 478. 63	339, 448. 53	205, 648. 56	332, 744. 20	236, 246. 11	3, 558, 291. 57

（3）因素分析法，也称连锁替代分析法，是指为确定某一经济现象诸因素影响方向和程度而采用的一种分析方法。影响方向用正或负表示，影响程度则用数据反映。通过因素分析可以帮助审计人员有针对性地提出改进建议和措施。

5. 查询法

查询法，是指审计人员为了了解有关情况或证实某一事实，以询问的方式进行检查的方法。在会计检查过程中发现的异常现象和可疑的问题，都可以向被审查单位外部或内部有关人员进行调查询问，以了解事实真相，从中取得检查线索或证据。查询法可分为面询和函询两种。

（1）面询，是指检查人员直接与有关人员谈话进行当面询问，要求有关人员做出答复或解释。采用面询要注意以下几个问题：

第一，首先拟好谈话提纲，防止遗漏重要的问题；

第二，向有关人员了解情况时，应分别单独进行询问，切忌采取座谈会的方式或同时向几个人进行询问；

第三，正确使用询问的方式，严禁用揭示、引诱、威胁套供等办法；

第四，根据被询问人的情况和口头查询的内容，做好谈话记录，必要时可以录音。记录稿需由被询问人签字，谈话情况必须严格保密。口头查询所得的证据虽然其证明力不如书面证据，但它可以明确有关人员的责任，帮助弄清一些情况，甚至从中可获得重要线索，为进一步深入检查做好准备。

（2）函询，又称为函证，是指审计人员为了弄清某个问题，将询问的内容全部以书面提问的方式，要求被询问人予以答复的一种查询方法。函询法又分为积极式函证和消极式函证两种。

函询法一般适用于重要事项的调查，为了使调查简便易行，可事先编制并打印好调查表，然后以调查表方式进行查询。在调查被审计单位的内部控制执行状况等情况下可以用函询法。

二、取得实物证据的方法

对于某项资产项目，除了要取得书面资料的证据外，还要取得实物证据。取得实物证据的方法有四种，分别是盘点法、观察法、调节法和鉴定法。

（一）盘点法

盘点法，是指审核人员对被审计单位各项财务物资进行实地盘点，以确定其是否存在以及数量、品种、规格及其金额等实际情况，借以论证有关实物账户的余额是否真实的一种方法。盘点法按其组织方式，分为直接盘点和监督盘点两种。

（1）直接盘点，是指审计人员亲自到现场盘点实物，证实账面资料与有关财产物资是否相符的一种审计方法。在该种方法下，对于容易出现舞弊行为的现金、银行存款和贵重的材料，应采用突击盘点。

突击盘点，是指审计人员不事先告知被审计单位盘点时间和盘点内容，以防止相关人员在盘点前，将财产保管工作中的挪用、盗窃及其他弊端加以掩饰。

对于大宗原材料、库存商品等，应采用抽查盘点。

抽查盘点，是指不对所有的财产物资都进行盘点，而只是对一部分财产物资进行抽查核实，以便检查日常盘点工作质量的优劣，检验盘点记录是否真实和正确，查明财产物资是否安全、完整，有无损坏或被挪用、贪污和盗窃等情况。

（2）监督盘点，是指为了明确责任，审计人员不亲自进行盘点，而是由经管财产人员及其他有责任人员进行实物盘点清查，审计人员是在一旁对实物盘点进行监督，如发现疑点可以要求复盘核实。在监督盘点方式下，也可以采用突击盘点和抽查性盘点形式。监督盘点一般用于数量较大的实物，如存货、厂房、机器设备等。

（二）观察法

观察法，是指审计人员对被审计单位的生产经营活动的进行、财产物资的保管、内部控制的运行、会计核算的流程等，亲临现场进行实地观察，以取得审计证据的一种审计方法。

进行财务收支审计和经济效益审计时，一般要运用观察法进行广泛的实地观察，收集书面资料以外的审计证据。审计人员深入到被审计单位的仓库、车间、办公室、工地等现场，对其内部控制制度的执行情况、财产物资的保管和利用情况、工人的劳动效率和劳动态度等生产经营管理活动情况进行直接观察，从中发现薄弱环节以及存在的问题，以便收集审计证据，提出建议和意见，促进被审计单位改进经营管理，提高经济效益。

观察所提供的审计证据仅限于观察发生的时点，并且在相关人员已知被观察时，相关人员从事活动或执行程序可能与日常的做法不同，从而影响审计人员对真实情况的了解。因此，审计人员在审计过程中不能仅依赖观察所得到的审计证据，还要与查询法等其他审计方法获取的审计证据结合起来，才能取得更好的效果。

（三）调节法

调节法，是指检查人员在检查某一项目时，由于现在的数据与需要证实的数据在时点上不一致，为了验证其数据的正确性，而对其中某些因素进行必要的增减，从而推算出需要证实的某项数据。

调节法主要是一种取得被审计单位报告日实物证据的方法，当盘点日与结存日不一致时，需要运用调节法。银行存款余额调节表是调节法的一种。通常对财产物资的审计要运用调节法，其常用的方法是先进行实物盘点，然后将结存日至盘点日财产物资的收入及发出数进行核实，再通过公式进行计算，得出结存日的应存数数据，将计算出来的结存日的应存数据与报表数进行核对，查明两者是否一致。对应公式为：

结存日应存数 = 盘点日的实盘数 + 结存日至盘点日的发出数 − 结存日至盘点日的收入数

（四）鉴定法

鉴定法，是指对书面资料、实物和经济活动等的分析、鉴别，超过一般审计人员的能力和知识水平而邀请有关专门人员运用专门技术员进行确定和识别的一种审计方法。

鉴定法可应用于财务报表审计、合规性审计和经营审计。如对实物性能、质量、价值的鉴定，涉及书面资料真伪的鉴定，以及对经济活动的合理性和有效性的鉴定等。如当伪造凭证的人员不承认其违法行为，可通过公安部门鉴定其笔迹，以确定其违法行为。又如，对质次价高的商品材料的质量情况难以确定时，请商检部门通过检查化验确定商品质量和实际价值等，还可以请基建方面的专家，对基建工程进行质量检查等。这是通过观察法不能取证时，必须使用的一种方法。

鉴定的结论必须是具体的、客观的和准确的，并作为一种独立的审计证据，详细地记入审计工作底稿。

职业道德与素质

【案例背景】

A 市经开委内部审计接到经开委办公室通知，要求成立审计小组，对 A 市 B 企业三个项目的专项资金进行审计。接到任务后，经开委马上成立审计小组，下发审计通知书，到 B 企业实施了为期 10 天的内部审计工作。审计中发现，该企业存在从专项经费中虚增开支，套取大额现金，用于挥霍、贪污或私分的违法嫌疑。内部审计小组第一时间将情况汇报给经开委主任，经开委领导班子集体讨论，决定将案件移送给纪检监察部门。

本次审计的重点是 B 企业 2015 年 7 月至 2017 年 12 月专项资金的使用及管理情况。审计组在审前调查中发现，该企业招待费开支多得出乎意料。审计组在广泛调查、掌握初步情况的基础上，确定首先把该企业会议费和招待费作为本次审计的重点。

随着审计的逐步深入，种种不正常现象和疑点渐渐浮现。

疑点一：该企业会议费和招待费果然多得惊人，隔三岔五有会议就餐，三天两头有客人招待。审计人员感到这个审计项目非同一般，为了不放过任何蛛丝马迹，审计组的同志加班加点，把该企业三年内所有的会议和招待支出明细，按照开支内容、发生时间先后顺序和发生地点频繁与否进行了详细登记和汇总。结果发现，该企业 2015—2017 年的招待费让审计人员大为吃惊。虽说因为工作的特殊性，企业的业务培训会议可能会较其他单位多一些，但多得有点超乎常规。如 2015—2016 年的会议就餐天数都达到了 60 多天；除了 2016 年 12 月底有 11 场次培训会议放在另一家宾馆召开外，两年内其余会议都安排在同一家酒店，并且经常出现同一个会议一开就是两三天甚至更久的现象，有点不合常理。虽然每个会议都附有会议通知和签到册，看似很正规、确实发生过，但不能排除该企业和酒店、宾馆串通，通过制造假培训和假会议的方法套取现金。

疑点二：该企业赠送给调查户的纪念品数目庞大（共计 5,819 份，合计 116,380 元），但未附领取纪念品人员的签字单，且都向农批市场同一个体工商户王某购买。从侧面了解，此个体工商户王某和原局长王某是老乡加亲戚关系。

疑点三：该企业发放给调查员的劳务费形式多样，有比较多的劳务支出直接以现金形式发放，但并未附相关支付劳务费计算明细的记录，且存在补贴对象和领款人底细不清，以及代领的现象。该企业发放的劳务费金额庞大，2016 年 1 月至 2017 年 6 月共发放各类劳务费达 100 余万元。在此次审计期间，该企业有临时用工 30 人，不应该有如此多的劳务费，这也让审计人员心存疑虑。

上述有疑点的费用加起来达 100 多万元，绝大部分都在专项经费中开支。虽然上述全部开支发票都至少有经办人、办公室主任、分管领导和财务负责人等 4 人签字，看似十分正规，但审计组针对上述问题询问会计人员和办公室主任时，得到的回答却是“时间长记不清楚了、忘记了”，或者是含糊其词的解释，似乎隐藏着什么不可告人的秘密，这更增加了审计组的疑虑。此外，另一个不正常现象也冒出来。审计期间，原厂长王某一次又一次地不请自来，自圆其说向审计组解释存在上述问题的原因，还夸夸其谈说单位的每一笔开支都手续齐全、程序到位，不存在任何问题；同时又找上级领导和熟人托关系，希望他们暗地里向审计组说情，好让审计不要太严格。到后来更加不对头了，王某经常直接打电话给审计组询问审计的进展，这种现象可是审计人员以前从来没有碰到过的。

对上述出现的种种不正常迹象和众多疑点，审计组认为，该企业很可能存在从专项经费中虚增开支、套取大额现金的嫌疑，又苦于没有确凿的证据和事实来印证这种可能。鉴于审计职能的局限性，审计组只好把上述情况向主管部门领导做了详细汇报，由主管部门领导向上级有关部门反映情况，并商讨下一步对策。

审计组集中精力对该企业2016年1月至2017年6月的招待费（包括会议费开支）、样本户调查纪念品以及调查劳务费等三大类支出进行了细致的比对，同时经过有选择的外围调查了解，发现该企业在各大饭店的就餐费、印制调查表、分发调查人员纪念品等支出中有疑似套取大额现金的迹象。特别是2016年10月至11月向个体工商户王某购入香皂、毛巾、洗发精和洗手液等5,819份，共计116,380元的支出，其中至少有10万元是由办公室主任周某操作，虚套现金的迹象十分明显。

当王某得知审计组正在深究有关财务支出的真实性后，急忙跑到上级主管部门向有关领导解释企业的财务管理是如何规范，并要求审计组尽早把审计结束，以减少别人对他的猜疑。一方面信誓旦旦地保证不会有任何问题，一方面却难以掩饰言谈间的慌乱。审计组及相关主管部门的领导在第一时间把这个重大情况和审计发现的种种疑点向县纪委领导做了详细汇报，并及时移送了整个案件，同时要求审计组及时整理好一切有价值的审计资料提供给县纪委，并全力配合。经过认真磋商和周密部署，县纪委适时地把整个案件的关键人物——该企业办公室主任周某“请”了进去。

强大的政治攻势下，周某不仅坦白了王某担任厂长以来，精心策划和部署的一整套从专项经费中套取大额现金的做法，还交待了自己在王某不知情的情况下，通过同样的套现方法贪污现金和拿一些本该属于个人开支的费用到单位报销的犯罪事实。为了掌握更多详实可靠的证据，县纪委对另一个与本案相关联的重要人物储某进行了询问调查，结果印证了王某从该局专项经费中套取大额现金的事实。

最后，王某也被“请”进了县纪委，如实交待了在他的精心策划指使下，在有关人员的配合和具体操作下，通过假造调查人员培训和会议、印制调查表、分发被调查人员小礼品以及发放调查员劳务费等形式，先后从多家酒店、印刷厂、农副产品店以及农贸市场摊主等多个地方套现近80万元的一系列违法违规事实。同时，还招供了替别人“帮忙”多次收受贿赂的犯罪事实。

思考：本案例中，审计人员运用了哪些审计技术方法？

职业能力训练

一、单项选择题

1. 审计重要性与审计风险之间是一种（　　）。

A. 反向关系　　B. 正向关系

C. 没有关系　　D. 视具体情况而定

2. 财务报表审计时，审计人员根据了解到的情况进行分析后，确定资产负债表的重要性水平为100万元，利润表的重要性水平为80万元，则内部审计人员应确定财务报表层次的重要性水平为（　　）。

A. 100　　B. 80

C. 180　　D. 20

3. 为证明财产物资的数量，最有效的审计方法是（　　）。

A. 顺查法　　B. 逆查法

C. 盘点法　　D. 调节法

4. 对应收账款的真实性进行审计，最有效的审计方法是（　　）。

A. 观察法　　B. 调节法

C. 询问法　　D. 函证法

5. 在既定的审计风险水平下，可接受的检查风险水平与认定层次重大错报风险的评估结果呈（　　）。

A. 反向关系　　B. 没有关系

C. 关系不确定　　D. 正向关系

二、多项选择题

1. 顺查法的优点有（　　）。

A. 全面系统、简便易行

B. 适用于会计核算制度不健全、账务处理较混乱的单位

C. 适用于对销售业务、费用支出、现金出纳、银行存款的收支等的审查

D. 适用于大型企业的审计

2. 详查法的特征有（　　）。

A. 工作量太大，费时费力

B. 审计成本高，一般情况下不宜采用

C. 重大贪污舞弊和严重违反财经纪律的单位和个人，可以采用详查法

D. 一些经济活动不多、会计业务少的小型单位，也可以使用详查法。

3. 核对法的审计方法具体有（　　）。

A. 证证核对　　B. 账证核对

C. 账账核对　　D. 账表核对

4. 突击盘点法适用于（　　）。

A. 容易出现舞弊行为的现金、银行存款　　B. 贵重的材料

C. 存货　　D. 固定资产

5. 确定计划的重要性水平时应考虑的因素有（　　）。

A. 被审计单位的业务性质　　B. 审计的目标

C. 财务报表各项目的性质及相互关系　　D. 财务报表各项目的金额及其相互关系

三、判断题

1. 调节法是指检查人员在检查某一项目时，由于现在的数据与需要证实的数据在时点上不一致，为了验证其数据的正确性，而对其中某些因素进行必要的增减，从而推算出需要证实的某项数据。（　　）

2. 突击盘点是指审计人员事先告知被审计单位盘点时间和盘点内容，让相关人员在盘点前，将财产保管工作中的挪用、盗窃及其他弊端加以掩饰。（　　）

3. 审计人员在审计过程中可以依赖观察所得到的审计证据做出审计结论。（　　）

4. 鉴定法的结论必须是具体的、客观的和准确的，并作为一种独立的审计证据，详细地记入审计工作底稿。（　　）

5. 审查书面资料的技术方法有审阅法、核对法、查询法等。（　　）

四、简答题

1. 什么是审计重要性，重要性水平分为哪两个层次，如何确定重要性水平？

2. 简述审计重要性、审计风险、审计证据之间的关系。

3. 审计技术方法有哪些？

4. 证实客观事实的方法有哪些？

学习情境1.3　内部控制审计

职业能力目标	专业能力	了解内部控制的含义目标；理解内部控制的设计原则；掌握内部控制要素、内部控制描述方法及内部控制的评价
	职业核心能力	能够运用文字描述法、调查表法和流程图法对企业内部控制进行描述，能够运用各种审计程序对企业内部控制的各要素进行审计并能合理地、有效性地进行评价，能够根据内部控制的评价结果撰写管理建议书。
主要概念	内部控制概念；内部控制要素；内部控制描述方法；内部控制评价	

情境引例

承【业务1-4】，北斗星公司内部审计人员王虎对北斗星公司的组织架构进行了解，公司法人代表为蔡文清，财务部负责人周山系蔡文清的妻子，公司仓库主管蔡新系蔡文清的弟弟，生产部经理、销售部主管系外聘的高层管理人员，但董事长本人会亲自处理一些销售和采购事项。在了解货币资金内部控制时，王虎要求财务部出具货币资金收支相关内部文件。根据文件记录，北斗星公司发生款项支付时，由付款申请人填制申请书，经财务部负责人审核批准后由董事长审核付款。如果某项交易或事项是由董事长或财务负责人亲自办理的，则没有其他控制程序和流程对他们进行控制。

分析：北斗星公司内部控制治理结构的设置和职责划分不合理。各部门的主管相互有裙带关系，没有一个独立的机构对各部门进行牵制。最严重的是董事长和财务负责人亲自办理业务，且没有其他相关控制对其进行制衡，使得内部控制存在严重缺陷。请思考以下问题：

（1）企业制定内部控制的目标是什么？

（2）企业资产的使用和管理的内部控制如何设置？

学习子情境1.3.1　内部控制制度概述

内部控制是企业以管理制度为基础，主要是用来防范各种风险、有效监管各种经营行为和经营效果，通过全方位建立过程控制体系、描述关键控制点和以流程形式直观表达生产经营业务过程而形成的管理规范。审计人员对企业开展内部审计时，应该对其内部控制进行研究和评价，其评价结果不仅直接影响到审计抽样的范围，而且对审计人员确定实质性程序的时间、性质和范围也有一定的影响。

一、内部控制的含义、目标

（一）内部控制的含义

内部控制是指企业为了保护经济资源的安全完整，保证各种信息的可靠性，提高企业经营效率和效果，促进企业经营方针的贯彻实施而制定的一系列相互制约、相互联系的方法、程序、政策和措施。企业内部控制贯穿于企业经营活动的方方面面，只要存在经济活动和经营管理，就需要有相应的内部控制。具体又分为企业层面的内部控制和业务流程、应用系统或交易层面的内部控制。

（二）内部控制的目标

企业设计、执行和维护内部控制，其目的就是确保企业整体经营目标的实现，能够应对企业实现下列目标产生的不利影响的经营风险：

（1）合理保证企业经营活动能遵守适用的法律法规。守法和诚信是企业持续稳定发展的基石，企业内部控制要求企业必须将发展置于国家法律法规允许的基本框架之下，在守法的基础上实现自身的发展。

（2）有效维护资产的安全、完整。资产的安全、完整是投资者、债权人和其他利益相关者普遍关注的重大问题，是企业可持续发展的物质基础。良好的企业内部控制，应当为资产安全提供扎实的制度保障。

（3）提高财务报告及相关信息的可靠性。可靠及时、准确而完整的信息，能帮助企业管理层及时做出正确的决策以及对企业经营活动和业绩进行有效的监控；同时，保证对外披露的信息报告的真实、完整，有利于提升企业的诚信度和公信力，维护企业良好的声誉和形象。

（4）提高经营效率和效果。企业结合自身所处的特定内外部环境，通过建立健全有效的企业内部控制，不断提高经营活动的盈利能力和管理效率。

（5）促进企业实现发展战略。这是企业的终极目标。它要求企业将近期利益和长远利益结合起来，在企业经营管理中努力做出符合战略要求、有利于提升可持续发展能力和创造长久价值的策略选择。

二、内部控制的要素

《企业内部控制基本规范》中指出：企业建立与实施有效的内部控制，应当包括以下五个要素：

（一）控制环境

控制环境也叫内部环境，是影响、制约企业内部控制制度建立与执行的各种内部因素的总称，良好的控制环境是实现内部控制有效性的基础。通常包括治理结构、组织机构设置与权责分配、企业文化、内部审计机制、人力资源政策、反舞弊机制等内容。

内部审计人员在审计时，对控制环境方面应重点关注以下几个内容：

（1）管理层的理念和经营风格。管理层的理念和经营风格是创造一个良好的积极的氛围，促进企业内部控制的有效运行、减少错报的一个重要内容。该部分的审计重点关注三个方面：

①对专业胜任能力的重视程度；

②组织结构及职权与责任的划分方法；

③人力资源政策与实务。

（2）诚信与道德价值观念的沟通与落实。这是控制环境的重要组成部分，会影响到企业重要业务流程内部控制的设计和运行。该部分的审计重点关注三个方面：

①企业是否有书面的行为规范并能得以贯彻实施；

②是否对新进员工进行职业操守培训并签署行为规范声明书；

③是否对违反相关行为规范的行为采取适当的措施。

（3）治理层的参与程度。企业的治理层通常通过其自身的活动来监督财务报告的政策与程序。审计人员重点要关注管理层和治理层是否有凌驾于内部控制之上的风险。

（二）风险评估

风险评估是指企业及时识别、科学分析影响企业战略和经营管理目标实现的各种不确定因素，并采取适当的应对策略的过程，是实施内部控制的重要环节和内容。风险评估主要包括目标设定、风险识别、风险分析和风险应对。在内部控制审计实务中，我们重点要关注以下因素：

（1）单位是否设定有相应的控制目标，并根据目标有计划全面、系统、持续地收集内外部相关信息，并结合实际情况，及时进行风险评估。

（2）单位是否通过日常或定期的评估方法将各种主要风险加以识别，并将各类风险进行分类整理，形成企业风险清单。

（3）单位是否在风险识别的基础上，采用定性和定量相结合的方法，按照风险发生的可能性及其影响程度，对识别的风险进行排序和分析，确定重点和优先控制的风险。

（4）单位是否根据内部控制目标，结合风险评估结果和风险应对策略，综合运用控制措施，将风险控制在可承受的范围之内。

（三）控制措施

控制措施，是根据风险评估结果、结合风险应对策略所采取的确保企业内部控制目标得以实现的方法和手段，是实施内部控制的具体方式和载体。控制措施结合企业具体业务和事项的特点与要求制定，主要包括职责分工控制、授权控制、审核批准控制、预算控制、财产保护控制、会计系统控制、内部报告控制、经济活动分析控制、绩效考评控制、信息技术控制等。

（四）信息与沟通

信息与沟通，是及时、准确、完整地收集与企业经营管理相关的各种信息，并使这些信息以适当的方式在企业有关层级之间进行及时传递、有效沟通和正确应用的过程，是实施内部控制的重要条件。信息与沟通主要包括信息的收集机制及在企业内部和与企业外部有关方面的沟通机制等。

（五）监督检查

监督检查，是企业对其内部控制制度的健全性、合理性和有效性进行监督检查与评估，形成书面报告并做出相应处理的过程，是实施内部控制的重要保证。监督检查主要包括对建立并执行内部控制制度的整体情况进行持续性监督检查，对内部控制的某一方面或者某些方面进行专项监督检查，以及提交相应的检查报告、提出有针对性的改进措施等。企业内部控制自我评估是内部控制监督检查工作中的一项重要内容。

（六）各要素间的相互关系

内部环境是基础，是企业建设内部控制的土壤，是一切内控制度、流程、控制点得以实施的根本条件。一个企业内控好坏，首先应该对其内控环境进行评价，如果环境不好，就需要更仔细和深入的进行建设，换句话说，如果环境建设得好，具备良好的风险意识和内控文化，即使一些小方面存在控制不足，也并不重要。

风险评估、控制活动、信息沟通是内控体系核心三个环节。风险评估是内控建设的方向。并不是说企业所有的操作都需要管控，使用无比繁琐的流程进行防范。内控体系强调成本效益原则，注重企业经营效果效率，就必须注重风险评估，以风险为导向的建设内部控制体系，非重大风险可以酌情简化，但是重大风险就需要认真将制度、流程和控制环节建设好。

控制活动是内控体系的核心环节，应该是嵌入在业务流程当中得以保证实施，并应该注意留下控制痕迹以供检查监督。

信息沟通包括信息传递和信息系统两个部分。信息采集和信息传递指的是企业部门之间、上下级之间、各管理级次之间是否存在良好的沟通渠道。信息系统内控合规又是一个大课题，可以采用专门的框架进行建设，主要包括信息系统基础环境、总体控制和应用层面控制三部分。

监督检查是使内部控制成为闭环的重要组成部分。缺乏这个环节内控工作就不是一个PDCA（即Plan、Do、Check和Action）循环，或者说就不能不断优化和提升，体系就是一个静态而非动态的。监督检查方式包括了自我评价和独立评价，从实施频率来分可以分为日常监督和专项监督。

总的来说，内部环境是基础，风险评估是依据，控制活动是手段，信息沟通是载体，内部监督是保证。

三、内部控制的设置原则

1. 全面性原则

企业设置内部控制，应当贯穿决策、执行和监督的全过程，覆盖企业及其所属单位的全部经济业务活动和事项，实现全过程、全员性控制，不存在内部控制空白点。

2. 重要性原则

内部控制应当在兼顾全面性的基础上，对重要的经济业务活动和高风险领域，要采取更为严格的控制措施，确保不存在重大缺陷。

3. 制衡性原则

企业制定的各项内部控制应当在治理结构、机构设置及权责分配、业务流程等方面形成相互制约、相互监督的机制，同时兼顾运营效率（它要求企业完成某项工作必须经过互不隶属的两个基本点或两个以上的岗位和环节；同时，还要求履行内部控制监督职责的机构或人员具有良好的独立性）。

4. 适应性原则

企业制定的各项制度应当与企业经营规模、业务范围、竞争状况和风险水平等相适应，并随着情况的变化加以调整。这就要求企业建立与实施内部控制应当具有前瞻性，适时地对内部控制系统进行评估，发现可能存在的问题，并及时采取措施补救。

5. 成本效益原则

内部控制的设置与运行应当权衡实施成本与预期效益，企业应当以适当的成本实现有效的、合理的内部控制。

四、内部控制的具体措施

企业常用的内部控制方法主要包括：组织结构控制、授权批准控制、会计系统控制、预算控制、财产保全控制、人员素质控制、风险控制、内部报告控制、电子信息系统控制等。

（一）组织结构控制

要求贯彻不相容职务相分离的原则，合理设置内部机构，科学划分职责权限，形成相互制衡机制。

所谓不相容职务是指那些如果由一个人担任则既可能发生错误和舞弊行为，又可能掩盖错误和舞弊行为的职务。

不相容职务主要包括：授权批准与业务执行、业务的授权审批与业务经办、业务经办与会计记录、会计记录与财产保管、财产物资的采购与财产物资的保管、财产物资的保管与领用、财产物资的保管与盘点、总账与日记账的登记、总账与明细账的登记、出纳与会计、业务经办与业务稽核、授权批准与监督检查等职务。

不相容职务分离的核心是内部牵制，它使得一个人或一个部门的工作必须与其他人或部门的工作相一致或相联系，并受到连续不断的检查。

（二）授权批准控制

授权批准控制是指企业处理每一项具体的经济活动时，都必须经过相应的程序才能进行，未经授权和批准的人员不允许处理和接触这些经济活动。授权批准通常有特别授权和一般授权两种。一般授权是授权处理经常发生的正常范围内的经济业务，如物资采购和财产保管等。特别授权是指授权处理企业在特殊情况和特定条件下进行的授权，一般用于非常规的经济业务，如股票和债券发行和重大的资本支出。单位明确规定授权批准的范围、权限、程序、责任等相关内容，单位内部的各级管理层必须在授权范围内行使相应职权，经办人员也必须在授权范围内办理经济业务。

（三）会计系统控制

会计系统控制主要是通过对会计主体所发生的各项交易或事项进行记录、计量和报告等而进行的控制。其目的是保护财产物资和确保会计信息可靠。要求单位必须依据会计法和国家统一的会计制度等法律法规，制定适合本单位的会计制度，明确会计凭证、会计账簿和财务会计报告的处理程序，实行会计人员岗位责任制，建立严密的会计控制系统。其主要内容如下：

（1）依法设置会计机构，配备合适的会计从业人员；

（2）建立会计工作岗位责任制，对会计人员进行合理的分工，使之相互监督和制约；

（3）会计资料格式规范、保管严格，防止混乱和丢失；

（4）建立定期的复查和核对制度；

（5）按照国家统一的会计准则要求编制、报送和保管财务报告。

（四）预算控制

该控制要求企业加强预算编制、预算执行、预算分析、预算考核等环节的管理，明确预算项目，建立预算标准，规范预算的编制、审定、下达和执行程序，及时分析和控制预算差异，采取改进措施，确保预算的执行。预算内资金实行责任人限额审批，限额以上资金实行集体审批。严格控制预算的资金支出。

（五）财产保全控制

该控制要求企业建立日常管理制度和定期清查制度，要求单位严格控制未经授权的人员对财产的直接接触，采取定期盘点、财产记录、账实核对、财产保险等措施，确保各种财产的安全完整。主要包括：

（1）保护财产和记录的安全完整。保护财产和记录的安全完整最重要的措施是采取实物防护措施。

（2）定期盘点，进行账实核对。

（3）限制接触。严格限制未经授权的人员对资产的直接接触和通过文件审批方式对资产作用或分配的间接接触，只有经过授权批准的人员才能接触该项资产。

学习子情境 1.3.2　描述与评价内部控制的方法

情境引例

承【业务1－4】，根据内部审计工作小组的工作计划，北斗星内部审计小组成员王虎负责对公司的内部控制进行审计、评价，并根据其对内部控制的审计结果，确定审计重点和范围。

分析：显然，北斗星的内控结构的设置和职责划分存在种种问题。作为审计人员，王虎应该将了解到的内部控制情况进行记录，并分析其是否存在重大缺陷，针对存在的缺陷，提出相关的管理建议书。请思考以下问题：

（1）审计人员可以采取哪些方法了解被审计单位的内部控制？

（2）审计人员常用的记录内部控制的方法有哪些？如何评价被审计单位的内部控制？

为了提高审计效率，合理保证审计质量，使审计结果具有较高的客观性和正确性。审计人员在审计过程中，首先要对企业的内部控制进行评审，这是内部审计的主要程序和手段，也是内部审计工作的重要内容。企业内部控制的评审，是指评价企业内部控制的合理性、健全性和有效性。评审企业内部控制首先要对内部控制进行了解。

一、了解内部控制的程序

在了解企业内部控制时，审计人员应合理利用以往的审计工作经验。并运用重要性原则，对内部控制实施以下的审计程序：

（1）询问被审计单位的有关人员，查阅相关内部控制文件。

（2）检查内部控制生成的文件和记录。

（3）观察被审计单位的业务活动和内部控制的运行情况。

（4）选择若干交易和事项进行穿行测试。其中，穿行测试是指追踪交易在财务报告信息系统中的处理过程。这是审计人员了解被审计单位业务流程及其相关控制时经常使用的一种审计程序。

【业务1－20】典型案例（见表1－6和表1－7）

表1－6　了解、评价和测试企业层面内部控制——与内部环境相关的控制目录

被审计单位：北斗星公司　　索引号：NK－CA

项目：与内部环境相关的控制　　财务报表截止日/期间：2017/12/31

编制人：王虎　　复核人：李飞

日期：2018年2月6日　　日期：2018年2月7日

序号	底稿目录	索引号	底稿说明
1	诚信和道德价值观念的沟通与落实	NK－CA－1	
2	治理层的参与程度	NK－CA－2	
3	管理层理念和经营风格	NK－CA－3	
3.1	管理层理念和经营风格－对胜任能力的重视	NK－CA－3－1	管理层必须具备各岗位所需的资历水平，完成所需工作的知识和经验
3.2	管理层理念和经营风格－组织架构	NK－CA－3－2	公司的组织结构支持财务报告相关内部控制体系的有效运行
3.3	管理层理念和经营风格－权限和职责的分配	NK－CA－3－3	管理层与雇员被授予适当的权利与责任，确保财务报告相关内部控制的有效性
3.4	管理层理念和经营风格－人力资源政策与实务	NK－CA－3－4	人力资源政策与实务涉及招聘、培训、考核、晋升和薪酬等方面
3.5	管理层理念和经营风格－对财务报告的态度	NK－CA－3－5	支持财务报告相关内部控制的有效性
4	本流程的缺陷汇总表（即审计总结）	NK－CA－4	

表 1－7

了解、评价和测试企业层面内部控制——与内部环境相关的控制
诚信和道德价值观念的沟通与落实

被审计单位：北斗星公司　　　　　　　　　　　　　　　　　　　　索引号：NK－CA－1

项目：诚信和道德价值观念的沟通与落实　　　编制人：王虎　　　　　　　复核人：李飞

财务报表截止日/期间：2017 年 12 月 31 日　　日期：2018 年 2 月 6 日　　日期：2018 年 2 月 7 日

编号	风险点	关注内容	企业现有控制活动	相关负责部门	是否关键控制	控制类型	精确度	对业务层面审计的影响	审计程序及过程记录	测试结论	缺陷编号	缺陷描述
CA1.1	是否有书面的行为规范并且通过各种方法使之得以贯彻落实	1. 高级管理层是否制定了清晰阐述道德价值观的相关准则/行为守则，并确保该准则可以让所有员工了解，是怎么样下达的 2. 员工是否了解哪些行为可以接受，哪些不可，并在遇到不当行为时知道如何处理	人力资源部负责制定《员工手册》，详细描述了企业各层级人员应遵循的道德价值观，同时列明了违背行为守则的处理方式及后果。《员工手册》由总裁办公会负责审批 《员工手册》列入新员工入职培训内容，以确保每一位员工都能清楚知晓企业道德价值观和员工行为守则，培训完成后，每位员工签署遵守《员工手册》的声明 同时人力资源部将《员工手册》上传至公司内部公共信息平台上，以便所有员工随时查看	人力资源部 内部审计部	是	监督性控制	监督其他控制的有效性，但不足以精确到及时防止或发现并纠正相关认定的错报	此类控制运行有效时，可以减少对其他控制的测试	测试人员：王虎 测试时间：2018－1－20 测试方法：询问、检查．测试步骤： （1）获取《员工手册》，检查公司的道德价值观是否都得到清晰阐述；经检查《员工手册》详细描述了企业各层级人员应遵循的道德价值观，列明了违背行为守则的处理方式及后果 （2）登录企业内部网站，检查《员工手册》全部内容是否置于网站上；经检查确定《员工手册》的全部内容均公布于内部网站上，任何员工随时进入公司内部网后即能够查看 （3）获取 2017 年 5 月 15 日《新进员工培训签到表》和新员工签署的遵守《员工手册》的声明，检查是否所有 2017 年 4 月份新进员工均进行了《员工手册》的培训，并且全部签署了遵守《员工手册》的声明；经检查确认 4 月份所有新入职员工均在《员工手册》课程的签到表中完成签到，并全部签署了遵守《员工手册》的声明	通过	无	无

二、描述内部控制的方法

所谓描述内部控制制度，是采取一定的方法用书面的形式反映企业内部控制的现状。审计人员可能根据企业各个业务层面分别对内部控制进行描述，以全面反映企业内部控制的状况，分析企业业务处理过程是否合理、健全，为审计人员后续进行的符合性测试提供方便。描述内部控制制度的方法主要包括文字说明法、制表法、流程图描述法、流程图与文字说明结合法。

1. 文字说明法

文字说明法是指审计人员用文字叙述的方式描述企业内部控制的方法。在运用该种方法时，审计人员首先要阅读被审计单位的各种内部控制文件，并向相关人员提出一系列的问题，然后将相关人员的回答一一记录下来，经过审计人员的观察与核实，形成书面资料，描述被审计单位内部控制的实际情况。

【业务1-21】典型案例

北斗星公司收入、应收账款确认及发票开具的内部控制

1. 开票申请及开票

A. 企业接到客户开票通知，财务文员填写"开票申请单"，发给销售部销售文员；

B. 销售经理或文员判定货物是否已发货，对照"合同汇总表"的信息与客户确认；

C. 如果货物已经发出，销售部文员审查"开票申请单"与对应合同金额是否一致；

D. 收入会计将"开票申请单"与合同汇总表、产品发货单进行核对。核对无误后开具发票，发票开具后一联送到销售部。

2. 确认收入，记录应收账款

每月，财务部应收账款会计根据发货单、对方的到货签收单及销售发票编制记账凭证，计入应收账款和主营业务收入。财务部负责人审核记账凭证金额填写是否正确，记入科目是否合理，与后附的原始凭证是否相符，审核无误在记账凭证的"财务主管"栏上签章。

审计人员：王虎

2018年2月5日

文字说明法对调查对象做出比较具体和深入的描述，方式灵活。但这种方法很难用简明易懂的语言来描述内部控制的各个环节，对业务处理过程及其控制的反映不够直观，不利于有效地进行内部控制分析和为控制风险评价提供直接依据。因此，这种方法一般适用于内部控制程序比较简单、比较容易描述的小企业。

2. 调查表法

调查表法，又称为问卷法，是指将那些与保证会计记录的正确性和可靠性以及财产物资的完整性有密切关系的事项列作调查对象，由审计人员利用事先设计好的标准化格式的调查表，通过征询、了解来反映企业内控制度的健全与执行中薄弱环节的方法。

调查表是根据内控制度是否严密、有效，综合考虑各方面因素提出的，其最大的优点是范围明确、问题突出，容易发现内部控制系统中存在的缺陷和薄弱环节；设计合理的标准调查表，可广泛适用于同类型单位，从而减少审计工作量；可由若干人分别同时回答，有助于保证调查效果。其缺陷是对被审计单位某一环节的内控制度只能按所提问题进行考查，往往难以提供一个完整、系统、全面的分析评价。且调查表的格式固定，缺乏弹性，所以不能通过简单复制就用于不同行业的被审计单位，而必须就一个行业或一个单位设计一套表格。因此，调查表比较适合于调查了解企业的控制环境和各主要业务领域的控制点。

【业务1－22】典型案例（见表1－8）

表1－8　调查问卷样例

调查部门						
主要业务活动	调查事项	答复		相关政策、程序及控制活动	制度或文档名称	备注
		是	否			
建立成本核算方法	是否建立了成本核算方面的制度文件，具体包括哪些					
	成本核算相关制度文件是否经过了恰当的审批，采用何种审批流程					
	存货发出的计价方式是否明确，具体采用什么方式					
生产成本归集及账务处理	对于直接计入成本对象的原材料的领用，需要填制哪些单据					
	对于多个产品间共用的原材料领用，需要填制哪些单据					
	是否明确了原材料的领用流程，具体是如何进行审批的					
	当月未投入生产的原材料是否需要退库，退库程序是如何执行，如何审批的					
	是否明确了生产人工工时的统计工作，具体是如何统计、如何审批的					
	是否明确了生产机器工时的统计工作，具体是如何统计、如何审批的					
	是否明确了直接人工成本的归集工作，具体是如何统计、如何审批的					
	是否界定了制造费用的核算范畴，具体的内容是什么					
	是否明确了制造费用的归集工作，具体是如何归集的					
	生产成本归集工作是否清晰，具体是如何记账，相关记账凭证是如何审核的					

续表

主要业务活动	调查事项	答复		相关政策、程序及控制活动	制度或文档名称	备注
		是	否			
生产成本分配	是否明确了共用直接材料的分配方式，具体如何在产品间进行分配，使用何种分配标准					
	对于直接人工在产品间的分配，是否制定了相关标准，分配标准是什么，具体是如何分配的					
	对于制造费用在产品间的分配，相关规定是否明确，具体是如何分配的，分配依据是什么					
	是否明确了完工产品和在产品之间的成本分配工作，具体的内容是怎样的					
	是否确定了在产品的约当产量系数，具体是如何确定，如何审批，如何更新的					
	生产成本计算表的审批工作是否明晰，具体是如何审批的					
	生产成本的记账审核工作是否明确，具体内容是怎样的					
生产成本分析	是否进行生产成本分析工作，具体包含哪些项目					
	如何执行生产成本分析					
	成本分析结论是否反馈至相关责任部门，具体是如何反馈的，以及如何向管理层汇报					
	责任单位是否回复成本异常事项及改善措施，具体流程是怎样的					
	是否会检查生产成本改善措施的落实执行情况，具体是如何检查的					

3. 流程图法

流程图法，是指用特定的符号和图形来描述某项业务的整个处理过程，将凭证和记录的产生、传递、检查、保存及其相互关系，用图解的形式直观地表达出来的方法。绘制流程图一般分纵向流程图和横向流程图两种。无论采用哪种方法绘制流程图，都要先确定好图形符号，同时还要做到以下四点：一是采用平面制图法；二是流程图应简单、明了、合乎逻辑；三是尽量少用叙述性说明，多用符号；四是标明各项业务的关键控制点和核对情况。用流程图描述内控制度，其主要优点是：流程图从整体角度以简明形式描述实际情况，便于查找薄弱环节，便于评审，便于表达内控制度的特征，便于随时修改。其不足之处是绘制流程图难度大，需具备熟练的技术和丰富的工作经验，流程图法不能将内控制度中的弱点明显地标示出来，评价时往往需要与另外两种方法结合运用。

以上三种方法应根据企业具体情况和审计需要，在描述被审计单位内控制度时结合使用，可收到更好的效果。

【业务1-23】典型案例

某企业采购业务的流程如图1-1所示。

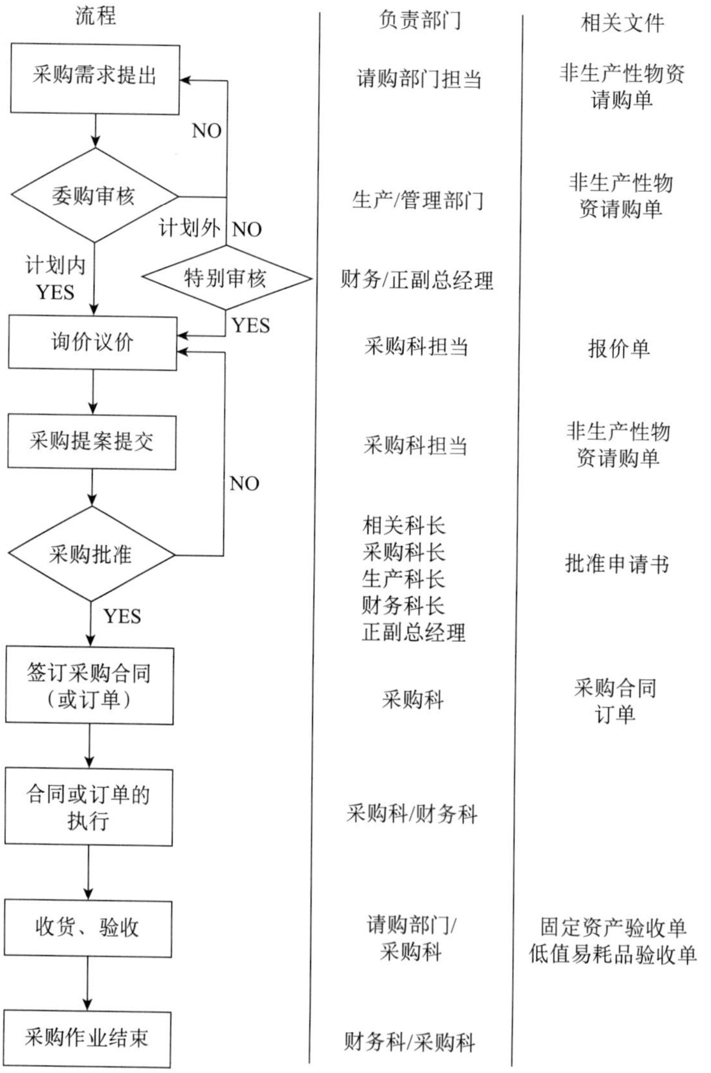

图1-1

三、内部控制的评价

内部控制评价，是指审计人员对内部控制的健全性和有效性进行全面评价，形成评价结论，出具评价报告的过程。

审计人员评价内部控制的目的在于确定企业内部控制的健全性、有效性和风险水平，从而确定对它的信赖程度，进而制定审计方案，确定审计重点、审计范围和审计方法。

（一）内部控制制度健全性的评价

内部控制制度的健全性是指企业所制定的各项内部控制制度是否完善，控制措施和方法是否得当，各项关键的控制点和控制环节是否完整，所制定的各项政策措施能否起到控制作用，能否有效地防止、发现和纠正各项错误和舞弊的发生。

（二）内部控制制度有效性的评价

内部控制制度评价的对象是内部控制的有效性，所谓内部控制的有效性，是指企业建立与实施内部控制对实现控制目标提供合理保证的程度。

从控制过程角度看，内部控制的有效性可分为内部控制设计的有效性和内部控制运行的有效性。内部控制设计的有效性，是指为实现控制目标所必需的内部控制程序都存在并且设计恰当，能够为控制目标的实现提供合理保证；内部控制运行的有效性是指在内部控制设计有效的前提下，内部控制能够按照设计的内部控制程序正确地执行，从而为控制目标的实现提供合理保证。内部控制运行的有效性离不开设计的有效性，如果内部控制在设计上存在漏洞，即使这些内部控制制度能够得到一贯地执行，那么也不能认为其运行是有效的。

评价内部控制设计的有效性，可以考虑以下三个方面：一是内部控制的设计是否做到以内部控制的基本原理为前提，以《企业内部控制基本规范》及其配套指引为依据；二是内部控制的设计是否覆盖了所有关键的业务与环节，对董事会、监事会、经理层和员工具有普遍的约束力；三是内部控制的设计是否与企业自身的经营特点、业务模式以及风险管理要求相匹配。

评价内部控制运行的有效性，也可以从三个方面进行考察：一是相关控制在评价期内是如何运行的；二是相关控制是否得到了持续一致地运行；三是实施控制的人员是否具备必要的权限和能力。

需要说明的是，由于受内部控制固有局限（如评价人员的职业判断、成本效益原则）的影响，内部控制评价只能为内部控制目标的实现提供合理保证，而不能提供绝对保证。

（三）内部控制测试的方法

审计人员采取的内部控制测试的方法有三种：

1. 检查证据法

检查证据法，又称追踪法，是指审计人员通过检查某些经济业务的原始文件和记录，并沿着这些原始文件和记录上所留下的业务处理的痕迹进行追踪，从而判断业务处理的过程是否按内部控制的要求进行的一种审计方法。

2. 验证法

验证法，又称重新执行法，是指审计人员按照企业所制定的各项内部控制制度的规定，对有关业务重新做一遍，以查明相关人员是否遵循了企业内部控制制度的一种方法。

3. 实地观察法

实地考察法，是指审计人员在不通知相关人员的情况下，到经济业务处理的现场观察相关人员是否按照企业制定的内部控制制度的要求来处理。

（四）评价结果

审计人员通过上述各种审计方法，取得内部控制有效性和健全性的审计证据，根据其信赖程度，将内部控制的评价结果分为三种：

1. 高信赖程度

高信赖程度是指被审计单位具有健全科学的内部控制制度，各项制度均能有效地发挥作用，能够合理地控制错误和舞弊的发生。这种情况下，审计人员可以较多地信赖被审计单位的内部控制，缩小实质性测试范围，提高审计效率，降低审计成本。

2. 中信赖程度

中信赖程度是指被审计单位内部控制制度较为健全，但实际执行效果欠缺，或者是内部控制制度效果较好，但制定的制度不健全，不能合理地防止、发现和纠正各项错误和舞弊的发生。此种情况下，审计人员应该减少对内部控制的信赖程度，扩大实质性测试的范围，增加样本量，以保证审计质量。

3. 低信赖程度

低信赖程度是指被审计单位的内部控制制度不科学、不健全，实际执行无效，导致错误和舞弊发生较多。此种情况下，审计人员无法信赖被审计单位的内部控制，应该执行更多的实质性测试程序，以获取充分适当的审计证据，降低审计风险。

职业道德与素质

【案例背景】

某公司出纳贪污公司款项案

A事务所在对G公司进行审计时，对货币资金项目执行如下的审计程序：到达现场前将询证函交给出纳李某，由其到银行函证后带回，交给审计助理，同时提供银行对账单。对于未达账项，该公司由出纳李某编制未达账项调整表。审计人员对于重要的未达账项进行检查。几年之中A事务所一直这样进行审计，该公司出纳也一直由李某担任，并配合事务所的审计工作。一次偶然事件中，李某临时调任，由其妻子接任出纳，在与银行对账时发现差额较大。通过检查对账单发现，该对账单系伪造的。进一步调查发现，李某贪污公款100多万元。几年来李某一直通过伪造银行公章在询证函上加盖确认章，对于银行对账单也同样进行伪造。且李某贪污一直隐瞒家人，其妻子父母均不知晓。

结果：A事务所被辞聘，公司向李某追回贪污款60余万元，由于李某的父亲是该公司的老员工、技术骨干，李某的妻子也在该公司工作，因此公司决定仅向李某一家追回剩余的贪污款项，并未向李某提起诉讼。银行由于李某伪造银行公章，对李某提起诉讼，李某因此锒铛入狱。

分析：

（1）未合理进行风险评估。李某同时担任出纳及未达账项调整的工作，属于不相容岗位，导致风险加大。李某连续担任出纳多年，没有及时轮岗，增加了舞弊的机会。李某调任，而由其妻子接任，从本质角度来讲，属于合理的轮岗。

（2）未能根据评估的风险执行进一步审计程序，没有对由于内部控制缺陷而可能导致的舞弊进行特殊考虑、设计并执行相应的审计程序。

（3）已执行的审计程序执行过程不当，未严格进行函证的控制。

（4）进一步地，G 公司对李某的“网开一面”，给今后舞弊留下隐患。因此，对于后任事务所而言，在审计中对于舞弊仍要给予特别的考虑和重视。

职业能力训练

一、单项选择题

1.（　　）是企业对内部控制建立与实施情况进行监督检查，评价内部控制的有效性，发现内部控制缺陷，应当及时加以改进。

A. 内部环境　　B. 控制活动

C. 信息与沟通　　D. 内部监督

2.（　　）是由企业董事会、监事会、经理层和全体员工实施的、旨在实现控制目标的过程。

A. 内部控制　　B. 内部管理

C. 内部监督　　D. 内部会计控制

3. 内部控制的目标是（　　）。

A. 绝对保证财务报表是公允的，是合法的

B. 合理保证财务报表是公允的，是合法的

C. 绝对保证经营合规、资产安全、财务报告及相关信息真实完整、经营有效性，促进企业实现发展

D. 合理保证经营合规、资产安全、财务报告及相关信息真实完整、经营有效性，促进企业实现发展

4.（　　）是企业及时识别、系统分析经营活动中与实现内部控制目标相关的风险，合理确定风险应对策略。

A. 内部环境　　B. 风险评估

C. 控制活动　　D. 内部监督

5. 下面有关内部控制的说法中错误的是（　　）。

A. 内部控制的思想是以风险为导向的控制

B. 内部控制是控制的一个过程，这个过程需要全员的参与，包括董事会、管理层、监事会都需要参与进来，但不包括员工

C. 内部控制是一种管理，是对风险的管理

D. 内部控制是一种合理保证

6. 下列有关内部环境的说法中错误的是（　　）。

A. 企业文化包含四个要素：制度文化、物质文化、行为文化、精神文化。这四者相互影响、相互作用，共同构成企业文化的完整体系

B. 员工素质控制包括企业在招聘、培训、考核、晋升与奖励等方面对员工素质的控制

C. 内部环境包含组织结构，具体内容包括：治理结构、机构设置及权责分配、内部审计、人力资源政策、企业文化等

D. 内部控制是内部审计控制的一种特殊形式，其范围主要包括财务会计、管理会计和内部控制检查

7. 下列有关内部控制制度评价的说法中错误的是（　　）。

A. 企业应当按照制定评价方案、实施评价活动、编制评价报告等程序开展内部控制评价

B. 内部控制有效性是企业建立与实施内部控制能够为控制目标的实现提供合理的保证

C. 内部控制缺陷一般可分为设计缺陷和运行缺陷

D. 企业实施内部控制评价，仅包括对内部控制设计有效性的评价，不包括运行有效性的评价

8. 下列有关成本费用关键内部控制制度的说法中，不正确的是（　　）。

A. 对未列入预算的成本费用项目绝不可以支付

B. 同一岗位人员应定期做适当调整和更换，避免同一人员长时间负责同一业务

C. 企业应当根据成本费用预测成本目标，建立成本费用预算制度

D. 企业应当根据本单位生产经营特点和管理要求，选择合理的成本费用核算方法

9. 下列各项中，属于内部控制要素中内部环境要素的是（　　）。

A. 职责分工控制　　B. 组织结构设置

C. 风险评估　　D. 凭证与记录控制

10. 在一个设置适当的内部控制系统中，同一个人员可以负责（　　）。

A. 接受保管管理，并登记现金日记账

B. 接受和保管支票，并批准注销客户的应收账款

C. 保管空白支票和银行预留印鉴

D. 批准付款和签发支票

二、多项选择题

1. 内部控制的要素有（　　）。

A. 控制环境　　B. 风险评估

C. 控制活动　　D. 信息与沟通

E. 内部监督

2. 内部控制设置原则（　　）。

A. 全面性原则　　B. 重要性原则

C. 制约性原则　　D. 效益性原则

3. 了解被审计单位内部控制，可以采用哪些程序（　　）。

A. 询问　　B. 检查

C. 监盘　　D. 观察

4. 内部控制的描述方法有（　　）。

A. 实验法　　B. 流程图

C. 重新执行　　D. 调查表法

5. 下列哪些是不相容的职务（　　）。

A. 业务的授权与执行　　B. 财产物资的采购与保管

C. 总账与明细账的登记　　D. 货币资金的保管与日记账的登记

三、判断题

1. 如果被审计单位具有健全、科学的内部控制制度，并且均能发挥有效的作用，能够合理地控制差错和舞弊事件的发生，则说明控制风险为低水平，审计人员可以较多地信赖被审计单位的内部控制。（　　）

2. 了解被审计单位内部控制是审计人员必须进行的一项工作。（　　）

3. 在了解被审计单位的控制环境时，审计人员可不了解被审计单位的经营管理的观念和风格。（　　）

4. 在内部控制可信赖程度较低的情况下，审计人员可执行较多的控制测试，减少实质性测试的工作量，以降低控制风险水平。（　　）

5. 控制环境本身并不能防止或发现并纠正重大错报，但它可能影响审计人员对其他内部控制有效性的评价，进而影响审计人员对重大错报风险的评估。（　　）

技能强化训练

【实训目标】熟悉并掌握采购业务内部控制的目标和内容。

【实训资料】2017年10月1日，国际酒店在鲜花的簇拥和鞭炮的喧嚣中正式对外营业了。这是一家集团公司投资成立的涉外星级酒店，该酒店拥有装潢豪华、设施一流的套房和标准客房，下设的老宁波餐厅更是极具特色，经营传统宁波菜和海派家常菜肴，为中外客商提供各式专业和体贴的服务。集团公司资金雄厚、实力强大，在开业当天，不仅社会各界知名人士到场祝贺，更吸引了大批新闻媒体竞相报导。一时之间，国际酒店门前人头攒动，星光熠熠。

酒店大堂里天花板上如天宇星辰一般的灯光装饰，和一个圆圆的、超级真实的月亮水晶灯，使得整个酒店绚丽夺目、熠熠生光。这些天花板上装饰所用的材料以及星球灯饰均是由水晶材料雕琢而成，是公司王副总经理亲自组织货源，最终从瑞士某珠宝公司高价购买的，货款总价高达150万美元。这样的超级豪华水晶灯饰不仅是在全国罕见，即使是国外也只有少数几家五星级酒店里能见到。开业当天，来往宾客无不对这个豪华的水晶天花板灯饰赞不绝口，称羡不已。经过媒体报道，更成为当天的头条新闻，国际酒店在这一天也像那盏水晶灯饰一样，一举成名，当天客房入住率达到80%以上。王副总经理也因此受到了公司领导的高度赞扬，一连几天，王总的脸上都洋溢着快乐而满足的笑容。

然而，好景不长。两个月后，这些高规格高价值的水晶灯饰出了状况。首先是失去了原来的光泽，变得灰蒙蒙的，即使用清洁布使劲擦拭都不复往日光彩。其次，部分连接的金属灯杆出现了锈斑，还有一些灯珠破裂甚至脱落。人们看到这破了相的水晶灯，议论纷纷，这就是破费百万美元买来的高档水晶灯吗？鉴于情况严重，公司领导责令王副总经理限期内对此事做出合理解释，并停止了他的一切职务。这个时候，王副总经理再也笑不出来了。

事件真相很快就水落石出，原来这盏价值百万美元的水晶灯根本不是从瑞士某珠宝公司购得的，而是通过南方某公司代理购入的赝品水晶灯。王副总经理在交易过程中贪污受贿，中饱私囊。虽然出事之后，王副总经理得到了法律的严惩，然而国际酒店不仅因此蒙受了数千万元的巨额损失，更为严重的是酒店名誉遭到重创，成为同行的笑柄。这对于一个新开业的公司而言，不啻是个致命的打击。那么，国际酒店怎么会发生这样的悲剧，在以后的企业经营中又如何防范呢？

【实训要求】简述该公司采购环节内部控制存在哪些缺陷，该如何加强控制。

第2篇 2

审计实务

学习情境2.1 资产的审计

职业能力目标	专业能力	了解各项资产的审计范围；理解与各项资产相关的内部控制要求；理解相关的内部控制测试；掌握与各项资产相关的实质性测试程序
	职业核心能力	主要针对资产的真实性和完整性、资产的所有权归属、资产的计价以及有关会计处理方法的一贯性等方面内容进行审计，重点是检查资产的真实性及计价方法的正确性，以便防止和揭示企业虚记资产、虚增利润等舞弊行为
主要概念	货币资金审计；应收及预付款项的审计；固定资产审计；其他资产审计	

学习子情境 2.1.1　货币资金的审计

情境引例

审计人员在对 ABC 公司 2017 年度的货币资金审计时，实施的部分程序如下：①2018 年 3 月 5 日对 ABC 公司全部现金进行监盘后，确认实有现金数额为 1,000 元，ABC 公司 3 月 4 日账面库存现金余额为 2,000 元，3 月 5 日发生的现金收支全部未登记入账，其中收入金额为 3,000 元、支出金额为 4,000 元，2018 年 1 月 1 日至 3 月 4 日现金收入总额为 165,200 元，现金支出总额为 165,500 元。②取得 2017 年 12 月 31 日的银行存款余额调节表。③向所有开户银行寄发询证函，并直接收取寄回的询证函回函。④取得开户银行 2018 年 1 月 31 日的银行对账单。

分析：由于货币资金是公司重要的资产，流动性强，因此，ABC 公司内部审计小组派专人对公司的货币资金进行详细审计，并在工作底稿中进行记录。请思考以下问题：

（1）货币资金审计的关键控制点有哪些？

（2）函证的目的是什么，如何有效进行函证？

（3）取得银行存款余额调节表后应检查哪些内容？

（4）审计人员索取的银行对账单，能证实银行存款余额调节表的哪些内容？

一、货币资金控制测试

（一）涉及的主要业务活动

货币资金的业务活动有如下几类：

1. 销售与收款活动

在销售与收款活动中，现销收入的收取及赊销货款的收回，都会使货币资金有所增加。

2. 采购与付款活动

在采购与付款活动中，预付货款和现购货物，会使货币资金减少。

3. 生产活动

在产品的生产环节，支付职工薪酬及相关的其他费用，会使货币资金减少。

4. 投资活动

在企业的投资活动中，企业对外投出资金，会使货币资金减少，企业收回投资及取得投资收益时，会使货币资金增加。

5. 筹资活动

在企业的筹资活动中，取得借款及发行债券和股票时，会使货币资金增加；企业偿还债务或归还投资款时，会使货币资金减少。

（二）涉及的凭证和会计记录

货币资金业务涉及多种类的凭证和会计记录：

1. 原始凭证

涉及货币资金收支和审核的原始凭证主要包括：销售合同、收款单据、收款结算凭证和票据、采购合同、支出和报销单据、付款结算凭证和票据、交款单、库存现金日报表、收款凭证、付款凭证、银行对账单、银行存款余额调节表、现金盘点表等。

2. 有关科目的记账凭证

有关货币资金的通用凭证、专用凭证。

3. 日记账

主要是库存现金日记账和银行存款日记账。通常由出纳人员根据审核后的原始凭证办理现金、银行存款业务的收支，并按照经济业务发生的顺序逐笔序时登记。

4. 总账

主要是库存现金总账和银行存款总账，用于汇总登记现金及银行存款收、付、余额的账簿。

5. 其他有关会计账簿

涉及货币资金业务的资产、负债及所有者权益相关账簿。

【业务2－1】做中学

货币资金涉及的凭证和会计记录主要有（　　）。

A. 银行对账单

B. 银行存款余额调节表

C. 现金日记账

D. 银行存款日记账

解析：四个选项均正确。其中选项CD属于有关会计账簿。

（三）货币资金的审计范围

凡是涉及货币资金的经济活动、内部控制制度及其会计事项的账务处理均包括在货币资金的审计范围之内，主要包括以下内容：

（1）单位内部有关货币资金的内部控制制度；

（2）证实货币资金余额的账簿、资料等；

（3）证实货币资金所有权的资料。

（四）货币资金的内部控制

货币资金的强流动性，及其与企业各个活动的密切关系，使得企业必须加强货币资金的内部控制，保证货币资金的安全完整。通常，企业应当遵循如下的货币资金内部控制要求：

1. 岗位分工及授权批准

（1）货币资金收支应由出纳人员和会计人员分工负责、分别办理，职责分明、职权分离。应设置专职出纳人员，负责货币资金的收支和保管、收支原始凭证的保管和签发、日记账的登记。会计不得兼任出纳；出纳不得兼任稽核、会计档案保管，不得兼管收入、费用、债权债务账目的登记工作。

【业务 2－2】动脑筋

大海公司是一家路政工程公司，为了施工方便在小林村设一工程处，并开设了一个一般存款账户，会计兼出纳是张明。张明利用职务之便，分别多次擅自从开户行提取现金共计 18 万元，据为已有。此案发生的主要原因是什么？

分析：会计不得兼任出纳；出纳不得兼任稽核、会计档案保管，不得兼管收入、费用、债权债务账目的登记工作。

【业务 2－3】做中学

根据内部控制制度的要求，出纳人员不可以经办的业务有（　　）。

A. 债权债务账目的登记

B. 现金业务的收支

C. 会计档案的保管

D. 稽核

解析：选项 ACD 正确。出纳人员不得兼任稽核，会计档案保管和收入、支出、费用、债权债务账目的登记工作。

（2）企业应当对货币资金业务设立严格的授权批准制度，明确审批人对货币资金业务的授权批准方式、权限、顺序、责任和相关控制措施，规定经办人办理货币资金业务的职责范围和工作要求。

（3）审批人应当根据货币资金授权批准制度的规定，在授权范围内进行审批，不得超越审批权限。经办人应当在职责范围内，按照审批人的批准意见办理货币资金业务。对于审批人超越权限范围审批的货币资金业务，经办人员有权拒绝办理，并及时向审批人的上级授权部门报告。

（4）单位应当按照规定的程序办理货币资金的支付业务。

（5）单位对于重要货币资金支付业务，应当实行集体决策和审批，并建立责任追究制度，防范贪污、侵占、挪用货币资金等行为。

（6）严禁未经授权的机构或人员办理货币资金业务或直接接触货币资金。

2. 现金和银行存款的管理

（1）单位应当加强现金库存限额的管理，超过库存限额的现金应及时送存银行。

（2）单位必须根据《现金管理条例》的相关规定，结合本单位的实际，确定本单位现金的开支范围。不属于现金开支范围的业务应当通过银行办理转账结算。

（3）单位的现金收入应当及时送存银行，不得用于直接支付单位自身的支出。因特殊情况需要坐支现金的，应事先报经开户银行审查批准。企业借出款项必须执行严格的授权批准程序，严禁擅自挪用、借出货币资金。

（4）单位取得的货币资金收入必须及时入账，不得私设“小金库”，不得账外设账，严禁收款不入账。

（5）企业应当严格按照《支付结算办法》等国家有关规定，加强银行账户的管理，严格按照规定开立账户，办理存款、取款和结算。单位应当定期检查、清理银行账户的开立及使用情况，发现问题及时处理。企业应当加强对银行结算凭证的填制、传递及保管等环节的管理与控制。

（6）企业应当严格遵守银行结算纪律，不准签发没有资金保证的票据或远期支票，套取银行信用；不准签发、取得和转让没有真实交易和债权债务的票据，套取银行和他人资金；不准无理拒绝付款，任意占用他人资金；不准违反规定开立和使用银行账户。

（7）企业应当指定专人定期核对银行账户，每月至少核对一次，编制银行存款余额调节表，使银行存款账面余额与银行对账单调节相符。如调节不符，应查明原因，及时处理。

（8）应当定期和不定期进行现金盘点，确保现金的账面余额与实际库存相符。发现不符，及时查明原因，做出处理。

3. 票据及有关印章的管理

（1）单位应当明确各种票据的购买、保管、使用、领用、背书转让、注销等环节的职责权限和程序，并专设登记簿进行记录，防止空白票据的遗失和被盗用。

（2）单位应当加强银行预留印鉴的管理。财务专用章应由专人保管，个人名章必须由本人或其授权人员保管。严禁一人保管支付款项所需的全部印章。按规定需要有关负责人签字或盖章的经济业务，必须严格履行签字或盖章手续。

4. 监督检查

（1）企业应当建立对货币资金业务的监督检查制度，明确监督检查机构或人员的职责权限，定期和不定期进行检查。

（2）货币资金监督检查的内容主要包括：

①货币资金相关岗位及人员的设置情况；

②货币资金授权批准制度的执行情况；

③支付款项印章的保管情况；

④票据的保管情况。

（3）对监督检查过程中发现的货币资金内部控制中的薄弱环节，应当及时采取措施，加以纠正和完善。

【业务2-4】做中学

货币资金监督检查的内容主要包括（　　）。

A. 票据的保管情况

B. 货币资金业务相关岗位及人员的设置情况
C. 货币资金授权批准制度的执行情况
D. 支付款项印章的保管情况

解析：四个选项均正确。货币资金监督检查包括货币资金业务相关岗位及人员的设置情况；货币资金授权批准制度的执行情况；支付款项印章的保管情况；票据的保管情况。

（五）货币资金内部控制的测试

1. 检查货币资金内部控制是否建立并严格执行

（1）货币资金业务相关岗位及人员的设置是否有不相容职务混岗的现象；
（2）货币资金收支是否按规定的程序和权限办理；
（3）票据、印章的保管是否严格；
（4）对货币资金的基础和记录是否使用了必要的安全防范措施和设备；
（5）是否每日清点库存现金并与账存数核对，是否按月编制银行存款余额调节表；
（6）是否存在与本单位无关的款项收支情况；
（7）是否存在出租、出借银行账户的情况；
（8）货币资金和有价证券是否妥善保管，是否定期盘点、核对。

2. 抽取并检查收款凭证

为测试货币资金收款的内部控制，审计人员应选取适当样本的收款凭证，进行如下检查：

（1）核对收款凭证与存入银行账户的日期和金额是否相符；
（2）核对库存现金、银行存款日记账的收入金额是否正确；
（3）核对收款凭证与银行对账单是否相符；
（4）核对收款凭证与应收账款等相关明细账的有关记录是否相符；
（5）核对实收金额与销货发票等相关凭据所列金额是否一致。

3. 抽取并审查付款凭证，检查相关会计记录

为测试货币资金付款的内部控制，审计人员应选取适当的货币资金付款凭证作为样本进行如下检查：

（1）检查付款的授权批准手续是否符合规定；
（2）核对库存现金、银行存款日记账的付出金额是否正确；
（3）核对付款凭证与银行对账单是否相符；
（4）核对付款凭证与应付账款等相关明细账的有关记录是否一致；
（5）核对实付金额与购货发票等相关凭据所列金额是否相符。

4. 抽取一定期间的现金、银行存款日记账与总账核对

（1）抽取一定期间的库存现金、银行存款日记账，检查其有无计算错误，加总是否正确无误。如果审计人员在检查中发现问题较多，说明被审计单位货币资金的会计记录不够可靠；

（2）根据日记账提供的线索，核对总账中的库存现金、银行存款、应收账款、应付账

款等有关账户的记录是否相符。

5. 抽取一定期间银行存款余额调节表，查验其是否按月正确编制并经复核

为证实银行存款记录的正确性，审计人员必须抽取一定期间的银行存款余额调节表，将其与银行对账单、银行存款日记账及总账进行核对，确定被审计单位是否按月正确编制并复核银行存款余额调节表。

6. 检查外币资金的折算方法是否符合有关规定，是否与上年度一致

对于有外币现金、外币银行存款的被审计单位，审计人员应检查外币库存现金日记账、外币银行存款日记账及“财务费用”“在建工程”等账户的记录，以确定：①企业有关外币库存现金、外币银行存款的增减变动是否采用交易发生日的即期汇率将外币折算为记账本位币，或按照系统合理的方法确定的、与交易发生日即期汇率近似的汇率折合为记账本位币；②选用汇率的方法是否前后期保持一致；③企业的外币货币资金账户的余额是否按期末即期汇率折合为记账本位币金额，折算差额的会计处理是否正确。

7. 评价货币资金的内部控制

在完成上述程序后，即可对货币资金的内部控制进行评价。评价时，审计人员可针对货币资金内部控制制度可信赖的程度以及存在的薄弱环节和缺点，据以确定在货币资金实质性程序中对哪些环节可以适当减少审计程序，哪些环节应增加审计程序，需要重点检查，以减少审计风险。

【业务2-5】动脑筋

A公司审计师李某审查公司货币资金时，了解公司货币资金的内部控制制度情况如下：公司财务专用章由财务负责人本人或其授权人员保管，出纳员个人名章由其本人保管；对重要货币资金支付业务，公司实行集体决策权控制；公司现金收入及时存入银行，特殊情况下经开户行审查批准方可坐支现金；公司指定出纳员每月必须核对银行账户，针对每一银行账户分别编制银行存款余额调节表，使银行存款账面余额与银行对账单调节相符。

分析：该公司货币资金内部控制制度存在缺陷。根据规定，公司应当指定专人定期核对银行账户（每月至少核对一次），编制银行存款余额调节表，使银行存款账面余额与银行对账单调节相符，但是这一工作不能由出纳员兼任。

二、库存现金审计

（一）库存现金的审计目标

现金是企业资产中流动性最强的一种资产，也是错弊风险较大的一项资产。因此，审计人员应该重视库存现金的审计。库存现金的审计目标一般应包括：

（1）存在性。确定被审计单位资产负债表的货币资金项目中的库存现金在资产负债表日是否确实存在，是否为被审计单位所拥有。

（2）完整性。确定被审计单位在特定期间内发生的现金收支业务是否均已记录完毕，有无遗漏。

（3）权利与义务。确定记录的库存现金是否为单位所拥有和控制。

（4）计价和分摊。确定库存现金是否以恰当的金额包括在财务报表的货币资金项目中，以及与之相关的计价调整是否已恰当记录。

（5）列报。确定库存现金是否已在财务报表中做出恰当列报。

（二）库存现金账户核算的错弊形式

库存现金是流动性最强的资产，可以随时用其购买所需的物资、支付有关费用、偿还债务，也可以随时存入银行，因而最容易成为会计错弊的目标。库存现金核算中的错弊形式有如下几种：

1. 截留各种生产经营收入和其他收入

出纳员或收款员将收到的销售商品或其他物资的款项少入账，或不入账，从而导致企业销售收入明细账和现金日记账账面余额减少，将多余的库存现金占为己有。具体手段有以下几种：

（1）涂改凭证金额。即会计人员利用原始凭证上的漏洞或业务上的便利条件更改发票或收据上的金额，一般是将收入的金额改小，从而将多余的现金占为己有。

（2）使用空白发票或收据开票。即当客户交存现金时，出纳员收到现金后，用自己的空白发票或者收据开给客户，这样收到的钱无需入账，会计和其他人员也不易察觉到。

（3）撕毁票据或不开票据。即在收到收入时不报账，而是通过撕毁票据或收到现金时不开具收据或发票，这样一来，现金收入就可以流入自己的腰包。

（4）假复写。即经办人员在复写纸的下面放置废纸，利用假复写的方法，使现金存根的金额与实际收入的金额不一致，从而少计收入，以贪污现金。

2. 隐匿回扣、佣金或好处费

经办人员在采购物资的过程中利用职务之便收取对方的回扣或好处费，继而将其据为己有或存入“小金库”的现象。

3. 截留各种罚款收入、押金

对收到的罚款通过不开收据或撕毁票据的形式截留现金收入，对收回的保证金不入账等。

4. 虚列支出，虚报冒领

通过改动凭证或直接虚列支出，如工资、补贴等，将报销的现金据为己有。

5. 以现金支付回扣或好处费

通过支付回扣或好处费的形式销售商品，将支付的回扣或好处费打入生产成本或期间费用，或虚拟退货开具红字发票。

6. 挪用现金

主要有以下几种：

（1）利用现金日记账挪用现金。利用登记总账和明细账的时间差，采用少加现金收入日记账合计数或多加现金支出日记账合计数的手段，来达到挪用现金的目的。

（2）利用借款挪用现金。在有些情况下，企业的主管人员利用借款的形式为单位职工签批借条一张，职工借款后并未利用借款实现借条上的业务，而是将其挪作他用。

（3）延迟入账挪用现金。按照财务制度的规定，企业收入的现金应及时入账，并及时送存银行，如果收入的现金未作记账凭证或虽已作记账凭证但未及时登账，就给出纳员提供了挪用现金的机会。

（4）循环入账挪用现金。企业相关人员可在一笔应收账款收回现金后，暂不入账，而将现金挪作他用，待下一笔应收账款收现后，用下一笔应收账款收取的现金抵补上一笔应收账款，相关人员继续挪用第二笔应收账款收取的现金；第三笔应收账款收现后，再用第三笔应收账款收取的现金抵补第二笔应收账款，并如此循环入账。

（5）白条抵库挪用现金。部分企业人员利用职务上的便利，违背现金管理条例的规定，开出白条抵充现金，利用白条借出的现金为自己或他人牟取私利。

【业务 2－6】动脑筋

2018 年 10 月 15 日，审计师阳光在审查 C 公司付款凭证时，发现其中一张凭证摘要是“支付大海公司代垫款 500 元”，所附原始凭证为邮局汇款单。在后期的审查中发现该月又以“大海公司代垫款收据”为原始凭证记支出账，金额为 500 元。如果你是阳光，应该如何安排下一步的审计程序？

分析：当审计人员发现以邮局汇款单为依据记录的现金支出时，应当以记账依据不全为由提请被审计单位说明缘由，同时注意相同金额的支出；当后来发现本月又以“大海公司代垫款收据”为原始凭证记支出 500 元时，应将邮局汇款单与大海公司代垫款收据核对，如果核对相符，就表明记账会计人员将一笔支出的原始凭证分两处重复记账，贪污现金 500 元。

（三）库存现金的实质性程序

1. 核对总账与明细账

测试库存现金余额的起点是核对库存现金与总账的余额是否相符，如果不相符，应查明原因，要求单位做出适当调整，并进行记录。

2. 监盘

监盘库存现金是证实资产负债表所列现金是否存在的一项重要程序，是现金实质性程序中的重要步骤。盘点库存现金的时间和人员应视被审计单位的具体情况而定，但必须有出纳人员和被审计单位会计主管人员参加，由审计人员进行监督盘存。监盘库存现金可采取如下步骤和方法：

（1）制定库存现金的盘点程序。对库存现金进行盘点，应实施突击性的检查，时间最好选择在上午上班前或下午下班时进行。盘点的范围一般包括企业各部门经管的现金。企业现金存放部门有两处或两处以上，应同时进行盘点，如不能同时盘点，应将其予以封存。在盘点现金前，应由出纳将现金集中起来存入保险柜，必要时可加以封存，然后由出纳把已办妥现金收付手续的收付款凭证登入库存现金日记账，并加计累计数结出库存余额。

（2）审阅库存现金日记账并与现金收付凭证相核对。一方面检查库存现金日记账的记录与凭证的内容和金额是否相符，有无涂改、伪造现象；另一方面了解凭证日期与日记账日期是否相符或接近。

（3）盘点库存现金。盘点保险柜的现金实存数，同时填制“库存现金盘点表”，分币种、面值列示盘点金额。若有冲抵库存现金的借条、未提现的支票作报销的原始凭证，应在“库存现金监盘表”中注明或做出必要的调整。企业财会部主管人员、出纳人员和审计人员必须在“库存现金盘点表”（见表2－1）中签字确认。

表2－1　　库存现金盘点表

客户：　　编制人：　　日期：　　索引号：

项目：　　复核人：　　日期：　　页次：

会计期间：　　盘点日期：　　年　月　日

<table>
<tr><td colspan="6">检查盘点记录</td><td colspan="7">实有现金盘点记录</td></tr>
<tr><td colspan="2" rowspan="2">项　目</td><td rowspan="2">行次</td><td rowspan="2">人民币</td><td rowspan="2">美元</td><td rowspan="2">某外币</td><td rowspan="2">面额</td><td colspan="2">人民币</td><td colspan="2">美元</td><td colspan="2">某外币</td></tr>
<tr><td>张</td><td>金额</td><td>张</td><td>金额</td><td>张</td><td>金额</td></tr>
<tr><td colspan="2">盘点日账面库存余额</td><td>1</td><td></td><td></td><td></td><td>100元</td><td></td><td></td><td></td><td></td><td></td><td></td></tr>
<tr><td colspan="2">盘点日未记账传票收入金额</td><td>2</td><td></td><td></td><td></td><td>50元</td><td></td><td></td><td></td><td></td><td></td><td></td></tr>
<tr><td colspan="2">盘点日未记账传票支出金额</td><td>3</td><td></td><td></td><td></td><td>20元</td><td></td><td></td><td></td><td></td><td></td><td></td></tr>
<tr><td colspan="2">盘点日账面应有金额</td><td>4</td><td></td><td></td><td></td><td>10元</td><td></td><td></td><td></td><td></td><td></td><td></td></tr>
<tr><td colspan="2">盘点实有现金数额</td><td>5</td><td></td><td></td><td></td><td>5元</td><td></td><td></td><td></td><td></td><td></td><td></td></tr>
<tr><td colspan="2">盘点日应有与实有差异</td><td>6</td><td></td><td></td><td></td><td>2元</td><td></td><td></td><td></td><td></td><td></td><td></td></tr>
<tr><td rowspan="5">差异原因分析</td><td colspan="2">白条抵库（张）</td><td></td><td></td><td></td><td>1元</td><td></td><td></td><td></td><td></td><td></td><td></td></tr>
<tr><td colspan="2"></td><td></td><td></td><td></td><td>0.5元</td><td></td><td></td><td></td><td></td><td></td><td></td></tr>
<tr><td colspan="2"></td><td></td><td></td><td></td><td>0.2元</td><td></td><td></td><td></td><td></td><td></td><td></td></tr>
<tr><td colspan="2"></td><td></td><td></td><td></td><td>0.1元</td><td></td><td></td><td></td><td></td><td></td><td></td></tr>
<tr><td colspan="2"></td><td></td><td></td><td></td><td>合计</td><td></td><td></td><td></td><td></td><td></td><td></td></tr>
<tr><td rowspan="4">追溯调整</td><td colspan="2">报表日至查账日现金付出总额</td><td></td><td></td><td></td><td></td><td colspan="6" rowspan="5">情况说明及审计结论：</td></tr>
<tr><td colspan="2">报表日至查账日现金收入总额</td><td></td><td></td><td></td><td></td></tr>
<tr><td colspan="2">报表日库存现金应有余额</td><td></td><td></td><td></td><td></td></tr>
<tr><td colspan="2">报表日余额折合本位币金额</td><td></td><td></td><td></td><td></td></tr>
<tr><td colspan="3">本位币合计</td><td></td><td></td><td></td><td></td></tr>
</table>

盘点人：　　监盘人：　　复核：

（4）若是在资产负债表日后进行库存现金盘点，应用调节法计算出资产负债表日的库存现金的实存数。审计人员应将库存现金的盘点数与库存现金日记账余额进行核对，如有差异，应查明原因，做出记录，并进行适当调整。相应公式为：

资产负债表日库存现金实有数 = 盘点日库存现金实有数 + 资产负债表日后至盘点日现金支出数 − 资产负债表日后至盘点日现金收入数

（5）若有冲抵库存现金的借条、未提现的支票、未做报销的原始凭证，需要在“库存现金盘点表”中注明或做必要调整。

（6）编制“库存现金审定表”（见表 2 − 2），确认资产负债表日库存现金的实有数。

表 2 − 2　　　　库存现金审定表

索引号：

客户：　　　　查验人员：　　　　日期：

截止日：　　　　复核人员：　　　　日期：

检查核对记录					实有现金盘点记录				
项目		行次	币别：人民币（元）	币别：	面额（元）	人民币（元）			
						张/枚	金额	张/枚	金额
一、盘点日账面库存余额		1			100				
盘点日未记收入金额		2			50				
盘点日未记支出金额		3			10				
盘点日账面应存余额		4 = 1 + 2 − 3			5				
二、盘点日实际库存现金额		5			2				
盘点日白条抵库金额		6			1				
盘点日实有现金余额		7 = 5 + 6			0.5				
三、盘点日应有与实有差异		8 = 4 − 7			0.2				
差异原因分析					0.1				
追溯至报表账面结存额	报表日至查账日支出总额	9							
	报表日至查账日收入总额	10							
	报表日库存现金应有余额	11 = 4 + 9 − 10							
	报表日库存现金实有余额	12 = 7 + 9 − 10							
	报表日应有与实有差额	13 = 11 − 12							
	报表日账面汇率	14							
	报表日折合本位币金额	15							
本位币合计					合计				

续表

<table>
<tr><td colspan="5">检查核对记录</td><td colspan="5">实有现金盘点记录</td></tr>
<tr><td colspan="2" rowspan="2">项　目</td><td rowspan="2">行次</td><td rowspan="2">币别：
人民币（元）</td><td rowspan="2">币别：</td><td rowspan="2">面额（元）</td><td colspan="4">人民币（元）</td></tr>
<tr><td>张/枚</td><td>金额</td><td>张/枚</td><td>金额</td></tr>
<tr><td rowspan="4">调整数</td><td colspan="2">（1）</td><td colspan="2"></td><td colspan="5" rowspan="5">存放地点：出纳员保险柜
盘点日期：
盘点人：
出纳人员：
会计主管：</td></tr>
<tr><td colspan="2">（2）</td><td colspan="2"></td></tr>
<tr><td colspan="2"></td><td colspan="2"></td></tr>
<tr><td colspan="2"></td><td colspan="2"></td></tr>
<tr><td colspan="3">审定数</td><td colspan="2"></td></tr>
<tr><td colspan="10">审计说明及调整分录：</td></tr>
<tr><td colspan="10">审计结论：</td></tr>
</table>

【业务2－7】做中学

2018年1月21日，审计人员对某企业进行会计报表审计，查得资产负债表中“货币资金”项目中库存现金余额为859.81元。1月21日下午下班前，对出纳经管的现金进行了清点，该企业1月21日现金账面余额为759.81元，清点结果如下：

（1）现金实存数545.10元。

（2）保险柜中有下列单据已经收、付款，但未入账：

①某职工借条一张，系差旅费，金额是200.00元，已经批准，日期是2017年12月29日。

②某采购员借条一张，金额是130.00元，日期是2017年12月20日，未经批准。

③保险柜中有已收款但未记账的凭证一张，金额135.29元。

④外地汇款单一张，汇出日期是2017年12月3日，金额是500.00元，尚未办理。

⑤2018年1月18日的转账支票一张，金额185.00元。

⑥本市某单位2018年1月5日开出转账支票一张，金额100.00元，20日交存银行，已过规定进账时间，银行不予进账，现未加处理。

⑦经核对2018年1月1～21日的收付款凭证和现金日记账，核实1～21日的现金收入2,350.00元，现金支出2,400.00元。

⑧银行核定该企业库存现金限额为600.00元。

要求：根据以上资料，编制库存现金盘点表，核实库存现金实有数；并调整核实2017年12月31日资产负债表所列的数字是否公允，对现金收支、库存现金管理的合法性、合规性提出审计意见。

分析：

（1）盘点日账面余额应为695.10元（759.81＋135.29－200）；盘点日现金实有数为675.10元（545.10＋130）；库存现金发生短缺20元。

（2）资产负债表日库存现金余额为745.10元（695.10－2,350.00＋2,400.00），与报表中“货币资金”项目的库存现金859.81元不符，应调整为745.10元。

（3）该企业库存现金存在不合法现象：

①白条抵库130元，要追回；

②库存现金超过规定限额145.10元（745.10－600）；

③200元借款虽经批准，但入账不及时；

④已收款135.29元，也未及时入账；

⑤转账支票、汇款单虽不涉及现金，也应及时办理，过期支票应退回重开；

⑥账实不符，短缺20元，若将白条也视为短缺，则短缺150元，应进一步查明原因。

（4）库存现金盘点情况见表2－3。

表2－3　库存现金盘点表

客户：　　编制人：A　　日期：2018年1月21日　　索引号：

项目：　　复核人：B　　日期：2018年1月21日　　页次：

会计期间：2017年12月31日　　盘点日期：2018年1月21日

检查盘点记录					实有现金盘点记录						
项　目	行次	人民币	美元	某外币	面额	人民币		美元		某外币	
						张	金额	张	金额	张	金额
盘点日账面库存余额	1	759.81			100元	5	500.00				
盘点日未记账传票收入金额	2	135.29			50元						
盘点日未记账传票支出金额	3	200.00			20元	2	40.00				
盘点日账面应有金额	4	695.10			10元						
盘点实有现金数额	5	545.10			5元	1	5.00				
盘点日应有与实有差异	6	150.00			2元						
差异原因分析	白条抵库（张）	130.00			1元						
	现金短缺	20.00			0.5元						
					0.2元						
					0.1元	1	0.10				
					合计		545.10				

续表

<table>
<tr><td colspan="6">检查盘点记录</td><td colspan="7">实有现金盘点记录</td></tr>
<tr><td colspan="2" rowspan="2">项　目</td><td rowspan="2">行次</td><td rowspan="2">人民币</td><td rowspan="2">美元</td><td rowspan="2">某外币</td><td rowspan="2">面额</td><td colspan="2">人民币</td><td colspan="2">美元</td><td colspan="2">某外币</td></tr>
<tr><td>张</td><td>金额</td><td>张</td><td>金额</td><td>张</td><td>金额</td></tr>
<tr><td rowspan="4">追溯调整</td><td colspan="2">报表日至查账日现金付出总额</td><td></td><td></td><td></td><td>2, 400. 00</td><td colspan="6" rowspan="5">情况说明及审计结论：
该企业库存现金存在不合法现象：
（1）白条抵库 130. 00 元，要追回
（2）库存现金超过规定限额 145. 10 元（745. 10 − 600）
（3）200. 00 元借款虽经批准，但入账不及时
（4）已收款 135. 29 元，也未及时入账
（5）转账支票、汇款单虽不涉及现金，也应及时办理，过期支票应退回重开
（6）账实不符，短缺 20 元，若将白条也视为短缺，则短缺 150 元，应进一步查明原因</td></tr>
<tr><td colspan="2">报表日至查账日现金收入总额</td><td></td><td></td><td></td><td>2, 350. 00</td></tr>
<tr><td colspan="2">报表日库存现金应有余额</td><td></td><td></td><td></td><td>745. 10</td></tr>
<tr><td colspan="2">报表日余额折合本位币金额</td><td></td><td></td><td></td><td></td></tr>
<tr><td colspan="3">本位币合计</td><td></td><td></td><td></td><td></td></tr>
</table>

盘点人：　　　　　　　　　　　监盘人：　　　　　　　　　　　复核：

3. 分析单位日常库存现金余额是否合理　关注是否存在大额未缴存的现金

4. 抽查大额现金收支业务

审计人员应抽查大额现金收支事项，确定原始凭证内容是否完整，有无授权批准；核对相关账户的记录情况，有无与被审计单位生产经营业务无关的收支事项，如有应查明原因，并作相应的记录。

5. 检查现金收支的正确截止

被审计单位资产负债表上的库存现金数额，应以结账日实有数额为准。因此，审计人员必须验证现金收支的截止日期，注意是否存在跨期事项。

6. 检查外币现金的折算是否正确

检查被审计单位对外币现金的收支是否按规定的汇率折合为记账本位币金额；外币库存现金期末余额是否按期末即期汇率折合记账本位币金额；外币折合差额是否按规定记入相关账户。

7. 确定库存现金是否已在财务报表中做出恰当列报

根据有关会计制度的规定，企业的库存现金在资产负债表中的“货币资金”项目中反映，审计人员应在实施上述审计程序后，确定库存现金账户的期末余额是否恰当，据以确定库存现金是否在资产负债表中恰当披露。

【业务2-8】典型案例

1. 发现疑点

审计人员在审查A公司“现金日记账”时，发现8月13日现付字56#凭证摘要为“付B公司购复印机款”，金额为500元，在“银行存款日记账”中发现“付B公司购复印机款”，金额为8万元。审计人员怀疑公司部门可能有错弊行为，财会人员有贪污的可能性。

2. 追踪查证

根据上述疑点，审计人员进行了以下追踪查证工作。①审计人员采用审阅法，先调阅8月13日56#凭证和对应的银行存款凭证，发现付B公司复印机款总金额达8.05万元。②审计人员又查验A公司新购复印机的类型，经市场调查，发现市场同类型复印机最高价格仅为6万元。③审计人员又与售货单位B公司取得联系，发现该公司销货款最高为5.8万元。经查，发现该公司对应凭证存根为收A公司购货款5.8万元，与购货单位对应凭证不符，差额为2.25万元。在事实面前，该单位财会人员承认和购货单位人员合谋贪污了2.25万元。

3. 问题

购货单位和销货单位经办人与财务人员合谋，填制收入原始凭证时，在发票联上填较大金额，在存根联上填较小金额，贪污其差额。主要作弊方法是，先在白纸下垫复写纸，再填写发票联，使存根和记账联成为空白，然后撕下发票联，再用复写纸垫在存根和记账联之间复写一次，造成发票联金额大于记账联金额和存根联的金额，其差额部分则被贪污。

4. 调账

追回被贪污的款项2.25万元时：

借：库存现金　　22,500.00

　　贷：固定资产　　22,500.00

对于已提取的累计折旧冲销，作如下分录：

借：累计折旧

　　贷：管理费用

【业务2-9】典型案例

1. 发现疑点

审计人员查阅某单位器材站采购员王某于20××年3月出差的旅馆住宿发票，单价180元，人数1人，时间为20天，金额3,600元。发现发票金额模糊不清，怀疑有涂改的迹象。

2. 追踪查证

依据上述疑点，查账人员首先审查原始凭证，审查内容为有无分管领导的签字、字迹是否清楚、金额有无涂改痕迹、笔体是否一致等。查账人员对以上内容审查分析，发现单价180元和金额3,600元中的数字都很不规范，墨迹比其他数字浓重，大写金额中“壹”和“叁”的字体与其他字也有所不同。查账人员又采用函证法请当地审计机关帮助调查发票存根情况，对方回函证明单价为 80 元，金额为 1,600 元，并提供了该发票记账联的复印件。在确凿的证据面前，该采购员承认自己贪污现金 2000 元的事实。

3. 问题

王某利用涂改发票金额的方法，扩大原始凭证金额，目的是贪污现金。

4. 调账

所以该单位应当进行调账，应做如下分录：

借：库存现金　　2000

　　贷：其他应收款　　2000

三、银行存款审计

（一）审计目标

（1）存在性。确定被审计单位资产负债表的银行存款项目中的库存现金在资产负债表日是否确实存在，是否为被审计单位所拥有。

（2）完整性。确定被审计单位在特定期间内发生的银行存款收支业务是否均记录完毕，有无遗漏。

（3）权利与义务。确定记录的银行存款是否为单位所拥有和控制。

（4）计价和分摊。确定银行存款是否以恰当的金额包括在财务报表的货币资金项目中，以及与之相关的计价调整是否已恰当记录。

（5）列报。确定银行存款是否已在财务报表中做出恰当列报。

（二）银行存款账户核算的错弊形式

1. 出租出借账户

指单位有关人员与外单位人员相互勾结，借用本单位银行账户转移资金或套购物资，并将其占为己有；或通过对外单位或个人出借账户转移结算而收取好处费。在这种手法下，一般是外单位先将款项汇入本单位账户，再从本单位账户上套取现金或转入其他单位账户。

2. 假存或少存多记

财务人员将销售款贪污后，为使银行存款日记账余额与银行存款对账单余额表面相符，在账上仍作银行存款和主营业务同时增加的处理。

3. 通过往来账户张冠李戴，贪污收入

（1）将销售收入款暂记入“其他应付款”或“应付账款”，等到时机成熟，再将其贪污。

（2）将已收到的销货款不记入“银行存款”，却挂在“应收账款”，日后将“应收账款”转为坏账。

4. 开立“黑户”，截留存款

黑户是指企业除正常使用的银行存款账户之外，以某种名义在银行开立的账户，主要是用于收付非法款项或者作为企业的“小金库”或虚列销货退回款。

（三）银行存款的实质性程序

1. 核对银行存款日记账与总账的余额

审计人员首先应核对银行存款日记账与总账的余额是否相符。如有差异，应查明原因，要求被审计单位做出适当调整，并进行记录。在核对过程中，应认真加计银行存款日记账的收入合计数与支出合计数，查明有无人为增加支出合计数、减少收入合计数，以掩盖挪用或贪污的情况。

2. 实施分析性程序

审计人员应比较本年度与以前年度的银行存款余额调节表中的各个项目，以分析是否存在异常项目；比较年末余额与前几个月的月末余额，以检查是否存在异常的增减变动，分析重大差异的原因；计算定期存款占银行存款的比例，了解被审计单位是否存在高息资金拆借，并分析高息资金拆借的安全性，检查高额利差的入账情况；计算存放于非银行金融机构的存款占银行存款的比例，并分析其安全性。

3. 取得（编制）并检查银行存款余额调节表

审查银行存款余额调节表是证实资产负债表所列银行存款是否存在的重要程序，同时也可获得银行存款余额真实性、完整性的有关证据。审计人员进行银行存款余额调节表审查时，应对被审计单位编制的所有银行存款余额调节表进行审核，也可以由审计人员自己编制银行存款余额调节表，这主要取决于检查风险的可接受水平。审计人员对银行存款余额调节表的审计要点主要包括：

（1）验算调节表的数字计算是否正确。

（2）审查、验证未达账项的真实性，并做出相应的记录：

①对于金额较大的未兑现支票、可提现支票以及审计人员认为重要的未提现支票，列示未提现支票清单，注明开票日期和收票人姓名和单位。

②追查截止日期银行对账单上的在途存款，并在银行存款调节表上注明存款日期。

③追查截止日仍未兑现的大额支票和其他已签发 1 个月以上的未兑现支票。

④审计人员可通过会计年度结束日后 10 天内的银行对账单，验证在途存款和未兑现支票的真实性。如发现未兑现的支票仍没有兑现，应追查是否存在异常现象。在检查中应将长期的未达账项作为审计的重点。

（3）核对银行存款总账余额。

【业务 2－10】做中学

审计人员张三对某企业的银行存款进行审计时发现：2017 年 12 月 31 日银行存款日记账余额为 26, 680. 00 元；银行存款对账单余额为 25, 400. 00 元（经核实是正确的）。经核对发现 2017 年 12 月存在以下几笔未达账项：

（1）12 月 29 日，委托银行收款 2, 500 元，银行已入账，收款通知尚未送达企业。

（2）12 月 31 日，企业开出一张现金支票 800 元，企业已减少存款，银行尚未入账。

(3) 12 月 31 日，银行已代付企业电费 500 元，银行已入账，企业尚未收到付款通知。

(4) 12 月 31 日，企业收到外单位转账支票一张，计 3,600 元，企业已收款入账，银行尚未记账。

(5) 12 月 15 日，收到银行收款通知单金额为 3,850 元，公司入账时误记为 3,500 元。

要求：

(1) 根据上述情况编制银行存款余额调节表。

(2) 假定银行存款对账单中存款余额正确无误，试问：

①编制的调节表中发现的错误数额是多少，属于何种性质的错误？

②2017 年 12 月 31 日银行存款日记账的正确余额是多少？

③如果 2017 年 12 月 31 日资产负债表上“货币资金”项目中银行存款余额为 28000 元，请问是否真实？

分析：

(1) 银行存款余额调节表如表 2-4 所示：

表 2-4　　银行存款余额调节表

单位：××公司

2017 年 12 月 31 日　　单位：元

项　目	金额	项　目	金额
银行存款日记账余额	26,680.00	银行对账单余额	25,400.00
加：银行已收，企业未收的款项	2,500.00	加：企业已收，银行未收的款项	3,600.00
减：银行已付，企业未付的款项	500.00	减：企业已付，银行未付的款项	800.00
加：企业记账差错数	350.00		
调节后的存款余额	29,030.00	调节后的存款余额	28,200.00

(2) 分析如下：

①调节表发现的错误数额是 830 元 (29,030 - 28,200)。因为本题银行存款对账单中存款余额 (即 25,400 元) 是正确的，所以有两种可能：

- 企业登记银行存款减少上的错误。因为少记企业银行存款的减少，会导致银行存款余额虚增。
- 企业登记银行存款增加上的错误。因为多计企业银行存款的收入，也会导致银行存款余额虚增。

(2) 2017 年 12 月 31 日企业银行存款账面的正确余额是 25,850 元 (26,680 - 830)。

(3) 资产负债表上的“货币资金”项目中的银行存款数 28,000 元不真实。差额为 200 元，应加以调整。正确余额为 28,200 元 (25,850 + 2,500 - 500 + 350)。

4. 函证银行存款余额

函证银行存款余额是证实资产负债表所列银行存款是否存在的重要程序。审计人员在执行审计业务过程中，可以被审计单位名义向有关单位发函询证，以验证被审计单位的银行存款是否真实、合法、完整。通过向往来银行的函证，不仅可以了解企业资产的存在，还可以了解企业所欠银行的债务，用于发现企业未登记的银行借款。函证时，审计人员应向被审计单位在本年存过款（含外埠存款、银行汇票存款、银行本票存款、信用卡存款、信用证保证金存款等）的所有银行发函。其中包括企业存款账户已结清的银行，因为有可能存款账户已结清，但仍有银行借款或其他负债存在。

5. 抽查大额银行存款收支的原始凭证

审计人员应抽查大额银行存款（含外埠存款、银行汇票存款、银行本票存款、信用证存款等）收支的原始凭证，重点审查其内容是否完整，有无授权批准，并核对相关账户的情况。如有与被审计单位生产经营业务无关的收支事项，应查明原因并作相应的记录。

6. 检查银行存款收支的正确截止

单位资产负债表上银行存款的数额，应是截止报表编制日止的存款金额，包括报表编制日前开出的未兑现支票，但不包括报表编制日后收到的款项。同样，企业年终前开出票，不得在年后入账。为了确保银行存款收付的正确截止，审计人员应当在清点支票及支票存根时，确定各银行账户最后一张支票的号码，并且应查实该号码之前的所有支票均已开出。在结账日后收到或开出的支票，不得作为结账日的存款收付入账。

7. 检查外币银行存款的折算是否正确

对于有外币银行存款的被审计单位，审计人员应检查：被审计单位对外币银行存款的收支是否按所规定的汇率折合为记账本位币金额；外币银行存款期末余额是否按期末即期汇率折合为记账本位币金额；外币折合差额是否按规定记入相关账户。

8. 确定银行存款在资产负债表上的披露是否恰当

根据有关会计制度的规定，企业的银行存款在资产负债表中的“货币资金”项目中反映，审计人员应在实施上述审计程序后，确定银行存款账户的期末余额是否恰当，据以确定银行存款是否在资产负债表中恰当披露。

【业务2-11】典型案例

1. 发现疑点

审计人员在审查某公司“银行存款日记账”时，发现8月14日11#收款凭证的摘要记录是“存入暂存款”，金额为20万元；8月20日、21日和25日分别在24#、28#和31#凭证摘要上注明“提现”，金额分别为10万元、6万元、4万元。该公司连续3次提款且金额合计与11#凭证金额相同，审计人员怀疑有问题。

2. 追踪查证

审计人员调阅了11#收款凭证，其会计分录为：

借：银行存款　　　　200,000

　　贷：其他应付款——甲单位　　　　200,000

所附的原始凭证仅有一张“进账单”。调出24#凭证，支票用途为“差旅费”；28#凭证的支票用途为“支付目标管理奖”；31#凭证的支票用途为“备用金”。依据这一线索，查阅“现金日记账”时发现8月30日付款凭证40#摘要为“支付暂付款”20万元。调阅40#凭证，其会计分录为：

借：其他应付款——甲单位　　　　200,000

　　贷：库存现金　　　　200,000

其原始凭证为甲单位打出的白条收据。在甲单位领导的支持下，查阅了有关商品销售明细账，发现甲单位在8月13日售出商品一批，其价款为200,000.00元。审计人员与其购货方联系，核定已付款，与购货方开户银行联系，款项已划到被审计单位银行账户。

3. 问题

被审计单位会计和出纳人员为了获得好处费，合伙将自己的账户出借给甲单位，非法套取现金200,000元。

4. 调账

由于被审计单位出借账号，但其收入属于甲单位，不需要作调整分录，被审计单位只作对该单位会计和出纳的罚款分录如下：

借：库存现金

　　贷：营业外收入

【业务2-12】典型案例

1. 发现疑点

审计人员在核对某企业“银行存款日记账”与“银行存款对账单”时发现，银行存款余额调整后与对账单余额调整后相等，但未达账项的每项数额不一致。其中，20××年12月29日419#凭证（转支419）金额为15,681元，对账单的支票419金额为10,681元，银行存款日记账12月29日48#凭证存入现金5,000元，在对账单上没有反映。查账人员怀疑其中有虚存虚报问题。

2. 追踪查证

查账人员首先调阅48#凭证，其分录为：

借：银行存款　　　　5,000

　　贷：库存现金　　　　5,000

审查原始凭证时，发现“现金送存簿”没有加盖“现金收讫”字样，即没有把现金交到银行。调出419#凭证，其记录为：

借：材料采购　　　　15,681

　　贷：银行存款　　　　15,681

查账人员复核采购发票，其金额为10,681元，由此得出以下结论。

3. 问题

企业出纳人员利用虚存虚报的手法，人为制造银行日记账核对相符，利用会计审核的不仔细，实现贪污现金的目的。在查账人员取证的基础上，出纳人员对其贪污行为和使用的手法供认不讳。

4. 调账

该单位收到退回的赃款时，如存入银行，应做如下调整：

借：银行存款　　　　　　　　　　　　　　　　　5,000

　　贷：材料采购　　　　　　　　　　　　　　　　　5,000

学习子情境 2.1.2　应收及预付款项的审计

情境引例

大力公司是华海公司的子公司，2018 年，大力公司领导想给自己的员工谋点福利，利用“应收账款”账户进行对外投资。原计划将投资收回冲减“应收账款”后，投资收益移至账外给职工谋福利，结果2018 年经济不景气，大力公司投资失败，损失较大，总经理赵平军害怕母公司追究责任，迟迟不处理。2018 年审计人员在审阅该企业“应收账款”明细账时，发现有一明细科目为××项目，并且金额正好是一整数 200 万元，当年无变动。询问财务人员时，也得不到答案，审计人员由此判断此款项可能有问题。当审计人员逐年追踪此款形成年份时，发现此款是于 20××年 7 月形成，明细账摘要内容只写“汇款”两字，记账凭证号为 56#，经调阅 56#记账凭证，发现其内容是：

借：应收账款——××项目　　　　　　　　　　2,000,000

　　贷：银行存款　　　　　　　　　　　　　　　　2,000,000

经审查，此记账凭证后只附有一张汇款单，查看汇款单，发现收款单位是某市所辖的一个乡镇。审计人员分别找有关知情人员了解这笔应收账款的来龙去脉，并分析其缘由。在有关人员的大力配合下，终于查清了 200 万元应收账款的真相。

分析：由于应收账款是公司重要的资产，流动性强，因此，大力公司内部审计小组派专人对公司的应收账款进行审计，并在工作底稿中进行记录。请思考以下问题：

（1）应收账款审计的关键控制点有哪些？

（2）在进行应收账款对账的过程中，要特别注意什么问题？

（3）对于虚列的应收账款，审计过程中应该如何查实？

一、应收账款审计

应收及预付款项是企业在生产经营活动中发生的债权。对于应收款项的审查应结合相关的经济业务一起进行审计，这样有利于确定其余额的真实性、增减变动的合法性及有无错弊行为的发生。

（一）审计目标

（1）存在性。确定被审计单位资产负债表中的应收账款在资产负债表日是否确实存在，是否为被审计单位所拥有。

（2）完整性。确定被审计单位在特定期间内的应收账款是否均已记录完毕，有无遗漏。

（3）权利与义务。确定记录的应收账款是否为单位所拥有和控制。

（4）计价和分摊。确定应收账款是否以恰当的金额包括在财务报表的应收账款项目中，以及与之相关的计价调整是否已恰当记录。

（5）列报。确定应收账款是否已在财务报表中做出恰当列报。

（二）应收账款涉及的凭证和会计记录

（1）原始凭证。涉及应收账款的原始凭证主要包括：顾客订货单、销售通知单、发货单、销售发票、销售汇总表等。

（2）有关科目的记账凭证。有关应收账款的凭证，与货币资金、存货等相关。

（3）货币资金的日记账和总账。涉及应收账款的现金（银行存款）日记账。

（4）应收账款明细账和总账。

（三）应收账款内部控制测试

1. 调查和了解应收账款的内部控制情况

审计人员通过查阅被审计单位的有关内部控制的资料和文件，向有关人员咨询和现场调查，了解被审计单位应收账款的内部控制制度，做出初步评价。

2. 抽查销售发票并进行核对

（1）核对销售发票、销售合同及订单、检查品名、规格、数量、价格、赊销情况等是否一致。

（2）复核、验算发票上金额的乘积和加总计算是否正确，大小写金额是否一致。

（3）核对发票与货运文件，特别注意货运文件是否连续编号，作废的发票和货运文件是否按照规定进行处理。

3. 审查销售退回、折扣和折让

审计人员应审查销售退回、折扣和折让的原因是否适当，有无核准审批手续。退货的红字发票是否都附有退货验收报告和入库单，金额是否与原发票金额一致。

4. 审查坏账的注销

审计人员应审查坏账的发生是否符合坏账确认的条件，有无经过规定的报批程序。必要时可以进行函证，查明是否存在错弊行为。

5. 评价应收账款的内部控制

根据应收账款内部控制测试的情况，审计人员要标明应收账款内部控制方面存在的缺陷和不足，以确定实质性测试环节的审计程序。

（四）应收账款账户核算的错弊形式

1. 入账金额不实

依据我国会计制度的规定，在存在销售折扣与折让的情况下，应收账款只允许采用总额法核算，而不能采取净额法。但在实际工作中，可能出现按净额法入账的情况，以达到推迟纳税或将正常收入少记的目的，或者私吞折扣或折让，客观上造成应收账款入账金额不实的错弊。

2. 记录内容和范围不正确

应收账款反映的内容应真实、正确地记录企业因销售产品、提供劳务等应向购货方收取的货款、增值税款和各种代垫费用情况。可是在企业经济活动的会计处理中，普遍存在着以下的现象：

（1）故意混淆应收账款的核算内容和使用范围，让“应收账款”的账户成为营私舞弊的“调节器”，成为掩盖各种不正当经营的“防空洞”。

（2）将不属于应收账款的经济业务列作应收账款处理。如将应收票据、预付账款和其他应收款等列作应收账款业务。

（3）虚构应收账款业务，虚增收入，虚增利润，粉饰经营业绩。如为完成行政主管部门下达的年度主要经济指标（销售收入、上缴税金及利润），往往会通过“应收账款”科目虚增销售达到这一目的，最后导致年度或会计报告期的利润表反映的主营业务收入、利润总额虚增。

（4）发生应收账款业务，却不进行核算，虚减收入，虚减利润，达到偷漏税金的目的。

（5）销售商品已取得货款，却列作应收账款，将货款贪污或挪用。

（6）移花接木，将长短期投资收益纳入应收账款核算，以达到偷税的目的。

3. 回收期过长、周转速度慢

应收账款从形成到收回有一个时间间隔，这个时间间隔即应收账款的回收期。从理论上讲，应收账款是变现能力较强的流动资产之一，其回收期不能过长，否则会影响企业正常的生产经营活动。一般说来，应收账款的回收期越短，说明资金的周转速度越快，越有利于提高企业的经济效益；反之，应收账款的回收期越长，说明企业的资金周转速度越慢，越不利于搞好企业的经营管理、提高经济效益，甚至会影响企业的生产或经营活动的正常进行。但在实际工作中却存在着应收账款迟迟不能收回的情况，如有的企业应收账款回收期比正常的、合理的回收期或比同类企业的平均回收期高出50%甚至一倍。

4. 平均余额过大

一般来讲，应收账款余额在企业流动资产中的比率不能过大，就如应收账款回收期一样，其数值越大，越不利于加快资金的周转，其周转率也就越不理想，也就越不利于企业搞好经营管理、提高经济效益。在实际中存在着应收账款余额过大的问题，以致影响了企业正常的生产和经营活动。

5. 对坏账损失的处理不合理

按照现行会计准则的规定，企业关于坏账损失可以采用直接转销法，也可以采用备抵法，但选用某种办法后年内不得随意变更，以保持前后期口径一致。但在实际工作中，常有未按坏账损失确认标准处理坏账的现象发生，如将预计可能收回的应收账款作为坏账处理，以换取个人或局部的利益；或将应列为坏账的应收账款长期挂账，造成资产不实。此外，收回已经核销的坏账时，不是增加“坏账准备”，而是作为“应付账款”或不入账、私吞。

6. 备抵法和直接转销法运用不当

备抵法要求企业于年末按照年末应收账款余额的3%～5%计提坏账准备金，计入资产减值损失。计提坏账准备时，应依据“坏账准备”账户年末余额的方向及金额大小来确定计提的实际金额。发生坏账损失时，冲减坏账准备金；收回已经核销的坏账时，增加坏账准备金。但在实际中存在着备抵法运用不合理、不正确，致使坏账损失的处理不合理、不正确的情况。如提取坏账准备金的比率超出3% ~5%的范围；列入资产减值损失的坏账准备未与“坏账准备”贷方年末余额进行调整等。

直接转销法要求企业不计提坏账准备金，对发生的坏账损失直接计入管理费用。对收回已核销的坏账，冲减管理费用。但在实际中，有的企业随意列支坏账损失，虚增管理费用，或发生坏账损失后，不及时列账，仍让其挂在“应收账款”账户上，对收回已核销的坏账冲销管理费用，接着将其私分或存入单位的“小金库”。

（五）应收账款的实质性程序

1. 取得或编制应收账款明细表

（1）核对应收账款明细表与总账、明细账余额、报表金额是否一致，注意是否包含了坏账准备。

（2）分析有无贷方余额的项目。

（3）结合其他应收款、预售款项等往来项目的明细余额，审查有无同一客户多处挂账、余额异常或与销售无关的其他款项（如代销账户、关联方账户或员工账户）。如有，应做出记录，必要时提出调整建议。

（4）检查非记账本位币应收账款的处理是否正确，是否按照规定进行折算。

2. 分析应收账款账龄

（1）取得或编制应收账款账龄分析表。

（2）测试应收账款账龄分析表计算的准确性，并与应收账款总分类账余额比较，调查重大调节事项。

（3）检查相关的原始凭证，如销售发票、货运文件等，测试账龄划分的准确性。

3. 实施分析程序

企业财务报表项目之间在外在环境不变的情况下，往往会保持一定的稳定性关系。审计人员运用分析程序，审查其中的异常现象，以验证其合理性。通常可用的比率有：①应收账款与销售收入的比率；②应收账款周转率；③销售退回和折让与销售收入的比率；④坏账准备与应收账款的比率。

【业务2－13】典型案例

1. 发现疑点

审计人员在审阅某企业账簿时发现12月份“主营业务收入”“应收账款”账户较以往各期发生额大。经与明细账户核对，发现“应收账款”总账与明细账相差20万元，由此怀疑该企业可能有虚增销售收入的问题。

2. 追踪查证

审计人员根据账簿中的记录，调阅有关记账凭证，发现12月25日31#凭证的内容是：

借：应收账款　　234,000

　　贷：主营业务收入　　200,000

　　　　应交税费——应交增值税（销项税额）　　34,000

12月30日50#凭证的内容是：

借：应收账款　　34,000（红字）

　　贷：应交税费——应交增值税（销项税额）　　34,000（红字）

经审查核对，上述两张记账凭证均未附有任何原始凭证，虚列当期销售收入20万元，“库存商品”明细账未作任何登记。经询问和调查有关会计人员及会计资料，以上分录已于下年初作为销货退回处理。

3. 问题

该企业于12月25日在没有销售业务的情况下编制31#凭证，以金额20万元作为销售收入入账，从而使企业“完成”了该年度的销售收入和利润指标。

4. 调账

由于企业已对虚构业务的税金进行冲销，所以审计人员只要求冲减主营业务收入，分录如下。

借：主营业务收入　　200,000

　　贷：应收账款　　200,000

4. 向债务人函证应收账款

应收账款函证，是指由审计人员直接发函给债务人，以证实应收账款账户余额的真实性、正确性，防止和揭露被审计单位及有关人员在销售业务中的错弊行为。由于函证是外部证据，有较强的证明力，所以函证是应收账款审计的必要审计程序。

（1）函证的范围和对象。除非有充分证据表明应收账款对被审计单位财务报表而言是不重要的，或者函证很可能是无效的，否则，审计人员应当对应收账款进行函证。如果审计人员不对应收账款进行函证，应当在工作底稿中说明理由。如果认为函证很可能是无效的，审计人员应当实施替代审计程序，获取充分、适当的审计证据。

函证数量的多少、范围是由诸多因素决定的，主要有：第一，应收账款在全部资产中的重要性。若应收账款在全部资产中所占的比重较大，则函证的范围应相应大一些。第二，被审计单位内部控制的强弱。若内部控制制度较健全，则可以相应减少函证；反之，则应相应扩大函证范围。第三，以前期间的函证结果。若以前期间函证时发现过重大差异，或欠款纠纷较多，则函证范围应相应扩大一些。第四，函证方式的选择。若采用积极的函证方式，则可以相应减少函证量；若采用消极的函证方式，则要相应增加函证量。

一般情况下，审计人员应选作函证对象的项目有：第一，大额或账龄较长的项目。第二，与债务人发生纠纷的项目。第三，关联方项目。第四，主要客户（包括关系密切的客户）项目。第五，交易频繁但期末余额较小甚至余额为零的项目。第六，可能产生重大错报或舞弊的非正常的项目。

（2）函证时间的选择。为了充分发挥函证的作用，应恰当选择函证的实施时间。审计人员通常以资产负债表日为截止日，在资产负债表日后适当时间内实施函证。如果重大错报风险评估为低水平，审计人员可选择资产负债表日前适当日期为截止日实施函证，并对所函证项目自该截止日起至资产负债表日止发生的变动实施实质性程序。

（3）函证的方式。函证方式分为积极的函证方式和消极的函证方式，审计人员可采用积极的或消极的函证方式实施函证，也可将两种方式结合使用：

①积极的函证方式，又称肯定式函证，是指审计人员向第三方发出询证函，要求第三方证实有关信息，审计人员要求被询证者在所有情况下必须回函，确认询证函所列示信息是否正确，或填列询证函要求的信息。在采用积极的函证方式时，只有审计人员收到回函，才能为财务报表认定提供审计证据。如果审计人员没有收到回函，可能是由于被询证者根本不存在，或是由于被询证者没有收到询证函，也可能是由于被询证者没有理会询证函。在审计实务中，如果审计人员遇到采用积极的函证方式实施函证而未能收到回函的情况，应当考虑与被询证者联系，要求对方做出回应或再次寄发询证函，如果仍未得到被询证者的回应，审计人员应当实施替代审计程序。所实施的替代程序因所涉及的账户和认定而异，但替代审计程序应当能够提供实施函证所能够提供的同样效果的审计证据。例如检查与销售有关的文件，包括销售合同或协议、销售订单、销售发票副本及发运凭证等，以验证这些应收账款的真实性。

②消极的函证方式，又称否定式函证，是指审计人员向第三方发出询证函，要求第三方证实有关信息，审计人员只要求被询证者仅在不同意询证函列示信息的情况下才予以回函。在采用消极的函证方式时，如果收到回函，能够为财务报表认定提供说服力强的审计证据。未收到回函可能是因为被询证者已收到询证函且核对无误，也可能是因为被询证者根本就没有收到询证函，在采用消极的方式函证时，审计人员通常还需辅之以其他审计程序。

当同时存在下列情况时，审计人员可考虑采用消极的函证方式：第一，重大错报风险评估为低水平；第二，涉及大量余额较小的账户；第三，预期不存在大量的错误；第四，没有理由相信被询证者不认真对待函证。

在审计实务中，审计人员也可将这两种方式结合使用。当应收账款的余额是由少量的大额应收账款和大量的小额应收账款构成时，审计人员可以对所有的或抽取的大额应收账款样本采用积极的函证方式，而对抽取的小额应收账款样本采用消极的函证方式。

【业务 2－14】动脑筋

审计师刘某审计东华公司应收账款时，发现公司 2017 年应收账款有 50 户，其中有 10 户应收账款在 1,500,000 元以上，其余 40 户在 50,000 元以下。在对应收账款进行内部控制的研究和评价时发现该公司各项内部控制均为良好。请判断如何选择函证对象和函证方式。

分析：函证对象为 10 户大额应收账款和 8 户（在 40 户中随即抽 20%）小额应收账款；函证方式可以采用积极式的函证方式。

（4）函证的控制。审计人员通常利用被审计单位提供的应收账款明细账户名称及客户地址等资料编制询证函，但审计人员应当对选择被询证者、设计询证函以及发出和收回询证函保持控制。出于掩盖舞弊的目的，被审计单位可能想方设法拦截或更改询证函及回函的内容。如果审计人员对函证程序控制不严密，就可能给被审计单位以可乘之机，导致函证结果发生偏差和函证程序失效。

审计人员应当采取下列措施对函证实施过程进行控制：第一，将被询证者的名称、地址与被审计单位有关记录核对。第二，将询证函中列示的账户余额或其他信息与被审计单位有关资料核对。第三，在询证函中指明直接向接受审计业务委托的会计师事务所回函。第四，询证函经被审计单位盖章后，由审计人员直接发出。第五，将发出询证函的情况形成审计工作记录。第六，将收到的回函形成审计工作记录，并汇总统计函证结果。

在审计实务中，审计人员经常会遇到被询证者以传真、电子邮件等方式回函的情况，这些方式确实能使审计人员及时得到回函信息，但这些方式易被截留、篡改或难以确定回函者的真实身份，因此，审计人员应当直接接收，并要求被询证者及时寄回询证函原件。

（5）对不符事项的处理。收回的询证函若有差异，即函证出现了不符事项，审计人员应当首先提请单位查明原因，并作进一步分析和核实。

不符事项的原因可能是双方登记入账的时间不同，或是一方或双方记账错误，也可能是被审计单位的舞弊行为。

对应收账款而言，登记入账的时间不同而产生的不符事项主要表现为：

①询证函发出时，债务人已经付款，而被审计单位尚未收到货款。

②询证函发出时，被审计单位的货物已经发出并已作销售记录，但货物仍在途中，债务人尚未收到货物。

③债务人由于某种原因将货物退回，而被审计单位尚未收到。

④债务人对收到的货物的数量、质量及价格等方面有异议而全部或部分拒付货款等。

如果不符事项构成错报，审计人员应当重新考虑所实施审计程序的性质、时间和范围。

（6）对函证结果的总结和评价。审计人员应将函证的过程和情况记录在工作底稿中，并据以评价函证的可靠性。在评价函证的可靠性时，审计人员应当考虑：第一，对询证函的设计、发出及收回的控制情况；第二，被询证者的胜任能力、独立性、授权回函情况、对函证项目的了解及其客观性；第三，被审计单位施加的限制或回函中的限制。审计人员对函证结果可进行如下评价：

①审计人员应重新考虑：对内部控制的原有评价是否适当；控制测试的结果是否适当；分析程序的结果是否适当；相关的风险评价是否适当等。

②如果函证结果表明没有审计差异，则审计人员可以合理地推论：全部应收账款总体是正确的。

③如果函证结果表明存在审计差异，审计人员则应当估算应收账款总额中可能出现的累计差错是多少，估算未被选中进行函证的应收账款的累计差错是多少。为更加准确地估计应收账款的累计差错，也可以进一步扩大函证的范围。

【业务 2－15】做中学

审计师李明了解和测试了津湘公司与应收账款相关的内部控制，并将控制风险评估为高水平。李明取得了 2017 年 12 月 31 日的应收账款明细账，并于 2018 年 1 月 15 日采用肯定式函证方式对所有重要客户发出询证函。李明将与函证结果相关的重要异常情况汇总见表 2－5。

表 2－5　　　　　　　　　　　　　　应收账款函证汇总表

异常情况	函证编号	客户名称	函证金额（元）	回函日期	回函内容
（1）	22	甲	300, 000	2018 年 1 月 22 日	购买东方公司 300, 000 元货物属实，但款项已于 2017 年 12 月 25 日用支票支付
（2）	56	乙	500, 000	2018 年 1 月 19 日	因产品质量不符合要求，根据购货合同，于 2017 年 12 月 23 日将货物退回
（3）	64	丙	640, 000	2018 年 1 月 19 日	2017 年 12 月 10 日收到东方公司委托本公司代销的货物 640, 000 元，尚未销售
（4）	82	丁	900, 000	2018 年 1 月 18 日	采用分期付款方式购货 900, 000 元，根据购货合同，已于 2017 年 12 月 25 日付款 300, 000 元
（5）	134	戊	600, 000	因地址错误被退回	

针对上述的各种异常情况，请问李明应分别实施哪些重要的审计程序？分别讨论异常情况可能存在的问题，提出相应的解决办法。

分析：

（1）审计人员于 2018 年 1 月 15 日函证，并于 2018 年 1 月 22 日收到函证结果，有可能在 2018 年 1 月 15 日至 2018 年 1 月 22 日之间已收到款项，审计人员应对此项收款情况进行检查，审查银行存款日记账或收账通知。如果仍未收到，可要求客户提供支票复印件等付款证明。

（2）针对此种情况，审计人员应重点审查东方公司库存商品明细账和仓库部门的收发记录，重点对退货情况进行检查。有可能在 2017 年 12 月 28 日至 2018 年 1 月 15 日已收到退回的货物，被审计单位未及时冲账，审计人员应提醒其按会计制度的规定及时处理；也有可能在 2018 年 1 月 15 日至 2018 年 1 月 19 日之间收到退回的货物，审计人员应当对此期间退货及会计处理情况进行检查，如果仍未收到，应再次询问客户。

（3）在采用委托代销方式下，委托方只有在收到受托代销方开具的代销清单时才能确认收入和“应收账款”（或“银行存款”）。此题并未提供代销清单，但东方公司已确认“应收账款”。因此审计人员应进一步审查代销清单的情况，并审查专用发票。如为虚构业务，审计人员应建议东方公司进行账项调整。

（4）此种情况需审查东方公司的银行存款日记账或收账通知以及销售合同。如确已付款，东方公司应将应收账款调整为 600, 000 元。

（5）审计人员应检查地址是否错误，如果地址错误，应按正确的地址重新发函；如果仍不回函，可实施替代的审计程序，追查销售发票、发运凭证和销售合同等。如果地址没有错误，审计人员则可以考虑这是否是一笔虚构的业务。

5. 确定已收回的应收账款金额

请被审计单位协助，在应收账款明细表上标出至审计时已收回的应收账款金额，对已收回金额较大的款项进行常规检查，如核对收款凭证、银行对账单、销货发票等，并注意凭证发生日期的合理性，分析收款时间是否与合同相关要素一致。

6. 对未函证应收账款实施替代审计程序

通常，审计人员不可能对所有应收账款进行函证，因此，对未函证应收账款，审计人员应抽查有关原始凭据，如销售合同、销售订单、销售发票副本、发运凭证及回款单据等，以验证与其相关的应收账款的真实性。

【业务2－16】做中学

对通过函证无法证实的应收账款，审计人员应当执行的最有效的审计程序是（　　）。

A. 重新测试相关的内部控制

B. 审查与应收账款相关的销货凭证

C. 进行分析程序

D. 审查资产负债表日后的收款情况

解析：选项B正确。对于未回函的或回函答复不肯定的，可再次复询，如不复询可采用替代审计程序进行检查，这包括检查销售合同或协议、销售订单、销售发票副本及发运凭证等。

7. 检查坏账的确认和处理

首先，审计人员应检查有无因债务人破产或者死亡导致无法收回的，或债务人长期未履行清偿义务的应收账款。其次，应检查被审计单位坏账的处理是否经授权批准，有关会计处理是否正确。

8. 抽查有无不属于结算业务的债权

不属于结算业务的债权，不应在应收账款中进行核算。因此，审计人员应抽查应收账款明细账，并追查有关原始凭证，查证被审计单位有无不属于结算业务的债权。如有，应作记录或建议被审计单位作适当调整。

9. 检查贴现、质押或出售

检查银行存款和银行贷款等询证函的回函、会议纪要、借款协议和其他文件，确定应收账款是否已被质押或出售、应收账款贴现业务属质押还是出售，以及其会计处理是否正确。企业以其按照销售商品、提供劳务的销售合同所产生的应收债权向银行等金融机构贴现，在进行会计核算时，应按照“实质重于形式”的原则，充分考虑交易的经济实质。对于有明确的证据表明有关交易事项满足销售确认条件，如与应收债权有关的风险、报酬实质上已经发生转移等，应按照处置应收债权处理，并确认相关损益。否则，应作为以应收债权为质押取得的借款进行会计处理。

10. 对应收账款实施关联方及其交易审计程序

标明应收关联方［包括持股5%以上（含5%）股东］的款项，实施关联方及其交易审计程序，并注明合并报表时应予抵销的金额；对关联企业、有密切关系的主要客户的交易事项作专门核查：

（1）了解交易事项目的、价格和条件，作比较分析。

（2）检查销售合同、销售发票、货运单证等相关文件资料。

（3）检查收款凭证等货款结算单据。

（4）向关联方、有密切关系的主要客户或其他审计人员函询，以确认交易的真实性、合理性。

11. 确定应收账款的列报是否恰当

如果被审计单位为上市公司，则其财务报表附注通常应披露期初、期末余额的账龄分析，期末欠款金额较大的单位账款，以及持有5%以上（含5%）股份的股东单位账款等情况。

二、坏账准备的审计

企业会计准则规定，企业应当在期末对应收款项进行检查，并预计可能产生的坏账损失。应收款项包括应收票据、应收账款、预付款项、其他应收款和长期应收款等。

（一）坏账准备账户核算的错弊形式

1. 坏账准备的计提不规范

（1）计提比例的确定随意性大。企业可能为了盈亏管理的需要而高估或低估坏账准备。例如，对于不符合全额计提坏账准备的，全额计提坏账准备，从而调低利润和资产。又如，企业利用计提坏账准备的机会，有意在某一年度多提坏账准备，以备以后年度用来调节利润。再如，有些企业在当年发生严重亏损时，为了能够在第二年扭亏为盈，在当年大量计提坏账准备，到了第二年再大量反冲，以调高第二年利润，达到扭亏为盈的假象，借以骗取投资者的信任。还有些企业计划对应收款项进行重组，或与关联方发生的应收款项，在没有确凿证据表明应收账款不能收回时全额计提了坏账准备，其后果是使企业虚增费用，减少利润，虚减应收账款的价值，为来年的调高利润做准备。

（2）计提范围不准确。有的企业没有把其他应收款的期末余额纳入计提坏账准备的基数中。没有对符合计提条件的预付账款、应收票据通过会计处理将相关数额转入“其他应收款”或“应收账款”，计提坏账准备。这明显违反了制度要求，造成了企业资产价值的虚计，费用少计，利润虚增。

2. 坏账损失的确认不规范

（1）未按坏账确认的标准确认坏账发生。例如，将预计可收回的应收账款作为坏账处理，将本该确认为坏账的应收账款长期挂账，造成资产不实。

（2）收回已转销的坏账时，未增加“坏账准备”，而是作为“营业外收入”或“应付账款”或不入账，作为内部“小金库”处理。

（二）坏账准备审计常用的实质性程序

（1）取得或编制坏账准备明细表，复核加计正确，与坏账准备总账数、明细账合计数核对相符。

（2）将应收账款坏账准备本期计提数与资产减值损失相应明细项目的发生额核对相符。

（3）检查应收账款坏账准备计提和核销的批准程序，评价坏账准备所依据的资料、假设及计提方法。

企业通常应采用备抵法核算坏账损失，计提坏账损失的具体方法由企业自行确定。计提坏账损失的方法主要有账龄分析法、余额百分比法等方法。企业应根据所持应收账款的实际可收回情况合理计提坏账准备，不得多提或少提，否则应视为滥用会计估计，按照重大会计差错更正的方法进行会计处理。

【业务2－17】做中学

星光公司原来采用应收账款余额百分比法核算坏账，坏账准备按应收款项（包括应收账款和其他应收款）余额的5%计提。为了更加合理地核算坏账，星光公司董事会决定自2017年度开始改按账龄分析法计提坏账准备：账龄为1年以内的，按其余额的10%计提；账龄为1～2年的，按其余额的20%计提；账龄为2～3年的，按其余额的40%计提；账龄为3年以上的，按其余额的80%计提，星光公司尚未根据董事会的决定按账龄分析法核算坏账，其2017年年末未经审计的应收账款账面余额为借方余额15,200万元，其中应收账款账面余额为借方余额16,000万元，坏账准备余额为贷方余额800万元（年初余额为贷方余额600万元）；其他应收款项的年末余额和经审计的年初余额均为零。星光公司2017年应收账款账龄资料见表2－6。

表2－6 星光公司2017年应收账款账龄结构

账龄	年初账面余额（万元）	年末账面余额（万元）
1年以内	3,000	9,000
1－2年	5,000	2,000
2－3年	4,000	3,000
3年以上	0	2,000
合计	12,000	16,000

要求：根据以上资料，提出调整建议，完成调整分录。

分析：根据被审计单位的坏账准备计提方法，2017年末坏账准备的贷方余额应为：9,000×10%＋2,000×20%＋3,000×40%＋2,000×80%＝4,100（万元）。坏账准备的年末贷方余额为800万元，所以年末应该补提3,300万元的坏账准备。分录如下：

借：资产减值损失　　3,300

　贷：坏账准备　　3,300

（4）实际发生坏账损失的，检查转销依据是否符合有关规定，会计处理是否正确。对于被审计单位在被审期间内发生的坏账损失，审计人员应检查其原因是否清楚，是否符合有关规定，有无授权批准，有无已做坏账处理后又重新收回的应收账款，相应的会计处理是否正确。对有确凿证据表明确实无法收回的应收账款，如债务单位已撤销、破产、资不抵债、现金流量严重不足等，企业应根据管理权限，报经股东（大）会或董事会，或经理（厂长）办公会或类似机构批准作为坏账损失，冲销提取的坏账准备。

【业务2-18】典型案例

1. 发现疑点

审计人员在审计某成品油厂2018年“主营业务收入”明细账时发现1月份销售收入达1,350.6万元，而在审查“银行存款日记账”时发现1月份银行存款总额仅为350万元。经询问单位的财务人员，得知货款尚未收回，已作坏账转销。据掌握的情况，该厂已有一年多未发工资，审计人员怀疑其货款已被贪污。

2. 追踪查证

根据上述疑点，审计人员进行了以下追踪查证工作。首先采用函证法、询问法，发现有坏账处理，审计人员就向对方发函，对方回信说货款已于1月初由成品油厂厂长黄某提走800万元，其余200.6万元的货款于2月底再由黄某提走，并寄来了黄某收款收据的复印件。经询问，黄某承认货款已收，已存银行，未及时报账。

审计人员马上与检察院反贪局取得联系，查清了黄某挪用货款1,000.6万元，用于生意投机的事实。

3. 问题

黄某利用职权，对已收回的货款作为坏账转销，然后又到购货单位要回部分货款，将其挪用。

4. 调账

该单位应当收回全部货款，并作如下账务处理。

借：应收账款　　10,006,000

　贷：坏账准备　　10,006,000

借：银行存款　　10,006,000

　贷：应收账款　　10,006,000

（5）检查长期挂账应收账款。审计人员应检查应收账款明细账及相关原始凭证，查找有无资产负债表日后仍未收回的长期挂账应收账款，如有，应提请被审计单位作适当处理。

【业务2-19】典型案例

1. 发现疑点

2018年审计人员对某企业进行审计，在审阅该企业“应收账款”明细账时发现有一明细科目为甲项目，而且金额正好是整数——150万元，当年无变动，询问财务人员也说不清楚。审计人员由此判断此款可能有问题。

2. 追踪查证

审计人员逐年追踪此款形成年份，发现此款是2017年8月形成，明细账摘要内容只写“汇款”两字，记账凭证号为78#。经调阅78#记账凭证，发现其内容是：

借：应收账款——甲项目　　1,500,000

　贷：银行存款　　1,500,000

经审查，此记账凭证后只附有一张汇款单。查看汇款单，发现收款单位是南方某市所辖的一个乡镇。审计人员分别找有关知情人员了解这笔应收账款的来龙去脉，并分析其原因。据有关人员反映，此款是用来同对方联合兴建国际旅游度假村的，至于现在是否建成，情况也不清楚。审计人员找经办此事的人员和该单位领导了解，都说正在建设之中。审计人员根据了解的情况，派人去对方调查核实，在有关人员的大力配合下，终于查清了150万元应收账款的真相。2017年，该乡镇出台了一系列招商引资的优惠政策，其中之一就是谁吸引来资金，奖励其引资额的5%。该镇某人找到被审计单位领导，动员该企业去投资建设国际旅游度假村，并且说效益一定非常可观，而且投资方享受种种优惠政策。时值南方房地产正在升温，加之“优惠”条件的吸引，该领导同该镇签署了投资合同。合同规定，被审计单位投资800万元，对方以土地作为投资，双方联合兴建国际旅游度假村，在签署合同后，对方预付给该企业领导奖金2万元。8月，第一笔款项150万元汇出。因该企业资金根本达不到合同的规定及企业形势不好而没有追加投资，国际旅游度假村由于形势的变化也没有兴建。对方由于已收到150万元的资金，也就没有追究该企业的违约责任。因此，此款由于该企业的违约已形成损失。

3. 问题

该企业领导为了自己的私利，盲目投资，给企业造成巨大损失。后又怕承担责任，而迟迟不处理，长期挂账。有关人员对此供认不讳。

4. 调账

企业应根据财务制度规定，报经上级有关部门批准，履行坏账损失处理的各种程序，然后作调账处理如下。

借：资产减值损失——坏账损失	1, 500, 000	
贷：坏账准备		1, 500, 000
借：坏账准备	1, 500, 000	
贷：应收账款——甲项目		1, 500, 000

（6）检查函证结果。对债务人回函中反映的例外事项及存在争议的余额，审计人员应查明原因并做记录，必要时，应建议被审计单位作相应的调整。

（7）实施分析程序。通过计算坏账准备余额占应收账款余额的比例并和以前期间的相关比例比较，评价应收账款坏账准备计提的合理性。

（8）确定应收账款坏账准备的披露是否恰当。企业应当在财务报表附注中清晰地说明坏账的确认标准、坏账准备的计提方法和计提比例。并且，上市公司还应在财务报表附注中分项披露如下事项：

①本期全额计提坏账准备，或计提坏账准备的比例较大的（一般指计提比例超过40%及以上的，下同）应说明计提的比例以及理由。

②以前期间已全额计提坏账准备，或计提坏账准备的比例较大但在本期又全额或部分收回的，或通过重组等其他方式收回的，应说明其原因、原估计计提比例的理由以及原估计计提比例的合理性。

③对某些金额较大的应收账款不计提坏账准备或计提坏账准备比例较低（一般为5%或

低于5%）的理由。

④本期实际冲销的应收账款及其理由，其中，实际冲销的关联交易产生的应收账款应单独披露。

三、应收票据的审计

如果企业销售实现时没有收到现款，而是收到客户的商业汇票，包括商业承兑汇票和银行承兑汇票，便产生了应收票据。应收票据是以书面形式表现的债权资产，其款项具有一定的保证，经持有人背书后可以提交银行贴现，具有较大的灵活性。由于应收票据是在企业赊销业务中产生的，因此对应收票据的审计也必须结合赊销业务一起进行。

企业以收取客户商业汇票方式进行赊销时，一般要进行销货、收取票据、计息、贴现、收款等活动，在此过程中要涉及一些凭证和账簿，这些都是应收票据的审计范围。

（一）应收票据的审计目标

应收票据的审计目标一般包括：确定资产负债表中记录的应收票据是否存在；确定所有应当记录的应收票据均已记录；确定记录的应收票据由被审计单位拥有或控制；确定应收票据及其坏账准备增减变动的记录是否完整；确定应收票据可否收回，坏账准备的计提方法和比例是否恰当，计提是否充分；检查应收票据及其坏账准备期末余额是否正确；确定应收票据及其坏账准备是否已按照企业会计准则的规定在财务报表中做出恰当列报。

（二）应收票据账户核算的错弊形式

1. 账户核算内容不正确

将不属于应收票据的经济事项反映在“应收票据”账户上，如赊销商品产生的应收账款；或将属于其他货币资金的银行汇票、银行本票等，以及销售中形成的其他债权也列在应收票据中核算；或者虚拟应收票据业务，利用应收票据账户调节当期收入。

2. 收回不及时，长期挂账

应收票据的期限最长不能超过6个月，如果银行承兑汇票到期，付款人无力支付票款，应由承兑人支付。如果属于商业承兑汇票，承兑人无力支付时，收款企业应按汇票到期价值将其从“应收票据”账户转入“应收账款”账户。但在实际工作中存在着应收票据长期挂账的问题，造成这个问题的原因是在销货方对于购货方的资信状况、偿债能力了解不多的情况下采用了商业承兑汇票结算方式，一旦购货方无力支付，销货方又不及时转入“应收账款”账户，就会造成应收票据的长期挂账。

3. 账户设置不合理

（1）对收到的商业汇票视同一般应收款业务，通过“应收账款”账户进行核算，而不设置“应收票据”账户进行专门核算，混淆了两种业务的性质。

（2）虽设置“应收票据”账户，但却未按规定设置“应收票据登记簿”，因而使商业汇票的出票日期、到期日期、贴现日期、付款人、承兑人等具体情况得不到充分反映，造成应收票据的管理非常混乱。

（三）应收票据的实质性程序

（1）获取或编制应收票据明细表。主要包括：

①复核加计是否正确，并与总账数和明细账合计数核对是否相符；结合坏账准备科目与报表数核对是否相符。应收票据明细表通常包括出票人姓名、出票日、到期日、金额和利率等资料。在复核加计正确及与上述有关数额核对相符的基础上，审计人员应抽查部分票据，并追查至相关文件资料，判断其内容是否正确，有无应转应收账款的逾期应收票据，以及虽未逾期但有确凿证据表明不能够收回或收回可能性不大的应收票据。

②检查非记账本位币应收票据的折算汇率及折算是否正确。

③检查逾期票据是否已转为应收账款。

（2）取得被审计单位“应收票据备查簿”，核对其是否与账面记录一致。请被审计单位协助，在应收票据明细表上标出至审计时已兑现或已贴现的应收票据，作常规检查，如核对收款凭证等，以确认其在资产负债表日的真实性。

（3）监盘库存票据。注意票据的种类、号数、签收日期、到期日、票面金额、合同交易号、付款人、承兑人、背书人姓名或单位名称，以及利率、贴现率、收款日期、收回金额等是否与应收票据登记簿的记录相符；关注是否对背书转让的票据负有连带责任；注意是否存在已作质押的票据和银行退回的票据。

（4）必要时选取部分票据（特别关注有疑问的商业承兑汇票）向出票人函证，证实其存在性和可收回性，并编制函证结果汇总表。

（5）对于大额票据，应取得相应销售合同或协议、销售发票和出库单等原始交易资料进行核对，以证实是否存在真实的交易。

（6）复核带息票据的利息计算是否正确，注意逾期应收票据是否已按规定停止计提利息，并检查其会计处理是否正确。如果审计人员复算得出的应计利息金额与账面所列金额不符，应加以分析，特别要对“财务费用——利息收入”账户中那些与应收票据账户中所列任何票据均不相关的贷方金额加以注意，因为这些贷项可能代表已收取利息的票据未曾入账。

【业务2-20】做中学

审计师年末对大地公司的应收票据审计时，通过审阅公司提供的应收票据备查登记簿发现下列问题：

（1）A公司开具的于11月20日已经到期的不带息商业承兑汇票300万元，该公司到期仍未进行转账。

（2）R公司开具的带息银行承兑汇票500万元，票面月利率为0.3%，出票日期为8月1日，到期日是次年2月1日。该公司年终未按规定计息。

要求：如果你是审计师，请指出存在的问题，并编制调整分录。

分析：

（1）到期商业承兑汇票未及时转账，应及时从“应收票据”账户转入“应收账款”账户，其调整分录为：

借：应收账款——A 公司　　　　3,000,000

　　贷：应收票据——A 公司　　　　3,000,000

（2）对于带息票据，一般至少应在年末计息一次，金额为 75,000 元（5,000,000 × 0.3% ×5）。其调整分录为：

借：应收票据——R 公司　　　　75,000

　　贷：财务费用　　　　75,000

（7）对贴现的应收票据，复核其贴现息计算是否正确，会计处理是否正确。编制已贴现和已转让但未到期的商业承兑汇票清单，并检查是否存在贴现保证金。企业以应收票据向银行等金融机构贴现，应比照应收账款等应收债权贴现的有关规定。即，根据实质重于形式的原则如果与所贴现应收票据有关的风险和报酬并未转移，申请贴现的企业应按照以应收票据为质押取得借款的规定进行会计处理；如果有关的风险和报酬业已转移，应视同应收票据出售进行会计处理。

（8）请被审计单位协助，在应收票据明细表上标出至外勤审计时已兑现或已贴现的应收票据，核对收款凭证等资料，以确认其资产负债表日的真实性。

（9）对应收票据相关的坏账准备进行审计（审计程序参见与应收账款相关坏账准备的审计程序）。

（10）对应收票据实施关联方及其交易审计程序。标明应收关联方［包括持股 5% 以上（含 5%）股东］的款项，执行关联方及其交易审计程序，并注明合并报表时应予抵销的金额；对关联企业、有密切关系的主要客户的交易事项作专门核查：

①了解交易事项目的、价格和条件，作比较分析。

②检查销售合同、销售发票、货运单证等相关文件资料。

③检查收款凭证等货款结算单据。

④向关联方、有密切关系的主要客户或其他审计人员函证，以确认交易的真实性、合理性。

（11）确定应收票据的披露是否恰当。审计人员应检查被审计单位资产负债表中应收票据项目的数额是否与审定数相符，是否剔除了有关的风险和报酬业已转移的已贴现票据。如果被审计单位是上市公司，其财务报表附注通常应披露贴现或用做抵押的应收票据的情况和原因说明，以及持有其 5% 以上（含 5%）股份的股东单位欠款情况。

【业务 1－21】典型案例

1. 发现疑点

审计人员 2018 年 8 月 6 日在查阅某企业应收票据备查簿时发现有一笔承兑人为长江公司、面值为 80,000 元的商业承兑汇票，签发日期为 2018 年 2 月 6 日，而实际收款日期和收款金额在备查簿中未作登记。审计人员怀疑有问题，决定进一步审查。

2. 追踪查证

审计人员查阅了应收票据明细账及有关记账凭证、原始凭证，并调查询问了经办人员，证实该商业承兑汇票在 2018 年 5 月 6 日，因承兑人长江公司无款支付未能收回票款。根据规定，在采用商业汇票结算方式下，商业汇票的付款期限由交易双方商定，但最长不得超过6个月。为了便于管理和分析各种应收票据，企业对于收到的商业汇票应设置应收票据备查簿，并逐笔记录应收票据的种类、号数、承兑人、票面金额、利率、期限、贴现及转让内容，待到期收回票款时在备查簿中逐笔注销。而该企业的商业汇票已经到期，但在备查簿中未作登记，而且未作任何业务处理，对未到期的应收票据没有任何控制措施，使应收票据长期挂账，加大了发生坏账损失的可能。

3. 问题

该企业在结算资金的管理上和核算上存在问题，主要表现在未能及时了解长江公司的资信状况和偿债能力，应收票据在未能收回的状况下没能及时转记应收账款。其次，问题发生后未采取积极措施追回货款，致使企业资金被其他企业占用，给企业带来损失。

4. 调账

上述问题在会计核算上应于清查日编制记账凭证如下：

借：应收账款——长江公司　　80,000

　　贷：应收票据——长江公司　　80,000

如果被查企业与长江公司达成协议，按年利率10%于2018年8月6日一次归还票据金额及利息，被查企业还应将利息计提入账，作如下分录：

借：应收账款［（80,000×10%÷12）×3］　　2,000

　　贷：财务费用　　2,000

被查企业8月6日实际收到本息时，作如下分录：

借：银行存款　　82,000

　　贷：应收账款——长江公司　　82,000

如果被查企业日后经调查确定长江公司已于2018年12月宣布破产，被查企业仅从破产财产中分得40,000元，其余40,000元报经有关部门批准后作为坏账损失处理。企业应编制如下分录：

借：银行存款　　40,000

　　坏账准备　　40,000

　　贷：应收账款——长江公司　　80,000

【业务1－22】典型案例

1. 发现疑点

审计人员接受委托审计ABC公司的财务报表，在审阅企业“应收票据”明细账时发现该单位将核销面值为20万元的不能兑现的应收票据，转入“管理费用——坏账损失”下，而没有按规定先转入“应收账款”账户下，且会计人员声称票据遗失。审计人员由此怀疑可能有问题，决定进一步审查。

2. 追踪查证

审计人员审阅了“应收票据”明细账及有关记账凭证，记账凭证的内容是：

借：管理费用——坏账损失　　200, 000
　　贷：应收票据——甲公司　　200, 000

记账凭证后附的原始凭证只是一张调账说明，没有上级部门的审批意见。经调查询问经办人员，证实该商业承兑汇票到期时，确因甲公司无款支付而未能收回货款。通过函证甲公司，说已支付了15万元，双方已经和解。通过进一步调查了解、取证，查清企业将15万元货款挪作他用的事实。

3. 问题

首先，企业未能充分了解甲公司的信用状况和偿债能力，而使20万元的货款到期未能收回。其次，企业未将收回的部分货款及时入账而挪作他用，更是违反财务规定。

4. 调账

首先应将企业核销的应收票据原数冲回：

借：应收票据——甲公司　　200, 000
　　贷：管理费用——坏账损失　　200, 000

然后再作如下调整分录：

借：应收账款——甲公司　　200, 000
　　贷：应收票据——甲公司　　200, 000

将挪作他用的货款收回入账：

借：银行存款　　150, 000
　　贷：应收账款——甲公司　　150, 000

或者直接合为一笔调整分录为：

借：银行存款　　150, 000
　　应收账款——甲公司　　50, 000
　　贷：管理费用——坏账损失　　200, 000

如果余款5万元确实无法收回，报经有关部门批准后作为坏账处理：

借：资产减值损失——坏账损失　　50, 000
　　贷：应收账款——甲公司　　50, 000

四、预付账款审计

预付账款是企业按购货合同的规定，预先支付给供货单位的货款，会计上通过“预付账款”或“应付账款”科目（借方）进行核算。预付账款是企业的一种流动资产，它是企业在购货环节中产生的，因此，预付账款的审计应结合采购与付款循环的审计进行。

（一）审计目标

预付账款的审计目标一般包括：确定预付账款是否存在；确定预付账款是否归被审计单位所有；确定预付账款增减变动的记录是否完整；确定预付账款期末余额是否正确；确定预付账款在会计报表上的披露是否恰当。

（二）预付账款账户核算的错弊形式

1. 预付账款后，未能收到货物或未能按期收到货物，给企业造成经济损失

主要表现在企业签订订购合同时不谨慎，对供货方资信状况了解不够，或者签订的合同不合理、不合法，造成支付预付账款后不能如期收到合同规定的货物，使预付账款消失，造成另一种形式的坏账损失。

2. 利用预付账款业务往来搭桥

按规定，企业的预付账款业务必须以合法有效的供应合同为基础，而实际工作中有的企业的预付账款业务根本无对应的合同，而是利用预付账款这一“中转站”往来搭桥，为他人进行非法结算，将所得回扣或佣金据为己有；或者利用该项业务转移资金，隐匿收入，私设“小金库”或私分。

3. 预付账款的核算不合理

“预付账款”的核算范围有明确规定，它只能反映按购货合同规定，在取得合同规定的货物之前预先支付给销售方的定金或部分货款；不属于“预付账款”应列经济事项的不应在其中核算。在实际工作中，存在着不按规定范围核算，“预付账款”账户所列经济事项混乱，反映的内容不真实、不合法、不合理，错弊时有发生的现象。如将本应在“应收账款”“其他应收款”等债权账户中核算的销售材料货款、存出保证金等业务混在“预付账款”中反映；或者为了达到截留收入、推迟纳税或偷税目的，而将正常的销售收入、其他业务收入和营业外收入作为预付款业务进行核算，造成账户对应关系混乱，试图蒙混过关。

4. 不合理的预付账款

在市场上很容易就能采购到所需的商品，或被审计单位与供货单位具有长期良好的供销关系，按正常办法购入并无困难，但企业为了局部或个人利益，而采用预付账款的方式。

5. “预付账款”账户长期挂账

主要表现：被审计单位单方面违约，供应单位依据购货合同没收预付货款，造成企业预付的款项收不回来，长期挂账。或被审计单位对供货单位信誉、生产能力等了解不够，或有关经办人谋取一己私利而上当受骗，到期收不到货物，以致长期挂账，给企业造成另一种形式的坏账损失。

（三）预付账款的实质性程序

预付账款的实质性程序包括：

（1）获取或编制预付账款明细表，复核加计正确，并与报表数、总账数和明细账合计数核对相符；同时请被审计单位协助，在预付账款明细表上标出截止审计日已收到货物并冲销预付账款的项目，抽查复核其真实性和正确性。

（2）根据被审计单位的具体情况，选择以下方法对预付账款进行分析程序：

①将期末预付账款余额与上期期末余额进行比较，分析其波动原因。

②了解预付账款惯例以及收回货物的平均天数，并分析预付账款的账龄；有确凿证据表

明企业的预付账款不符合预付账款性质，或者因供货单位破产、撤销等原因已无望再收回所购货物的，是否将原计入预付账款的金额转入其他应收款项目。

③计算预付账款与主营业务成本的比率，与以前各期末比较，分析异常变动的原因。

④将预付账款余额的增减幅度与主营业务成本的增减幅度比较，分析异常变动的原因。

（3）分析预付账款账龄及余额构成，选择大额或异常的预付账款重要项目（包括零账户），函证其余额是否正确，并根据回函情况编制函证结果汇总表；回函金额不符的，要查明原因做出记录或建议作适当调整；未回函的，可再次函证，也可采用替代审计程序进行检查，如检查该笔债权的相关凭证资料，或抽查资产负债表日后预付账款明细账及存货明细账，核实是否已收到货物、转销预付账款，并根据替代检查结果判断其债权的真实性或出现坏账的可能性。

（4）结合应付账款明细账，查核有无重复付款或将同一笔已付清的账款在预付账款和应付账款这两个项目同时挂账的情况。

（5）分析明细账余额，对于出现贷方余额的项目，应查明原因，必要时建议作重分类调整。

（6）检查预付账款长期挂账的原因。

（7）关注是否存在预付关联方账款。若有，应通过了解关联交易事项目的、价格和条件，检查采购合同等方法确认该预付账款的合法性和合理性；通过向关联方或其他审计人员查询及函证等方法，以确认交易的真实性。

（8）对于用非记账本位币结算的预付账款，检查其采用的折算汇率和汇兑损益处理的正确性。

（9）检查预付账款是否已在资产负债表上恰当披露。如果被审计单位是上市公司，应在其会计报表附注中按不同账龄段列示预付账款余额、各账龄段余额占预付账款总额的比例；说明账龄超过1年的预付账款未收回的原因，以及预付持有5%（含5%）以上表决权股份的股东单位账款等情况。

【业务2－23】动脑筋

审计师年末在审计“预收账款”时发现，该企业在本年7月有一笔预收B企业的货款117,000元，并一直挂账到年末，在审查其记账凭证时，发现其账务处理如下：

借：银行存款　　117,000

　　贷：预收账款——B企业　　117,000

通过进一步审查相关合同，发现合同规定的发货时间是8月15日，再审查“库存商品明细账”发现，8月15日该企业确实按合同规定发出甲产品1,000件，成本价80元每件，审查原始凭证该产品已经发出，其记账凭证上的会计处理为：

借：应收账款——B企业　　80,000

　　贷：库存商品——甲产品　　80,000

分析：该企业将收入隐藏于预收账款，成本转入应收账款，从而少计收入、少计成本、少计利润及少缴纳企业所得税。

五、其他应收款审计

其他应收款通常包括各种暂付款，是指企业在商品交易业务以外发生的各种应收、暂付款项。其他应收款的核算内容主要包括以下几项：

（1）应收的各种赔款、罚款。如因企业财产等遭受意外损失而应向有关保险公司收取的赔款等；

（2）应收出租包装物租金；

（3）应向职工收取的各种垫付款项，如为职工垫付的水电费、应由职工负担的医药费、房租费等；

（4）存出保证金，如租入包装物支付的押金；

（5）其他各种应收、暂付款项。

其他应收款的审计目标类似于应收账款审计目标，在这里不再赘述。

（一）其他应收款账户的核算错弊形式

1. 占用额过大或长期挂账

职工垫付款项过多、应收有关单位和个人的罚款不能及时到位、存储保证金超过正常期限未能收回等。

2. 账户反映内容不合法、不真实

（1）为牟取暴利，逃避税收和工商管理部门的管理，将超出企业经营范围的业务反映在“其他应收款”账户。

（2）利用“其他应收款”账户私自存放大量现金，违反库存现金限额管理的规定。

（3）利用“其他应收款”账户为其他单位或个人套取现金，并进行贪污盗窃、损公肥私的非法活动。

3. 利用坏账调节利润

企业为了多计费用、损失，达到虚减利润、偷漏税的目的，任意地将未经批准的“预付账款”转入“其他应收款”。

（二）其他应收款实质性程序

1. 获取或编制其他应收款（包括相应的坏账准备）明细表（含账龄分析）

（1）复核加计是否正确，并与总账数和明细表合计数核对是否相符；结合坏账准备科目与报表数核对是否相符；

（2）检查非记账本位币其他应收款的折算率及折算是否正确；

（3）了解其他应收款重大项目的内容及性质，重点关注是否存在资金被关联企业（或实际控制人）大量占用、变相拆借资金、隐形投资、或有损失等情况；

（4）结合应收账款、其他应付款等明细余额，检查是否有同时挂账的项目；

（5）分析有贷方余额的项目，查明原因，必要时，提请被审计单位作重分类调整；

（6）标识重要明细项目。

2. 对其他应收款实施函证程序（步骤见“应收账款”实质性程序）

3. 结合货币资金等项目的审计，检查是否存在未入账的其他应收款

4. 评价坏账准备计提的合理性

（1）检查其他应收款坏账准备计提和核销的批准程序，取得相关审计证据，评价坏账准备所依据的资料、假设及计提方法。复核其他应收款坏账准备是否按股东会或董事会批准的既定方法和比例提取，会计处理是否正确。

（2）在账龄分析表中，选取适量样本（金额大于××的账户，逾期超过××天的账户，以及认为必要的其他账户）。针对所选取的账户，测试账龄及计提坏账准备的适当性。

（3）检查其他应收款转作坏账损失的项目是否符合规定，会计处理是否正确，关注是否已办妥税务部门审批手续。

（4）检查其他应收款中是否存在债务人破产或死亡，以其破产财产或者遗产清偿后仍无法收回，或者债务人长期未履行偿债义务的情况。如果存在，应提请被审计单位处理。

（5）检查已经确认并转销的坏账重新收回的，其会计处理是否正确。

（6）通过比较前期坏账准备计提数和实际发生数，以及检查期后事项，评价坏账准备计提的合理性。

5. 标明应收关联方［包括持股5%（含5%）股东］的款项，执行关联方及其交易审计程序

6. 针对评估的舞弊风险等因素增加的审计程序

7. 检查其他应收款是否按照企业会计制度的规定恰当列报

【业务2－24】典型案例

1. 发现疑点

审计人员在2018年审查某企业其他应收款明细账时发现，有一笔业务摘要中注明“应收王东赔款”的业务是2013年发生的，至今仍挂账未决。

2. 追踪查证

审计人员查阅有关记账凭证和原始凭证并询问有关知情人，确定王东为仓库保管员，因责任事故给企业造成损失，企业领导决定由王东赔偿2,000元，但由于种种原因，赔款未能收回，现王东已辞职离开单位，去向不明。因此，这部分存款已成为事实上的坏账。

3. 问题

该单位对结算资金管理不严，缺乏相应的内控制度，给企业带来了损失。根据企业会计制度的规定，其他应收款超过3年逾期未能收回的，按规定报批确定为坏账损失。而该单位的该笔业务已过3年，且王东已经离开单位，应将2,000元确认为坏账损失，却长期挂账。

4. 调账

经批准确认为坏账后，作如下调整：

借：资产减值损失——坏账损失	2,000	
贷：其他应收款——王东		2,000

【业务2-25】典型案例

1. 发现疑点

审计人员在对某企业审计时，审查其“其他应收款”明细账，发现8月18日某笔业务摘要含混不清，金额为30,000元，于是调阅相关会计凭证，内容为：

借：其他应付款 30,000

贷：其他应收款 30,000

该凭证无任何原始凭证。

2. 追踪查证

审计人员进一步查阅“其他应收款”明细账的借方，8月2日的摘要是以购买办公用品、预借差旅费等名义填写借款单据领出现金30,000元，查阅其记账凭证，分录为：

借：其他应收款 30,000

贷：库存现金 30,000

经调查，该现金并未用于购买办公用品、支付差旅费等，而是交给需要换取现金的单位A公司，并按10%的比例收取手续费3,000元，日后当A公司将这笔款归还时开出发票给换取现金的单位A公司，将收到的银行存款30,000元作暂存款处理，分录为：

借：银行存款 30,000

贷：其他应付款 30,000

3. 问题

该企业违反发票管理规定和现金管理制度，为其他单位非法套取现金，获取手续费。

4. 调账

将非法所得没收，作如下记录：

借：库存现金 3,000

贷：营业外收入 3,000

学习子情境2.1.3 存货的审计

情境引例

美国道提斯食品公司是一家总部设在美国弗吉尼亚普茨茅斯的上市公司。20世纪70年代末，威廉·那斯温特被提拔为该公司格雷温斯分部的总经理。格雷温斯分部是一个贮货中心，专门负责批发冰冻食品给东海岸的零售商。

那斯温特发现，经营大规模批发比一般零售更复杂，而且工作压力更大。他升任后不久，该分部便因业绩不佳受到总部批评。他决定自己来解决这些问题。为此，他在上报总部的月度业绩报告中虚增存货，并通过提高月末存货余额来降低产品的销售成本，从而虚增毛利。那斯温特虚增该部存货的方法相当简单。1980 年，他在该部年度实有存货报告书中，混入 3 页虚假的存货项目登记表。另外，那斯温特还更改了很多存货项目的计算单位。例如，某产品应为 15 盒，而他却在存货登记表上改为 15 箱。1981 年，道提斯公司引进了存货申请电算化系统后，使那斯温特造假更为简单，他只需往该部存货日记账上输入一笔虚构存货即可。几年来他一直在向公司总部提供虚假的存货报告。而审计人员韦森和波拉在 1980 年和 1981 年期间，对格雷温斯分部存货的审计中，没有对他们本人及下属所发现的问题作深入调查。

分析：尽管所有单位都已认识到存货盘点的重要性，并将其作为公司审计的程序之一，但在审计人员如何执行这一重要程序并保证其工作质量方面，却缺乏应有的重视。那么企业内部审计人员应该怎样去做呢？请思考以下问题：

（1）企业的存货有没有虚增的可能？仓库系统与财务系统不对口会不会造成这样的情况？

（2）如何检查存货的真实性？

（3）存货存在怎样的审计风险？

存货是企业在日常活动中持有以备出售的产成品或商品、处在生产过程中的在产品、在生产过程或提供劳务过程中耗用的材料和物资等，包括各类材料、商品、在产品、半成品、产成品等。

一、存货审计目标

存货的审计目标主要有：审查和评价存货的内部控制制度是否健全，且一贯有效执行；确定存货是否存在，是否归被审计单位所拥有；确定存货增减变动的记录是否正确，存货的计量和计价方法是否恰当；确定存货入库与发出的手续是否齐全；确定存货期末余额是否正确；确定存货在资产负债表上的披露是否恰当。

二、存货涉及的凭证和会计记录

1. 原始凭证

涉及存货的原始凭证主要包括：材料验收单、产品入库单、生产任务通知单、领发料凭证、产量工时记录等。

2. 成本计算的有关资料

涉及存货成本计算的资料主要有工薪汇总表及工薪费用分配表、材料费用分配表、制造费用分派表、成本计算单等。

3. 涉及存货核算的各记账凭证

4. 存货明细账和总账

三、存货内部控制测试

1. 调查存货的内部控制制度

调查存货的内部控制制度，一般采用调查问卷的方式。在调查过程中，应结合企业的情况，索取有关资料，走访相关人员，并到现场观察存货的流转和控制。在调查中应特别注意生产技术人员等有关专家的意见。

2. 抽查部分购货业务

审计人员应抽取部分购货合同，按采购程序依次追查请购单、验收单、入库单、购货发票及有关账户记录，主要有：

（1）存货的采购是否有合法的购货合同，有无审批。

（2）存货的采购、验收、保管、付款、会计记录等是否严格分离。

（3）存货的入库手续是否严格。

（4）存货的收发、结存会计记录是否及时、准确。

（5）是否已经建立了定期盘存制度，所发生的盘盈、盘亏、毁损、报废等是否及时按照规定审批处理。

3. 审查成本会计制度

（1）产品成本的计价方法是否符合企业会计制度的规定，有无发生重大变动。

（2）采用计划成本、定额成本、标准成本计算产品成本时所分配的材料成本差异和会计处理是否正确。

（3）不同产品之间、完工产品和在产品之间的生产费用的分配是否正确。

4. 评价存货的内部控制

审计人员在完成上述程序之后，要对存货内部控制进行评价：

（1）存货的内部控制制度是否健全完善。

（2）存货的内部控制制度是否有效执行。

（3）存货的内部控制制度的整体强弱和各个部分的强弱。

（4）存货的内部控制制度对审计人员的审计风险。

【业务2－26】做中学

审计师2018年2月12—20日对爱能公司的存货项目进行审计，在对公司存货内部控制调查了解中知悉如下情况：

（1）原材料主要为高成本的电子元件，保存在上锁的库房里。仓库保管人员由一个主管和四个保管员组成。所有人员都受过良好训练，能够胜任工作，且其权限受到充分的限制，只有接到生产主管之一的书面或口头批准，才能将存货从仓库运出。

（2）没有永续盘存记录，因此，仓库保管员对验收和发出货物不进行记录。为了弥补永续盘存记录的缺少，由受到良好指导的仓库保管人员每月进行实地存货盘点，盘点时执行恰当的程序。

（3）实地盘点后，仓库主管将盘点与已制定的再订货水平相比较，如果某部分存货盘点数低于再订货水平，主管将该存货号码填在原材料请购清单上，交给应付账款的会计员。应付账款会计员按预定的再订货水平准备一份采购订单，并将订单邮寄给上次采购的供应商。

（4）预定的材料到达爱能公司时由仓库保管员验收，保管员查点商品，并与运货人的提单核对，所有卖方提单都签字，记录日期，并制成文档存放在仓库作为验收报告。

要求：描述内部控制缺陷，并提出建议，完善爱能公司采购、验收、存储和发放原材料的程序。

分析：详见表2－7：

表2－7

环节	内部控制缺陷	建议
采购	采购时未考虑供应商、供应价格的问题，容易导致采购价格偏高的情况	应指定专人负责存货采购。采购时应考虑供应商、供应价格和付款条件等
验收	验收时未填制验收报告，而仅仅使用卖方提单作为验收报告，这样，如果丢失或故意隐藏提单，公司也无法发现	验收时应编制验收报告、验收报告应事先编号，验收报告上应标明货物的品种、规格、等级等资料
存储	未使用永续存货记录，平时又不登记货物的入库和出库，这样，如果存货有遗失、盗窃等情况，根本发现不了	使用永续盘存记录，平时登记存货的收入和发出
发放原材料	接到生产主管之一的口头批准就可以将存货从仓库运出，容易出现存货短缺	不可以凭口头批准，运出存货，需要使用正式的文件，如领料单等

四、存货账户核算的错弊形式

1. 采购成本不真实

（1）将应计入外购材料成本中的有关进货费用计入当期损益。例如，将各种进货费用直接以“管理费用”列支，从而造成成本不实，影响本期及以后各期经营成果的准确性。

（2）外购存货的入库价格不正确，使前后期缺乏可比性，主要表现在存货按计划成本进行核算的企业，其计划成本的确定存在随意性和多变性，给存货的管理和核算带来一定的困难。

2. 成本计价方法选用不恰当

有些中小型企业，存货种类不多，存货管理制度不够健全，却选用按计划成本计价，造成存货计划成本的制定缺乏依据和稳定性；而一些大型企业存货品种多，却采用按实际成本计价，从而增加了核算工作量。

3. 随意变更发出存货的计价方法

人为地通过变更计价方法来调节生产或销售成本，调节当期利润。例如，某家企业某年选用先进先出法计算发出存货的成本，但由于受多种因素的影响，该存货购进价格上扬时改用后进先出法计算，购进价格下降时再用先进先出法计算。

4. 人为地多计或少计存货发出的成本

(1) 按计划成本核算的企业，有意确定较高的计划成本，使计划成本远远高于实际成本，表现为“材料成本差异”贷方余额，领用存货时按计划成本数额转入“生产成本”等账户，但月末结转材料成本差异时故意以较低的成本差异率调整发出材料的计划成本，从而人为地调高了当期生产成本水平，进而加大了产成品的成本，隐匿利润。有些企业则相反，有意确定较低的计划成本，并以较低的成本差异率调整发出材料的计划成本，达到虚报利润的目的，造成企业虚盈实亏。

(2) 用实际成本计价的企业，计算库存商品和主营业务成本时不按照规定的程序和方法正确地运用计价方法，而是故意多转或少转主营业务成本。例如，采用加权平均法计价时故意按高于或低于正确的加权平均单价的价格计算发出商品的成本。再如，根据企业的需要来确定每批商品的单价，而不是根据账面记录，按规定的程序和方法确定应采用的单价。

5. 存货购进时对增值税的处理不正确

一般纳税企业将增值税计入存货成本，造成存货成本虚增，利润不实，加大消费者的负担。

6. 减少存货时不冲减增值税进项税额

(1) 在发生进货退回业务的情况下，有意将本应冲减“应交税费——应交增值税（进项税额)”的退回的增值税款作为“应付账款”或“营业外收入”“其他业务收入”处理，从而达到多抵扣、少交税的目的。

(2) 改变存货用途或发生非常损失时，在注销相应存货的同时，有意不结转相应的进项税额，以达到多抵扣、少交增值税的目的。

7. 接受捐赠的存货不入账

接受捐赠的存货不入账，形成账外财产或有意将其出售后形成“小金库”。

8. 购进核算不严密，形成账外资产

有些企业为了简化核算工作，购进低值易耗品、包装物时只以“管理费用”“制造费用”列支，形成大量的账外财产，造成企业资产流失和浪费。

9. 存货溢缺、毁损的会计处理不正确、不合理

(1) 把应由责任人赔偿的短缺损失作为企业的“营业外支出”“销售费用”“管理费用”处理。

(2) 把属于供货方多发等原因造成的存货溢余私分或账外出售作为“小金库”处理等。

10. 存货领用时采用不当的摊销方法

一次领用数量较多、价值较大的低值易耗品、包装物时，采用一次摊销法将其价值全部摊入成本或费用中，影响了会计信息的准确性和前后期的可比性。

11. 发出存货的会计处理不正确

例如，发出的存货应记入“在建工程”账户的，却记入了“生产成本”账户；生产领用的包装物应计入“生产成本”账户，却计入了“销售费用”账户等。

12. 确定存货结存数量的方法选择不当

对应采用永续盘存制确定结存数量的存货却采用了实地盘存制，从而将大量计量误差、自然损耗、管理不善等原因造成的存货的短少挤入正常发出数，不利于存货的管理。

13. 存货账实不符

企业采用永续盘存制确定存货结存数量时，按规定应对存货进行定期盘点，以确定账实是否相符。但在实际工作中，有些企业由于对盘点工作不认真或不经常盘点，造成存货账实不符。

14. 未按规定及时处理存货的盘盈和盘亏

（1）发现存货溢余后，未按规定转入“待处理财产损溢”账户，而是将其私分或私自出售后私分货款或将货款存入“小金库”。

（2）对由于管理人员责任事故、管理不善造成的存货丢失、毁损等，将应由责任人员负责赔偿部分作为非常损失或管理费用处理。

（3）弄虚作假、营私舞弊，将企业的存货私分或送给关系户，并将其因此减少的部分在盘点时挤入盘亏中，作为企业的损失或费用处理。

（4）对盘点后发生的盘盈和盘亏长期挂账，造成账实不符。

15. 存货占压期长

企业存货占压期长，占用资金数额大，结构不合理。

五、存货的实质性程序

（一）分析性复核（分析程序）

1. 简单比较法

（1）比较前后期及本年度各个月份存货余额及其构成，以评价期末存货余额及其构成的合理性；

（2）对每月存货成本差异率进行比较，确定是否存在人为调节成本的现象；

（3）比较前后期及本年度各个月份生产成本总额及单位生产成本，以评价本期生产成本的总体合理性；

（4）比较前后期及本年度各个月份直接材料成本，以评价直接材料成本的总体合理性；

（5）比较前后期及本年度各个月份制造费用的总额及其构成，以评价制造费用及其构成的总体合理性。

【业务 2－27】典型案例

1. 发现疑点

审计人员在审计某企业 2017 年度利润表时，发现该企业 12 月份利润水平明显低于以前各期及上年同期。经了解，该企业产品销售情况与以前各期无明显变化。审计人员怀疑有问题存在，决定进一步查证。

2. 追踪查证

审计人员询问有关会计人员，了解到该企业采用加权平均法计算主营业务成本，但在查阅“库存商品”明细账时，发现12月份采用的方法实际上是后进先出法，与以前各期采用的加权平均法不一致；再查阅“生产成本”明细账及“库存商品”明细账借方记录，发现库存商品单位生产成本呈上涨趋势，特别在12月份生产成本明显增大，经过进一步调查、核实并询问当事人，确定该企业为了在12月份多结转成本500,000元，采用了与以前各期不同的计价方法。

3. 问题

该企业违反可比性与一致性的原则，随意变更计价方法，造成虚减当年利润500,000元，达到偷逃税款的目的。

4. 调账

假定该企业所得税税率是25%，盈余公积提取率是10%，应付投资者利润50%，调账分录如下：

借：库存商品	500,000	
贷：主营业务成本		500,000
借：所得税费用	125,000	
贷：应交税费——应交所得税		125,000
借：主营业务成本	500,000	
贷：所得税费用		125,000
利润分配——未分配利润		375,000
借：利润分配——未分配利润	206,250	
贷：盈余公积		37,500
应付股利		168,750
借：应交税费——应交所得税	125,000	
贷：银行存款		125,000
借：应付股利	168,750	
贷：银行存款		168,750

2. 比率分析法

（1）存货周转率。存货周转率是用以衡量销售能力和存货是否积压的指标。利用存货周转率进行纵向比较或与其他同行业企业进行横向比较时，要求存货计价持续一致。存货周转率的波动可能意味着被审计单位存在以下情况：

①有意或无意地减少存货储备；

②存货管理或控制程序发生变动；

③存货成本项目发生变动；

④存货核算方法发生变动；

⑤存货跌价准备计提基础或冲销政策发生变动；

⑥销售额发生大幅度变动。

（2）毛利率。毛利率是反映盈利能力的主要指标，用以衡量成本控制及销售价格的变化。毛利率的波动可能意味着被审计单位存在以下情况：

①销售价格发生变动；

②销售产品总体结构发生变动；

③单位产品成本发生变动；

④固定制造费用比重较大时销售数量发生变动。

【业务 2 - 28】做中学

某工业企业 20××年 4 月 13 日购进某原材料 500 吨，每吨 450 元，总进价 225,000 元，在购进过程中支付运杂费 2,340 元，支付加工、整理及挑选费用 4,050 元。该企业对上述购进业务做如下账务处理（该企业对材料采用实际成本核算办法）：

借：材料采购——×××	225,000	
应交税费——应交增值税（进项税额）	38,250	
贷：银行存款		263,250
借：管理费用——其他	6,390	
贷：银行存款（或“库存现金”）		6,390
借：原材料——×××	225,000	
贷：材料采购——×××		225,000

要求：请问以上资料有何不妥，如何调整？

分析：根据上述资料，购进该批材料所支付的运杂费和加工、整理及挑选费用应计入原材料成本中，不应列作管理费用。由于发生这种问题，一方面使该批材料的实际成本少计，另一方面也影响了本期（4 月）及以后有关各期的经营成果的准确性。关于此问题，查账人员在审阅“管理费用”账户下“其他”明细账中的摘要说明或其他有关账户（如“银行存款日记账”）内的记录内容时，或者在审阅、核对反映材料购进业务的会计凭证时，可能会发现线索或疑点。发现线索或疑点后，经过进一步审查、核对有关会计资料和调查了解有关情况查证问题。

查证时该批材料若尚未被领用或出售，则可做账务调整如下：

借：材料采购——×××	5,461.5	
应交税费——应交增值税（进项税额）	928.5	
贷：本年利润		6,390
借：原材料——×××	5,461.5	
贷：材料采购——×××		5,461.5

若查证时该批材料已被领用，但尚未制成产成品，则应在上述调账的基础上再增加一笔分录即可：

借：生产成本——×××产品	6,390	
贷：周转材料——×××		6,390

（二）存货监盘

1. 存货监盘的含义

存货监盘是指审计人员现场观察被审计单位存货的盘点，并对已盘点的存货进行适当检查。可从以下几方面理解：

（1）存货监盘是一项复合程序，是观察程序和检查程序的结合运用。

（2）存货监盘的目的是获取有关存货数量和状况的审计证据。存货监盘针对的主要是存货的存在认定、完整性认定以及权利和义务认定。

（3）存货监盘可以理解为一种双重目的（控制、实质）的测试。

2. 存货监盘的控制

（1）监盘时间：会计期末以前为优，尽量接近会计期末。

（2）监盘样本量：按费时多少确定监盘的数量。

（3）项目选取：对有代表性的样本仔细监盘，对可能过时或损坏的项目仔细查询。

3. 存货监盘计划

审计人员应当根据被审计单位存货的特点、盘存制度和存货内部控制的有效性等情况，在评价被审计单位存货盘点计划的基础上，编制存货监盘计划，对存货监盘做出合理安排。

（1）编制存货监盘计划时应当实施的审计程序：

①了解存货的内容、性质、各存货项目的重要程度及存放场所；

②了解与存货相关的内部控制；

③评估与存货相关的重大错报风险和重要性；

④查阅以前年度的存货监盘工作底稿；

⑤考虑实地察看存货的存放场所；

⑥考虑利用专家或其他审计人员的工作；

⑦复核或与管理层讨论其存货盘点计划。

（2）存货监盘计划的主要内容：

①存货监盘的目标、范围及时间安排；

②存货监盘的要点及关注事项；

③参加存货监盘人员的分工；

④检查存货的范围。

审计人员应当根据对被审计单位存货盘点和对被审计单位内部控制的评价结果确定检查存货的范围。在实施观察程序后，如果认为被审计单位内部控制设计良好而且得到有效实施、存货盘点组织良好，可以相应缩小实施检查程序的范围。

4. 存货监盘程序

（1）观察程序。

①被审计单位盘点存货前，审计人员应当观察盘点现场，确定应纳入盘点范围的存货是否已经适当整理和排列，并附有盘点标识，防止遗漏或重复盘点。对未纳入盘点范围的存货，审计人员应当查明未纳入的原因。

②被审计单位盘点存货时，审计人员应注意观察被审计单位事先制定的存货盘点计划是否得到了贯彻执行，盘点人员是否准确无误地记录了被盘点存货的数量和状况，是否已经恰当地区分所有毁损、陈旧、过时及残次的存货。

③在被审计单位存货盘点结束前，应当再次观察盘点现场，以确定所有应纳人盘点范围的存货均已盘点。

（2）检查程序。

①检查要求：将抽查结果与被审计单位盘点记录相核对，形成相应记录。

②检查目的：确定被审计单位盘点计划是否得到执行（控制测试）；证实被审计单位的存货实物总额（实质性程序）。

③检查范围：通常包括每个盘点小组盘点的存货以及难以盘点或隐蔽性较强的存货。

④双向检查：审计人员从存货盘点记录中选择项目追查至存货实物，以测试盘点记录的高估（即存在）；从存货实物中选择项目追查至存货盘点记录，以测试存货盘点记录的低估（即完整性）。

⑤对检查差异的处理：如果检查发现差异，审计人员应当查明原因，及时提请被审计单位更正；如果差异较大，审计人员可能考虑增加抽查范围以减少错误的存在，甚至要求重新盘点。

5. 存货监盘结束时的工作

在被审计单位存货盘点结束前，审计人员应当实施下列审计程序：

（1）再次观察盘点现场，以确定所有应纳入盘点范围的存货是否均已盘点；

（2）取得并检查已填用、作废及未使用盘点表单的号码记录，确定其是否连续编号，查明已发放的表单是否均已收回，并与存货盘点的汇总记录进行核对；

（3）复核盘点结果汇总记录；

（4）关注盘点日与资产负债表日之间存货的变动情况。

6. 特殊情况的处理

（1）因存货的性质或位置无法实施存货监盘，审计人员应考虑能否实施替代程序。替代程序包括：

①检查进货交易凭证或生产记录以及其他相关资料；

②检查资产负债表日后发生的销货交易凭证；

③向顾客或供应商函证。

（2）因不可预见因素无法在预定日期实施监盘或接受委托时盘点已完成：

①改变日期或委托他人；

②审计人员应当评估与存货相关的内部控制的有效性，对存货进行适当检查或提请被审计单位另择日期重新盘点；同时测试在该期间发生的存货交易。

7. 存货监盘结果对审计报告的影响

（1）若无法实施监盘，也无法实施替代程序，审计人员应根据其重要程度，发表保留意见或无法表示意见；

（2）监盘中发现重大错报，且被审计单位拒绝调整，审计人员应根据其重要程度，发表保留意见或否定意见；

（3）首次接受委托，未能获取有关期初存货余额的审计证据，审计人员应根据其重要程度，发表保留意见或无法表示意见。

【业务2-29】做中学

永乐公司是一家玻璃制造企业，2017年年末存货余额占资产总额比重较大。存货包括玻璃、煤炭、烧碱、石英砂，其中60%的玻璃存放在外地公用仓库。永乐公司对存货核算采用永续盘存制，与存货相关内部控制比较薄弱。永乐公司存货盘点计划的部分内容摘录如下：

（1）对存放在外地仓库的玻璃，检查公用仓库签收单，请公用仓库自行盘点，并提供盘点清单。

（2）对于烧碱、煤炭和石英砂等堆积型存货，采用观察及检查相关的收、发、存凭证和记录方法，确定存货数量。

（3）对于存放在公司仓库的玻璃盘点，设计预先编号的一式两联的盘点标签。使用时，由负责盘点存货的人员将一联粘贴在已盘点的存货上，另一联由其留存；盘点结束后，连同存货盘点表交存财务部门。

（4）盘点结束后，对出现盘盈或盘亏的存货，由仓库保管员将存货实物数量和仓库存货记录调节相符。

要求：如果你是审计人员，请针对上述存货盘点计划逐项判断是否存在缺陷。

分析：

（1）存在缺陷。对于存放在公共仓库的存货，采取的盘点方式应是发函确认，由于该公司与存货相关的内部控制薄弱，因此不能仅仅依靠签收单作为盘点的方式。

（2）存在缺陷。盘点方式不恰当，对于烧碱、煤炭和石英砂等堆积型存货，应该选择的方式通常为运用工程估测、几何计算、高空勘测，并依赖详细的存货记录；如果堆场中存货堆得不高，可以进行实地监盘，或通过旋转存货堆加以估计。

（3）不存在缺陷。

（4）盘点结束后，对于盘盈或盘亏的存货，不应该由仓库保管员对存货实物数量和仓库存货记录进行调节，应安排与仓库保管员有关的主管人员负责调节。

（三）存货计价测试

监盘程序主要是对存货的结存数量予以确认。为验证财务报表上存货余额的真实性，还必须对存货的计价进行审计，即确定存货实物数量和永续盘存记录中的数量是否经过正确地计价和汇总。存货计价测试主要是针对被审计单位所使用的存货单位成本是否正确所做的测试。在确定存货计价是否合理时，审计人员通常要处理以下几个问题：

（1）确定被审计单位采用的计价方法；

（2）确定被审计单位所采用的计价方法是否与以前年度相同；

（3）选择样本进行测试。

存货计价审计表如表2-8所示：

表 2 – 8　　　　存货计价审计表

日期	品名规格	购入			发出			余额		
		数量	单价	金额	数量	单价	金额	数量	单价	金额
1. 计价方法说明： 2. 情况说明及审计结论：										

（四）存货成本测试

1. 直接材料成本的审计

（1）抽查产品成本计算单；

（2）检查直接材料耗用数量的真实性；

（3）分析同一产品前后各年度的直接材料成本；

（4）抽查材料发出及领用的原始凭证；

（5）检查材料成本差异计算、分配与会计处理的正确性。

2. 直接人工成本的审计

（1）抽查产品成本计算单；

（2）分析前后各年度的直接人工成本；

（3）分析比较本年度各月份的人工费用发生额；

（4）抽查人工费用会计记录与会计处理；

（5）抽查人工成本差异的计算、分配与会计处理。

3. 制造费用的审计

（1）获取或编制制造费用汇总表；

（2）检查制造费用明细账；

（3）实施截止测试；

（4）检查制造费用的分配；

（5）检查标准制造费用的运用。

【业务 1 – 30】做中学

审计师在审查某企业在产品成本时，收集到的有关资料如表 2 – 9 所示。该企业采用约当产量计算甲种在产品成本，甲产品本月完工 180 件，月末在产品 90 件，甲产品投料率为 80%，完工率为 50%。指出存在的问题，并编制审计调整分录。

表 2-9　　生产成本明细账

2018 年 月	日	摘要	直接材料	直接人工	制造费用	合计
3	1	月初在产品成本	18,000	4,500	6,750	29,250
	31	本月生产费用	82,800	11,250	29,250	123,300
	31	生产费用合计	100,800	15,750	36,000	152,550
	31	结转完工产品成本	57,000	10,500	25,800	93,300
	31	月末在产品成本	43,800	5,250	10,200	59,250

分析：根据上述资料，审计师抽查有关会计凭证，并与产品成本明细账核对，账证数额相符，盘点在产品实物数量符合实际，验证投料率也符合实际情况，根据成本计算单，验证在产品成本为：

直接材料 $= 100,800 \div (180 + 90 \times 80\%) \times 90 \times 80\% = 28,800$（元）

直接人工 $= 15,750 \div (180 + 90 \times 50\%) \times 90 \times 50\% = 3,150$（元）

制造费用 $= 36,000 \div (180 + 90 \times 50\%) \times 90 \times 50\% = 7,200$（元）

在产品成本合计 $= 28,800 + 3,150 + 7,200 = 39,150$（元）

在产品虚增材料费用 $= 43,800 - 28,800 = 15,000$（元）

在产品虚增人工费用 $= 5,250 - 3,150 = 2,100$（元）

在产品虚增制造费用 $= 10,200 - 7,200 = 3,000$（元）

在产品虚增成本合计 $= 15,000 + 2,100 + 3,000 = 20,100$（元）

验算结果表明，该公司虚增在产品成本、少结转完工产品成本 20,100 元。审计师向有关会计人员询问，证实是因计算失误而发生的差错，建议企业补转少转的完工产品成本，并调整有关账簿记录。

调整分录为：

借：库存商品　　20,100

　　贷：生产成本　　20,100

【业务 2-31】典型案例

1. 发现疑点

审计人员在审计某企业“库存商品——甲商品”明细账时，发现摘要中注明领用甲商品 40,000 元。审计人员调阅了有关记账凭证，其记账分录为：

借：销售费用　　40,000

　　贷：库存商品　　40,000

审计人员判断是内部使用自己生产的库存商品，但未见相应收入和相关税费的处理，决定进一步审查。

2. 追踪查证

审计人员查看了该记账凭证所附的原始凭证，原始凭证为一张企业内部商品报销单；又审查了“应交税费——应交增值税”明细账，没有发现相应的账务处理。后经调查，该企业领导承认此商品在国庆节前分给职工作为福利。

3. 问题

按准则规定，若企业以其生产的产品作为非货币性福利提供给职工的，应当按照该产品的公允价值和相关税费，计量应计入成本费用的职工薪酬金额，并确认为主营业务收入，其销售成本的结转和相关税费的处理，与正常商品销售相同。据调查发现，该批产品的公允价值为50,000元，增值税税率17%。企业应作会计分录如下：

借：应付职工薪酬　58,500
　贷：主营业务收入　50,000
　　应交税费——应交增值税（销项税额）　8,500

同时，

借：主营业务成本　40,000
　贷：库存商品　40,000

该企业把应在职工福利费开支的福利费以“销售费用”列支，也未确认主营业务收入，结转主营业务成本，虚减当期利润，少交所得税；同时未记录该批产品的应交增值税（销项税额），致使企业少交增值税。

4. 调账

借：应付职工薪酬　58,500
　主营业务成本　40,000
　贷：主营业务收入　50,000
　　应交税费——应交增值税（销项税额）　8,500
　　销售费用　40,000

（四）存货截止测试

（1）存货截止测试的目的是，检查截止至被审计年度会计期末所有入库和购入的存货是否已包括在会计截止日的存货盘点范围之内。在会计上，就是检查存货及其对应的会计科目是否记入当年财务报表内，即存货实物纳入盘点范围的时间与存货入账时间是否处于同一会计期间。

（2）在确定截止测试样本时，一般以截止日为界限，分别向前推或向后推若干日，抽查购货发票（或入库单）与明细账核对检查是否存在存货跨期记账。

学习子情境 2.1.4　固定资产的审计

情境引例

2002年10月，主营港口业务的上市公司锦州港A（600190）、锦港B（900952）涉嫌巨额财务造假被媒体揭发，锦州港之后两次公布造假事实，涉嫌虚增利润56,818万元。

截至 2001 年末，锦州港总资产是 29.6 亿元，其中固定资产 18.5 亿元；天津港（600717）总资产 28.1 亿元，其中固定资产 17.5 亿元。但 2001 年天津港实现收入 10 亿元，而锦州港只有 2.8 亿元。2002 年上半年，同行业总资产周转率平均是 0.14 次，而锦州港只有 0.05 次；2001 年，同行业总资产周转率是 0.28 次，而锦州港只有 0.11 次。10 月 22 日，锦州港公告称，公司 1998 年到 2000 年在“在建工程”方面多列资产 11,939 万元。当日，有学者向记者表达了对这一“固定资产虚增”数字的怀疑。他说，公告披露的虚增收入，是虚增固定资产的三倍还要多，而按照“常规”，在主要股东资金确实到位的可能之外，还存在另外一种可能，就是公司虚增收益和虚增固定资产的数字会是“相适应的”。但公告中这两个数字相差甚远，其中是否存在其他“可能的资产虚增”，公告中没有显示。港口的固定资产诸如航道等有关设施都是“水底下”的事，因此，审计人员很难去清查。

分析：审计人员在审查固定资产时，要特别注意“虚增经营性现金流入同时虚增投资性流出”，对于不好检查的固定资产，可以采取其他途径。请思考以下问题：

（1）锦州港虚增收入的同时，为什么要虚增固定资产？管理层的意图是什么？

（2）审计人员在审计固定资产时，应如何进行分析性复核，最终将疑点锁定为固定资产？

一、固定资产审计目标

固定资产的审计目标：固定资产是否存在，是否归被审计单位所有；固定资产及其累计折旧增减变动的记录是否完整；固定资产的计价和折旧政策是否恰当；固定资产的期末余额是否正确；固定资产在会计报表上的披露是否恰当。

二、固定资产涉及的凭证和会计记录

1. 固定资产购置业务流程中的凭证与会计记录

设备采购申请书、设备采购计划书、采购通知单、设备采购合同、设备验收单、转置凭证、固定资产总账、明细账等。

2. 固定资产处置业务流程中的凭证与会计记录

固定资产处置申请书、固定资产处置呈批单、固定资产调拨单或报废单等。

3. 固定资产折旧业务流程中的凭证与会计记录

折旧计算表、折旧总账、折旧明细账等。

三、固定资产内部控制测试

（一）索取或编制固定资产内部控制的书面说明

（1）固定资产的业务是否事先列入预算和经过批准，是否存在有关职能部门的书面批准文件。

（2）是否定期互相核对固定资产总账和明细账，是否对固定资产进行定期盘点，并与账簿记录对照，做到账实一致。

（3）是否存在资本性支出和收益性支出区分标准的书面文件。

（4）是否对固定资产进行了明确的责任划分。

（5）是否存在固定资产的维护保养制度。

（二）测试固定资产取得、处置业务

（1）固定资产的取得与预算是否相符，是否存在重大差异。

（2）固定资产的取得和处置是否确实经过授权批准。

（3）在实际执行时是否严格遵守了划分资本性支出和收益性支出的规定。

（4）对于固定资产的增减变动是否真实、完整地记录。

（三）评价固定资产的内部控制制度

四、固定资产账户核算的错弊形式

1. 混淆固定资产的确认界限

（1）将固定资产划入低值易耗品，然后采用一次摊销或分次摊销直接增加成本费用。

（2）将不符合固定资产标准的物品划入固定资产进行管理，延缓其摊销速度，以达到减少当期成本费用的目的。

2. 固定资产计价不准

（1）固定资产计价方法错误，如对于能确定原始价值的固定资产也采用重置价值计价。

（2）固定资产价值构成范围的错误。有的企业将与购入该项固定资产无关的费用支出，如差旅费，甚至旅游参观费，统统作为固定资产价值的组成部分；而有的企业则缩小固定资产价值构成范围，增大企业当期生产成本。

（3）随意变动固定资产的账面价值。已入账的固定资产一般不得随意变动，只有符合以下几种情况才允许调整账面价值：根据国家规定对固定资产重新估价；增加补充设备或改良装置；将固定资产的一部分拆除；发现原计价错误，根据实际价值调整原有实际价值。

3. 账务处理错误

（1）提前或推迟入账时间。

（2）把借贷方向记反。

（3）入账价值记错。

（4）将对应账户记错或对应账户关系不明确，难以判断经济业务的来龙去脉。

4. 其他问题

（1）固定资产分类错误。

（2）盲目购进固定资产，使固定资产账户明显失调，出现大量资产闲置，降低了资金的使用效率，影响企业的经济效益，给企业造成严重的损失和浪费。

五、固定资产的实质性程序

1. 获取或编制固定资产及累计折旧分类汇总表

固定资产及累计折旧分类汇总表总括反映了企业固定资产和累计折旧的情况，其数字来自固定资产和累计折旧的明细账。表中的期初余额数字应和上期工作底稿数字核对，期末数字应和总账数字和报表数字核对。

2. 分析程序

根据被审计单位业务的性质，选择以下方法对固定资产实施分析程序：

（1）计算固定资产原值与本期产品产量的比率，并与以前期间比较，可能发现虚增、闲置固定资产，或已减少的固定资产未记账、虚增产量等情况。

（2）计算本期计提折旧额与固定资产总成本的比率，将此比率同上期比较，旨在发现本期折旧额计算上的错误。

（3）计算累计折旧与固定资产总成本的比率，将此比率同上期比较，旨在发现累计折旧核算上的错误。

（4）比较本期各月之间、本期与以前各期之间的修理及维护费用，旨在发现资本性支出和收益性支出区分上可能存在的错误。

（5）比较本期与以前各期的固定资产增加和减少。由于被审计单位的生产经营情况在不断地变化，各期之间固定资产增加和减少的数额可能相差很大。审计人员应当深入分析其差异，并根据被审计单位以往和今后的生产经营趋势，判断差异产生的原因是否合理。

（6）分析固定资产的构成及其增减变动情况，与在建工程、现金流量表、生产能力等相关信息交叉复核，检查固定资产相关金额的合理性和准确性。

（7）比较本期与以前各期的固定资产的增加或减少，与未来生产经营发展趋势、战略规划比较，判断差异产生原因的合理性。

（8）将本期固定资产增加与预算相比，判断预算外增加项目的真实性和合理性。

【业务2－32】典型案例

1. 发现疑点

审计人员对某运输公司2017年的运行成本进行审计时发现，该年度修理费用比上年增长26万元（已扣除其他增长因素）。通过审阅修理费项目中金额较大的会计凭证，并进行简单统计，2017年共在某汽车修理厂发生修理费用54万元，占全年修理费用的80%。

2. 追踪查证

审计人员调阅2017年12月143#凭证，其会计分录为：

借：生产成本——基本生产成本——外部修理费　　90,000

　　贷：其他应付款——某修理厂　　90,000

修理厂开具的发票日期却为2017年1月17日，且发票内容中的车辆数与价格有点牵强，又未附修保工时等原始单据。审计人员怀疑该发票是虚开的假发票，年末“其他应付款——某修理厂”贷方余额为17.8万元，年度借方发生额为78.2万元。确认该公司修理费用的真实性和核实上述143#凭证是审查的关键，有必要到这个汽车修理厂进行调查。到汽车修理厂进行核查前，审计人员做了充分的准备工作，编制了一个较详细的修理费用表（仅有该修理厂的业务核查表，主要内容有时间、凭证号，发票缩号、车型、数量和价格等）。首先对上述143#凭证进行了核实，发现该汽车修理厂开给运输公司的9万元发票并未作相应的账务处理，经询问有关会计人员证实，实际并未发生9万元的修理业务，这9万元是弥补购车款的差额，经领导授意而开给运输公司的。审计人员以此为突破口，以核查表为基础，对两个单位间的往来账户进行了详查，终于真相大白。具体情况为：运输公司经理为增加创收渠道，逃避税务部门的检查，虚列修理费用20万元（其中修理厂垫付9万元），购买了4台大客（购车的全部手续均由运输公司以自己的名义经办，并单独为这4台车设立了明细卡片），交由汽车修理厂进行经营管理。双方协定，运输公司每天收取400元，期限5年，5年后交由运输公司管理使用。

3. 问题

该运输公司隐瞒固定资产购置业务，形成账外资产，是较严重的舞弊行为。

4. 调账

借：固定资产　　200,000

　　贷：生产成本——基本生产成本——修理费　　200,000

从修理厂收取的费用：

借：银行存款（400×天数）

　　贷：其他业务收入

　　　　应交税费——应交增值税（进项税额）

3. 检查固定资产的增加

审计固定资产的增加是固定资产的交易及余额测试中的重要内容。固定资产的增加有购置、自制自建、投资者投入、更新改造增加、债务人抵债增加等多种途径。审计时应注意检查原始凭证，确认固定资产增加的真实性，检查固定资产不同取得方式下确定的入账价值的合理性，同时还应该检查固定资产的所有权凭证。由于企业在一个审计期间内固定资产的增加是有限的，也因为固定资产价值高的特点，所以审计时要对每笔固定资产的增加都要进行详细审查。

【业务2－33】典型案例

1. 发现疑点

审计人员在审阅某单位新投产宾馆2017年编制的资产负债表中发现，“长期待摊费用”的发生数为零。按常理，自行筹建建设期近一年的工程项目没有发生开办费是很难想象的。在对新宾馆2017年8至12月的营业成本进行分析时，发现8月份原材料项目的支出为60万元，而9、10、11月份分别为40万元、42万元和46.7万元。审计人员测算了该宾馆2017年前半年营业成本中原材料项目的月平均支出为43.5万元，因此2017年8月份的非正常情况引起了审计人员的注意。

2. 追踪查证

审计人员从新宾馆建账核算以来的账册中未发现筹建期间的业务，遂认为新宾馆筹建发生的支出一定在原宾馆财务核算中有反映。审计人员调阅了原宾馆2016年和2017年的成本费用账册，并询问有关会计人员，很快在营业成本明细账（按部门设置）中发现了以机关为名并于2017年1月设立的明细账页，经抽查部分凭证确认该明细账所反映的内容就是新宾馆的筹建支出。进一步审查，确认该宾馆于当年7月份将筹建支出（实为新宾馆开办费）37.4万元结转到“在建工程——新宾馆”中工程管理费项目，目的是将上级核拨的新宾馆基建投资节余款冲平。既然8月份的原材料支出水平不正常，审计人员就对这个月营业成本的原材料项目进行了详查，并连同“原材料”账户的采购和领用业务重点审阅了原始单据，同时对主要活动内容进行适当的统计。经审查确认，该单位8月15日96#凭证将购入的64台电视机等支出所作的分录为：

借：营业成本——原材料　　15,300
　　贷：应付账款——甲公司　　15,300

经询问，之所以这样处理是因为该单位未单设“低值易耗品”科目，又一直未认真执行固定资产的计价标准，凡是价值低于5,000元的，均作为大宗材料一次核销（电视机的单价均在2,000元以上）。

3. 问题

①将应计入“长期待摊费用——开办费”进行核算的筹建支出挤入固定资产中，既虚增了新宾馆的原值，又违反了规定，即将应返还的基建节余款留在本单位。

②将应作为固定资产核算的电视机当作低值易耗品一次核销，不严格执行行业固定资产的计价标准。

4. 调账

需要在旧宾馆的账中冲销固定资产的账面价值：

借：银行存款　　374,000
　　贷：固定资产　　374,000

然后在新宾馆的账中作如下分录：

借：长期待摊费用——开办费　　374,000
　　贷：银行存款　　374,000
借：管理费用　　374,000
　　贷：长期待摊费用——开办费　　374,000

4. 检查固定资产的减少

固定资产的减少主要包括出售、向其他单位投资转出、向债权人抵债转出、报废、毁损、盘亏等。审计固定资产减少的主要目的就在于查明业已减少的固定资产是否已作适当的会计处理。其审计要点如下：

（1）检查减少固定资产的授权批准文件。

（2）检查因不同原因减少固定资产的会计处理是否符合有关规定，验证其数额计算的准确性。

（3）结合“固定资产清理”和“待处理财产损溢——待处理固定资产损溢”科目，抽查固定资产账面转销额是否正确。

（4）检查是否存在未作会计记录的固定资产减少业务：

①复核本期是否有新增加的固定资产替换了原有固定资产。

②分析营业外收支等账户，查明有无处置固定资产所带来的收支。

③若某种产品因故停产，追查其专用生产设备等的处理情况。

④向被审计单位的固定资产管理部门查询本期有无未作会计记录的固定资产减少业务。

【业务 2 – 34】典型案例

1. 发现疑点

审计人员在审计某企业 2017 年 11 月发生的一项固定资产出售业务时，发现其记账凭证上记账分录为：

借：银行存款	20,000	
累计折旧	80,000	
贷：固定资产——车床		100,000

审计人员认为，该固定资产出售业务处理存在问题：首先没有通过“固定资产清理”账户核算出售过程；其次，一般固定资产的出售价格很少与固定资产净值正好相符，怀疑该固定资产出售业务有隐瞒收入、漏交税款等情况。

2. 追踪查证

审计人员调出与出售车床日期相近的银行存款账目，发现另有收到由购买车床单位支付的款项 30,000 元，其相应记账凭证为：

借：银行存款	30,000	
贷：其他应付款		30,000

会计人员不肯说出 30,000 元为何款项，进一步调查发现，该车床出售共得收入 5 万元，企业将 3 万元存入小金库，而作如上处理。

3. 问题

该企业通过出售固定资产业务隐瞒收入。

4. 调账

该企业正确的账务处理如下：

借：银行存款	50,000	
贷：固定资产清理		50,000
借：固定资产清理	20,000	
累计折旧	80,000	
贷：固定资产		100,000
借：固定资产清理	30,000	
贷：营业外收入		30,000

如果该业务在年终结算前发现，需要对已作账务处理作如下调整：

借：其他应付款　　　　30,000
　　贷：固定资产清理　　　　30,000
借：固定资产清理　　　　30,000
　　贷：营业外收入　　　　30,000

如果该业务在2018年发现，可不通过“固定资产清理”账户，只作如下分录：

借：其他应付款　　　　30,000
　　贷：营业外收入　　　　30,000
借：所得税费用　　　　7,500
　　贷：应交税费——应交所得税　　　　7,500
借：营业外收入　　　　30,000
　　贷：所得税费用　　　　7,500
　　　　利润分配——未分配利润　　　　22,500

5. 检查固定资产的所有权

对各类固定资产，审计人员应获取、汇集不同的证据以确定其是否确归被审计单位所有：

（1）对外购的机器设备等固定资产，通常经审核采购发票、购货合同等予以确定；

（2）对于房地产类固定资产，需查阅有关的合同、产权证明、财产税单、抵押借款的还款凭据、保险单等书面文件；

（3）对融资租入的固定资产，应验证有关融资租赁合同，证实其并非经营租赁；对汽车等运输设备，应验证有关运营证件等；

（4）对受留置权限制的固定资产，通常还应审核被审计单位的有关负债项目等予以证实。

6. 对固定资产进行实地观察

实施实地观察审计程序时，审计人员一般以与固定资产明细分类账核对过的固定资产和累计折旧一览表为起点，进行实地追查，以证明一览表中所列固定资产确实存在，并根据一览表上的折旧记录核实其使用情况，证实固定资产的存在性。在对被审计单位初次审计时，应对所有固定资产全面观察，在以后审计年度，实地观察的重点是本期新增加的重要固定资产。

【业务2－35】做中学

审计师在审计乐天公司“固定资产”项目时，发现异常情况如表2－10所示：

表2－10　　固定资产账实核对表

固定资产名称	固定资产明细账	固定资产卡片	实存数量
机器设备	10	10	8
计算机	8	8	9
轿车	10	9	10

要求：如果你是审计师，请说明各种情况产生的原因，并提出审计意见。

分析：机器设备账卡相符，实物短缺2台，原因可能是：①该设备已经报废处理但账上未注销，若为事实，应建议公司予以注销账卡；②因保管不善设备被盗，若为事实，应建议公司追究保管者的责任；③设备出租但没有计入"出租固定资产"科目，若为事实，应建议补记。

计算机账卡相符，实物多出一台，原因可能是：①该计算机已经报废处理，卡片已注销，但实物仍在使用。②购进时未做固定资产入账，而作为低值易耗品入账，但盘点时作为固定资产入账。查明后，应对照其价值和使用年限，确认其符合标准，补记固定资产明细账和卡片，若不符合标准，则不做盘盈，不计入固定资产账簿。③将租入固定资产误记作盘盈，查明后应在备查簿上登记。

轿车明细账与实物相符，但卡片少了一张，原因可能是购进时有1台没有在卡片上登记，若为事实，应建议及时予以登记。

7. 检查固定资产的租赁

企业在生产经营过程中，有时可能有闲置的固定资产供其他单位租用；有时由于生产经营的需要，又需临时租用固定资产。租赁一般分为经营租赁和融资租赁两种。不同的租赁采取的会计处理方法不同，检查企业是否按照企业会计准则的要求进行了核算和披露。

8. 检查固定资产的抵押、担保情况

结合对银行借款等的检查，了解固定资产是否存在重大的抵押、担保情况。如存在，应取证、记录，并提请被审计单位作必要披露。

9. 检查有无与关联方之间的固定资产购售活动

如果被审计单位存在与关联方之间的固定资产购售活动，审计人员应检查是否经适当授权，是否按正常交易价格进行交易。

10. 检查固定资产是否已在资产负债表上恰当披露

会计报表附注通常应说明固定资产的标准、分类、计价方法和折旧方法，融资租入固定资产的计价方法，固定资产的预计使用年限和预计净残值。如果被审计单位是上市公司，应在其会计报表附注中按类别分项列示固定资产期初余额、本期增加额、本期减少额及期末余额；说明固定资产中存在的在建工程转入、出售、置换、抵押或担保等情况；披露通过融资租赁租入的固定资产每类租入资产的账面原值、累计折旧、账面净值；披露通过经营租赁租出的固定资产每类租出资产的账面价值。

六、累计折旧审计

（一）累计折旧的审计目标

固定资产折旧的以上特性决定了累计折旧审计的主要目标有：确定折旧政策和方法是否符合国家有关的财务会计制度，是否一贯遵循；确定累计折旧增减变动的记录是否完整；确定折旧费用的计算、分摊是否正确、合理和一贯；确定累计折旧的期末余额是否正确；确定累计折旧在会计报表上的披露是否恰当。

（二）累计折旧账户核算的错弊形式

1. 折旧方法的选用不合适

（1）有些企业或某类固定资产不属于国家允许选用加速折旧方法的，未经批准擅自采用了加速折旧方法。

（2）有些属于技术进步快的企业，选用了平均年限法或工作量法。

（3）某类固定资产应采用工作量法却采用了平均年限法。

2. 折旧年限的确定不符合规定

企业不按已有明确规定的折旧年限计提折旧。

3. 随意变动折旧方法和折旧年限

企业会计制度规定，企业如确需变更折旧方法和折旧年限，应经企业管理机构批准后报送有关各方备案，并在报表附注予以说明。但企业往往为了虚增或虚减当期利润，多提或少提折旧。

4. 计提折旧的范围不正确

（1）超龄使用的固定资产仍继续计提折旧。

（2）大修理停用的设备不提折旧。

（3）因更新改造而停止使用的固定资产不停止计提折旧。

（4）未使用、不需用的固定资产不按规定计提折旧。

（三）累计折旧的实质性程序

为了完成上述累计折旧的审计目标，审计人员应执行以下实质性程序：

（1）获取或编制固定资产及累计折旧分类汇总表，复核加计正确，并与报表数、总账数和明细账合计数核对相符。

（2）检查被审计单位制定的折旧政策和方法是否符合国家有关财务会计制度的规定，确定其所采用的折旧方法能否在固定资产使用年限内合理分摊其成本，前后期是否一致。如被审计单位采用加速折旧法，应取得其批准文件；如没有批准文件，应提请被审计单位改正并建议调整应纳税所得额。

【业务2－36】典型案例

1. 发现疑点

审计人员在2018年5月对某公司固定资产折旧审查时，发现累计折旧出现波动，怀疑折旧计提有误。

2. 追踪查证

审计人员发现固定资产分类表中有5辆汽车用于出租，原值250,000元，已使用2年，已提折旧50,000元，于2018年1月用于出租，因而从2018年起未提折旧，也未在备查簿中登记其修理费用支出状况。

3. 问题

该企业对以上出租固定资产业务处理不正确，经营出租的固定资产属企业正式资产，虽然实物不在企业，但也应计提折旧。企业利用少提折旧费而虚增利润，粉饰业绩。

4. 调账

该批汽车预计使用年限 10 年，年折旧额为 25,000 元，则补提折旧并作分录如下：

借：其他业务成本　　25,000

　　贷：累计折旧　　25,000

同时，应该在备查簿中登记该批出租固定资产发生的修理费用，修理费用也应一次或分次计入“其他业务成本”账，并作会计分录如下：

借：其他业务成本

　　贷：银行存款

（3）根据情况，选择以下方法对累计折旧进行分析程序：

①对折旧计提的总体合理性进行复核，是测试折旧正确与否的一个有效办法。在不考虑固定资产减值准备的前提下，计算、复核的方法是用应计提折旧的固定资产乘本期的折旧率。计算之前，审计人员应对本期增加和减少固定资产、使用年限长短不一的和折旧方法不同的固定资产作适当调整。如果总的计算结果和被审计单位的折旧总额相近，且固定资产及累计折旧的内部控制较健全时，就可以适当减少累计折旧和折旧费用的其他实质性程序工作量。

计算本期计提折旧额占固定资产原值的比率，并与上期比较，分析本期折旧计提额的合理性和准确性。

②计算累计折旧占固定资产原值的比率，评估固定资产的老化率，并估计因闲置、报废等原因可能发生的固定资产损失，结合固定资产减值准备，分析其是否合理。

（4）检查折旧的计提和分配：

①计算复核本期折旧费用的计提是否正确。

②检查折旧费用的分配是否合理，与上期分配方法是否一致。

③注意固定资产增减变动时，有关折旧的会计处理是否符合规定，查明通过更新改造、接受捐赠或融资租入而增加的固定资产的折旧费用计算是否正确。

（5）将“累计折旧”账户贷方的本期计提折旧额与相应的成本费用中的折旧费用明细账户的借方相比较，以查明所计提折旧金额是否已全部摊入本期产品成本或费用。一旦发现差异，应及时追查原因，并考虑是否应建议作适当调整。

（6）结合固定资产审计。检查其折旧的计提是否正确无误，并追查至固定资产登记卡。特别应注意，有无已提足折旧的固定资产继续超提折旧的情况和在用固定资产不提或少提折旧的情况；包含土地使用权的固定资产，其折旧方法是否符合有关规定，计提的折旧是否正确；已全额计提减值准备的固定资产是否已停止计提折旧。

（7）检查累计折旧的披露是否恰当。如果被审计单位是上市公司，应在其会计报表附注中按固定资产类别分项列示累计折旧期初余额、本期计提额、本期减少额及期末余额。

【业务2-37】典型案例

1. 发现疑点

审计人员在对某企业2017年度原有固定资产与新增固定资产应计提的折旧额进行验证时发现，该企业全年计提的折旧额小于应计提的金额。经逐月进行核对，发现2017年10月至12月这3个月计提的折旧额不足。该企业2017年9月采用融资租赁方式租入了制冷设备一台，此后再无固定资产增减业务发生。因此，审计人员怀疑是该项融资租入的固定资产没有计提折旧，而被作为经营租入固定资产处理。

2. 追踪查证

审计人员调阅了10月至12月计提折旧的3张转账凭证。通过审阅转账凭证后所附的“固定资产折旧计算表”发现，所差折旧额正是融资租入固定资产应计提的折旧额。

3. 问题

本企业会计人员根据领导的授意，故意少计提折旧，减少本期费用，增加利润，以使年度利润额大幅度增加，作为晋升提级的资本。

4. 调账

借：管理费用——折旧费　1,500
　贷：累计折旧　1,500
借：应交税费——应交所得税　375
　贷：所得税费用　375
借：利润分配——未分配利润　1,125
　所得税费用　375
　贷：管理费用——折旧费　1,500

【业务2-38】典型案例

1. 发现疑点

审计人员在对固定资产审计过程中，抽查了甲企业基本生产车间2017年12月份设备计提折旧业务。在审阅固定资产明细账和制造费用明细账时，发现如下记录：

①11月末该车间设备计提折旧额为20,000元，年折旧率为6%。

②11月份购入不需安装设备一台，原值300,000元，已交付使用。

③11月份交付外单位大修设备一台，原值500,000元。

④11月份进行技术改造设备一台，当月交付使用，该设备原值170,000元，技改支出50,000元，变价收入20,000元。另外，该企业12月份车间设备计提折旧为20,000元。审计人员对12月份企业计提的折旧额表示怀疑。

2. 追踪查证

审计人员首先确定折旧范围，12月份与11月份对比，新增的应计提折旧的固定资产价值为300,000+（170,000+50,000-20,000）=500,000元（注意：设备在大修理期间，应继续计提折旧，所以第3项不属于固定资产减少业务）。其次，计算应计提折旧额如下：

当月计提的折旧额＝上月计提的折旧额＋上月增加的固定资产应计提的折旧额－上月减少的固定资产折旧额

12月份计提折旧＝20,000＋（500,000×6%÷12）＝22,500（元）

3. 问题

该企业12月份折旧少提2,500元，原因在于搞错了折旧范围，把停产大修理的设备认为是固定资产减少业务。此类错误影响生产成本和利润项目。

4. 调账

①如果该企业在12月份没有生产产品，则：

借：制造费用	2,500	
贷：累计折旧		2,500

②如果该企业在12月份生产产品但未销售，则调整分录为：

借：库存商品	2,500	
贷：累计折旧		2,500

③如果该企业在12月份生产产品，且已全部销售，则调整分录为：

借：主营业务成本	2,500	
贷：累计折旧		2,500
借：应交税费——应交所得税	625	
贷：所得税费用		625
借：所得税费用	625	
利润分配——未分配利润	1,875	
贷：主营业务成本		2,500

七、固定资产减值准备审计

企业会计准则规定，企业应当在期末或者至少在每年年度终了，对固定资产、在建工程等长期项目逐项进行检查，如果由于市价持续下跌，或技术陈旧、损坏、长期闲置等原因导致其可收回金额低于账面价值的，应当将可收回金额低于账面价值的差额作为长期资产减值准备。这里以固定资产为例说明对减值准备项目的审计目标和程序。

（一）固定资产减值准备的审计目标

固定资产减值准备的审计目标一般包括：确定计提固定资产减值准备的方法是否恰当；固定资产减值准备的计提是否充分；确定固定资产减值准备增减变动的记录是否完整；确定固定资产减值准备期末余额是否正确；确定固定资产减值准备的披露是否恰当。

（二）固定资产减值准备的实质性程序

固定资产减值准备的实质性程序一般包括：

（1）获取或编制固定资产减值准备明细表，复核加计正确，并与报表数、总账数和明细账合计数核对是否相符。

（2）检查固定资产减值准备计提的批准程序，取得并核对书面报告等证明文件。主要应查明固定资产减值准备的计提方法是否符合制度规定，计提的依据是否充分，计提的数额是否恰当，相关会计处理是否正确，前后期是否一致。特别应关注是否按单项资产计提固定资产减值准备；当存在特定情况时，是否按照该项固定资产的账面价值全额计提固定资产减值准备；已全额计提减值准备的固定资产，是否不再计提折旧。

（3）运用分析程序，分析本期末固定资产减值准备数额占期末固定资产原价的比率，并与期初数比较。如有异常波动，查明波动原因，判断波动的合理性。

（4）检查实际发生固定资产损失时，相应固定资产减值准备的转销是否符合有关规定，会计处理是否正确。

（5）确定固定资产减值准备的披露是否恰当。企业应当在会计报表附注中清晰地说明固定资产减值准备的确认标准和计提方法。按照企业会计准则的要求，计提资产减值准备的企业应按年填报资产减值准备明细表。因此，检查固定资产减值准备的披露是否恰当，除了关注其在会计报表附注披露上的恰当性以外，还应当关注企业资产减值准备明细表中有关固定资产减值准备内容披露的恰当性。如果被审计单位是上市公司，其会计报表附注中还应分项列示计提的固定资产减值准备金额、增减变动情况以及计提的原因。

八、固定资产清理审计

固定资产的清理报废、对外出售等都通过“固定资产清理”账户处理，会计期末未清理完毕的项目在资产负债表上以“固定资产清理”的报表项目反映。

（一）固定资产清理的审计目标

固定资产清理的审计目标一般包括：确定固定资产清理的记录是否完整；确定反映的内容是否正确；确定固定资产清理的期末余额是否正确；确定固定资产清理在会计报表上的披露是否恰当。

（二）固定资产清理的实质性程序

（1）获取或编制固定资产清理明细表，复核加计正确，并与报表数、总账数和明细账合计数核对相符。

（2）检查固定资产清理的发生是否有正当理由，是否经有关技术部门鉴定，固定资产清理的发生和转销是否经授权批准，相应的会计处理是否正确。结合固定资产等账项的审计，检查固定资产、累计折旧等的账面转入额是否正确。检查固定资产清理收入和清理费用的发生是否真实、准确，清理结果（净损益）的计算是否正确；与施工有关的，是否计入工程成本；属于筹建期间的，是否计入长期待摊费用；属于生产经营期间的，是否计入营业外收支；属于清算期间的，是否计入清算损益；属于出售职工住房的，是否计入营业外收支；因债务重组发生的，清理净收益是否计入营业外收入，清理净损失是否计入营业外支出；因非货币性交易发生的，收到补价方确认的收益是否计入营业外收入。

（3）检查固定资产清理是否长期挂账，如有，应做出记录，必要时建议作适当调整。

（4）检查固定资产清理是否已在资产负债表上恰当披露。

【业务1－39】典型案例

1. 发现疑点

审计人员在审计某企业2017年度财务报表时，在现金日记账中发现5月8日支付拆除机床劳务费500元。经查阅凭证，有某领导批准的同意支付给李某的机床拆除费500元的白条，但在“现金日记账”和“银行存款日记账”中却没有相应的清理收入，怀疑存在错弊。

2. 追踪查证

审计人员首先查阅“固定资产清理”明细账，没有发现拆除机床的记录。审计人员又审查了“固定资产”明细账，发现2017年5月10日的账务记录中摘要内容为报废机床，查阅其所附的记账凭证，其会计分录为：

借：营业外收入　　50,000

　　累计折旧　　50,000

　　贷：固定资产——机床　　100,000

审计人员又通过进一步的调查，查明该设备已于2017年5月10日以50,000元的价格售给某乡镇企业，该款项已存入银行，成为小金库的款项。

3. 问题

该企业将报废的固定资产收入存入小金库，这种做法既违背了会计制度，又侵占了企业所有者的权益。

4. 调账

如果该问题在当年查清，应作如下分录：

借：固定资产清理　　50,000

　　贷：营业外收入　　50,000

借：银行存款　　50,000

　　贷：固定资产清理　　50,000

如果问题在次年查清，审计人员需要作如下审计调整分录：

借：银行存款　　50,000

　　贷：营业外收入　　50,000

借：所得税费用　　12,500

　　贷：应交税费——应交所得税　　12,500

借：营业外收入　　50,000

　　贷：所得税费用　　12,500

　　　　利润分配——未分配利润　　37,500

借：利润分配——未分配利润　　22,500

贷：盈余公积　　3,750

应付股利　　18,750

【业务2-40】典型案例

1. 发现疑点

审计人员审计A企业2017年审计固定资产业务时，发现一笔对外捐出设备业务，该设备原值80,000元，已提折旧30,000元，已提固定资产减值准备10,000元。调出凭证如下：

借：营业外支出　　50,000

累计折旧　　30,000

贷：固定资产　　80,000

该凭证后未附任何原始凭证。

2. 追踪查证

审计人员调查企业会计人员、经办人员及管理部门有关人员，并与接受捐赠方取得联系，该设备是企业转产后不需用的一台设备，受赠方为残疾人福利厂。经福利厂有关人员证实，该笔业务确为捐赠，福利厂也没有发生与该设备相关的支出。

3. 问题

对外捐赠业务应通过“固定资产清理”账户进行核算，而且固定资产减少时，应冲销其相应的减值准备。该企业对对外捐赠的固定资产核算错误。

4. 调账

对于该笔对外捐赠固定资产业务，正确的会计分录如下：

借：固定资产清理　　40,000

累计折旧　　30,000

固定资产减值准备　　10,000

贷：固定资产　　80,000

借：营业外支出　　40,000

贷：固定资产清理　　40,000

因此，审计人员应建议作审计调整分录如下：

借：固定资产减值准备　　10,000

贷：营业外支出　　10,000

借：所得税费用　　2,500

贷：应交税费——应交所得税　　2,500

借：营业外支出　　10,000

贷：所得税费用　　2,500

利润分配——未分配利润　　7,500

假设按净利润的10%提取盈余公积，50%分配给股东：

借：利润分配——未分配利润　　4,020
　　贷：盈余公积　　750
　　应付股利　　3,270

【业务2-41】典型案例

1. 发现疑点

审计人员查阅A企业的固定资产明细账，发现2017年度经批准出售车床一台，原价500,000元，已累计提取折旧300,000元，净值为200,000元，出售车床所得价款为250,000元，该公司的会计处理为：

借：银行存款　　250,000
　　贷：营业外收入　　250,000
借：累计折旧　　300,000
　　营业外支出　　200,000
　　贷：固定资产　　500,000

2. 追踪查证

审计人员追查了记账凭证和后附的原始凭证，均与记录相符，但审计人员认为固定资产减少有出售、报废、毁损等几条途径，均应通过“固定资产清理”账户进行核算，但本企业并没有这样处理，询问其会计人员，他们承认是不熟悉业务导致这种状况的。

3. 问题

该企业减少固定资产，没有通过“固定资产清理”账户核算，属于固定资产减少会计处理错误，但对企业的资产和损益项目没有影响。

4. 调整

企业会计人员在发生业务时应作的正确会计分录如下。出售车床时：

借：固定资产清理　　200,000
　　累计折旧　　300,000
　　贷：固定资产　　500,000

收到变价收入时：

借：银行存款　　250,000
　　贷：固定资产清理　　250,000

结转出售车床的净损益时：

借：固定资产清理　　50,000
　　贷：营业外收入　　50,000

注意：此类错误对企业的资产和损益没有影响，因此不必作审计调整分录。

学习子情境2.1.5　无形资产和其他资产的审计

情境引例

世界通信公司成立于1983年，在不到20年的时间内，成为美国的第二大长途电信营运商。2002年7月21申请破产保护前，世界通信是一个业务范围覆盖65个国家，拥有85,000名员工、1,000多亿美元资产、350多亿美元营业收入，为2,000多万个人客户和数万家公司客户提供语音话务、数据传输和因特网服务的超大型跨国公司。

首先发现世界通信财务舞弊的是内部审计部的副总经理辛西亚·库伯（Cynthia Cooper）。2002年2月8日，世通降低了2002年度的收入和盈余预测，并计划在第二季度计提150至200亿元的无形资产减值准备；6月25日傍晚，上任不到两个月的首席执行官约翰·西择摩尔（John Sidgmore）宣布：内部审计发现，2001年度以及2002年第一季度，世界通信公司通过将支付给其他电信公司的线路和网络费用确认为资本性支出，在五个季度内低估期间费用、虚增利润38.52亿美元。当年7月21日，世界通信向美国破产法院纽约南区法庭申请破产保护，申报的资产总额高达1,070亿美元，成为美国历史最大的破产案（据专家估计，资产的公允价值约为150亿美元，而世界通信的负债总额接近450亿美元，资不抵债约300亿美元）；8月8日，世界通信宣布1999年和2000年度的税前利润被高估了34.66亿美元；11月5日，再次披露又发现了20亿美元的虚假利润。至此，世界通信承认的虚假会计利润已经超过93亿美元。随着调查的进一步深入，预计会突破100亿美元，创下了空前的财务舞弊世界纪录。

分析：根据SEC以及美国总检查长办公室向法院递交的起诉书，世界通信会计造假的动机是为了迎合华尔街财务分析师的盈利预测。请思考以下问题：

（1）审计人员在审计时，如何区分企业资产是资本性支出还是收益性支出？

（2）对于企业无形资产的增减，审计人员应如何确定其真实性？

一、无形资产审计目标

无形资产的审计目标：无形资产是否存在，是否归被审计单位所有；无形资产及其累计折旧增减变动的记录是否完整；无形资产的计价和折旧政策是否恰当；无形资产的期末余额是否正确；无形资产在会计报表上的披露是否恰当。

二、无形资产涉及的凭证和会计记录

（1）无形资产开发、购置业务流程中的凭证与会计记录：开发申请书、计划书、采购合同、验收单、转置凭证、无形资产总账、明细账等。

（2）无形资产处置业务流程中的凭证与会计记录：无形资产处置申请书、无形资产处置呈批单等。

（3）无形资产摊销业务流程中的凭证与会计记录：摊销计算表、摊销总账、摊销明细账等。

三、无形资产内部控制测试

无形资产内控制度包括无形资产开发、购置和转让的计划审批制度、职责分工制度、保护制度、评估制度等。审计人员应对是否有无形资产的内控制度，是否健全、有效，对内控制度是否严格执行进行考核，包括企业自创、外购、使用中的无形资产是否有严格的管理制度和内控制度。其中关键要审查科研项目的内控制度。审查从立项至申请专利权之前这段时间，对项目是否有严格的管理制度，是否严格执行。在项目人员、经手人变动时，关于项目合同，项目技术进展情况，关于项目设备、仪器、技术资料，关于项目资金应收款、应付款情况，是否有严格的交接手续，审查针对技术骨干调动，有无防止正在研究的项目的技术和财产流失的有效措施。

四、无形资产账户核算的错弊形式

1. 无形资产增加不真实、不合规

有些企业增加无形资产没有合法的证明文件，有些无形资产已超出了法定有效期。

2. 无形资产计价不合规、不正确

（1）投资者作为资本金或者合作条件投入的，不按评估确认或者合同、协议约定的金额计价。

（2）自行开发并且依法申请取得的，不按依法取得时发生的注册费、聘请律师费等作为无形资产的实际成本，而将其他费用项目与其相互混淆。

（3）非专利技术等无形资产的计价不经法定评估机构评估确认等。

3. 无形资产出售转让不合法

企业在不正常情况下出售无形资产，如主管人或经办人为牟取个人私利擅自出售、转让企业正在使用的无形资产。

4. 无形资产的售价明显不正确、不合理

企业为了拉关系或经办人员为谋取私利而进行不正当交易，擅自降低售价，造成无形资产流失。

5. 无形资产的价款收回不及时、账务处理不正确

（1）企业把已收回的出售无形资产的销售款项长期挂在应收款账户上不予入账，或违反规定将收入冲减成本费用。

（2）企业把收到的款项不记“营业外收入”而贷记“其他应付款”账户，形成账外小金库，甚至被个人侵吞。

6. 无形资产投资转出计价不合理、不合规

（1）主管部门或企业领导为完成合资、转让任务而被迫接受合资方及被转让方压低无

形资产价值的不合理要求。

（2）企业在引进外资过程中，急于引进国外先进技术设备，用在资产评估中对无形资产故意不计价、少计价的不正当手段吸引投资，如对土地使用权的漏估。

（3）在企业合资、兼并、租赁、破产及转让过程中，某些经办人员为牟私利而压低转让价值。

7. 无形资产转出的会计处理不正确、不合规

企业转让或出售无形资产取得的净收入，不按规定计入企业的营业外收入，而计入“其他业务收入”等账户。

五、无形资产的实质性程序

（一）获取或编制无形资产明细表

获取或编制无形资产明细表，复核加计是否正确，并与总账数和明细账合计数核对是否相符；结合累计摊销、无形资产减值准备科目与报表数核对是否相符。

（二）检查无形资产相关文件和资料

检查无形资产的权属证书原件、非专利技术的持有和保密状况等，并获取有关协议和董事会纪要等文件、资料；检查无形资产的性质、构成内容、计价依据、使用状况和收益期限，确定无形资产是否存在，并由被审计单位拥有或控制。

（三）审查无形资产的确认情况

由于无形资产的存在无实物形态，无法进行实物盘点，因此审计过程中应以无形资产的实际存在作为审查重点。所以，审计人员对每项无形资产都要进行验证，核对相应的文件资料，确定其所有权是否归被审计单位。若有虚列或不当之处，应先查明原因，然后提请被审计单位予以调整。具体应注意以下几方面：

（1）审计人员应取得并核对每一项无形资产增加和减少的授权批准文件，以确定无形资产增减业务的合法性。

（2）不同来源的无形资产计价方法是不同的。审计人员审查时，应注意区分不同来源取得的无形资产，从而确定无形资产成本的正确性。应特别注意审查企业有无虚列或多列无形资产价值，从而提高所有者权益的情况。

（3）企业可根据需要将无形资产出租、转让、投资、出售、报废等。其中某些情况不会导致无形资产价值的减少，如出租某项无形资产，只增加其他业务收入，不影响无形资产的价值，而企业出售、投资转出无形资产，其价值则减少，审计人员应根据不同的处置方式对无形资产开展适当的审计。

【业务2－42】典型案例

1. 发现疑点

2018年3月，审计人员对某企业的无形资产进行审查后，发现该企业2月份有一笔向

外转让无形资产业务，取得收入 150,000 元。该项无形资产账面价值为 120,000 元。在审查企业其他业务收入和其他业务支出账目时，发现有此业务的记录，但怀疑账务处理有误。

2. 追踪查证

审计人员调阅 2 月 45#记账凭证，其会计分录如下：

借：银行存款	150,000	
贷：其他业务收入		150,000
借：其他业务成本	120,000	
贷：无形资产		120,000

根据企业会计制度规定，企业出售无形资产，按实际取得的转让收入，借记“银行存款”等科目；按该项无形资产已计提的减值准备，借记“无形资产减值准备”科目；按无形资产的账面余额，贷记“无形资产”科目；按应支付的相关税费，贷记“银行存款”“应交税费”等科目；按其差额，贷记“营业外收入”科目或借记“营业外支出”科目。

3. 问题

该公司的上述做法，使得无形资产出售的损益计入了其他业务收支，而没有计入营业外收支，同时销售无形资产业务没有交纳税款。

4. 调账

对此笔业务企业会计人员应作的正确的会计分录如下：

借：银行存款	150,000	
贷：无形资产		120,000
应交税费——应交增值税（销项税额）		1,698.11
营业外收入		28,301.89

因此，审计人员应作的审计调整分录如下：

借：其他业务收入	150,000	
贷：其他业务成本		120,000
应交税费——应交增值税（销项税额）		1,698.11
营业外收入		28,301.89

（四）审查无形资产的摊销情况

新准则中规定使用寿命有限的无形资产摊销采用类似固定资产的处理方式，计入管理费用或制造费用。对使用寿命不确定的无形资产不摊销，只在每个会计期间进行减值测试。审计人员审查无形资产摊销时，要审核其是否为使用寿命有限的无形资产，对使用寿命有限的无形资产应审查是否计提摊销，摊销期、摊销方法的选择及金额计算是否正确，有无利用无形资产的摊销来调节损益等情况。例如审查企业无形资产的归类变更是否合理，摊销是否按规定列入管理费用或制造费用，有无与其他支出相混淆的情况。根据收集到的有关资料来判断无形资产有效期是否合理正确。审查企业由法定评估部门出具的评估证书，从而查明企业有无未经评定擅自作价的行为。还要查明这些评估机构是否为经政府部门授权的审计人员事务所和专门的资产评估机构。审查可按制度规定的摊销期限标准及方法判别企业无形资产摊销是否正常、合规。

(五) 审查无形资产减值处理情况

新会计准则的规定虽减少了企业在此方面的舞弊行为。但审计人员在审核中应注意被审计单位是否定期进行减值测试，减值测试是否合理，由于目前新会计准则对减值测试仍没有具体标准可寻，这就更依赖于审计人员的职业判断。在计提减值准备方面，要审查被审计企业是否计提减值准备，计提是否达到规定的条件，计提的金额是否正确。

(六) 审查无形资产的研发情况

首先审计人员要审核被审计单位对“研究”与“开发”阶段的划分是否正确，有何依据。其次对两个阶段的账务处理进行审查，新会计准则规定，研究阶段支出应全部费用化，计入当期损益（管理费用）；开发阶段支出符合条件的资本化，不符合条件计入当期损益（管理费用）；无法区分两阶段支出，支出全部费用化，计入当期损益。审计人员在审核中应注意企业有无故意混淆两阶段支出或将费用化的支出资本化、资本化的支出费用化行为，金额正确与否，以判断企业是否利用新准则的自由度进行盈余管理甚至利润操纵。

【业务 2 -43】做中学

审计师对福光公司 2018 年 10 月的无形资产进行审查，发现 62#记账凭证的摘要为“研发无形资产”，分录为：

借：无形资产　　25,000

　　贷：银行存款　　25,000

63#凭证的摘要为“支付无形资产有关费用”，分录为：

借：无形资产　　20,000

　　贷：银行存款　　20,000

经询问相关人员和审查相关信息资料后得知：该技术在研发期间发生各项费用共计 25,000 元，为使该技术运用到生产中，发生了相关费用 20,000 元。上述费用该公司在会计处理时均计入了无形资产。另外，实际开发阶段共耗用材料 50,000 元，工资 30,000 元，其他费用 1,500 元。到 2018 年 10 月 12 日研制成功，发生律师费共计 60,000 元，已进行会计处理。

要求：如果你是审计师，请判断该公司的处理是否正确。如不正确，应如何调整？

分析：不正确，根据准则规定，企业自行开发的并依法申请取得的无形资产，其入账价值包括在开发阶段能可靠计量的各项支出及依法申请取得时发生的律师费、注册费等费用。在研究阶段及无形资产确认后发生的相关费用均应计入当期损益。建议调整如下：

借：管理费用　　45,000

　　贷：无形资产　　45,000

职业道德与素质

【案例背景】

中信会计师事务所初次接受宏业集团公司董事会委托，对该公司进行年度会计报表审计。根据审计计划安排，2018 年 2 月对其 2017 年度会计报表的固定资产项目进行了审计。

宏业集团公司是一个有着综合经营项目的企业，未发现任何对其可持续经营性造成威胁的迹象。在编制审计计划时，报表层次的重要性水平为 700 万元。分配到固定资产的重要性水平是 200 万元。该企业的房屋建筑物按 10 年计提折旧，不考虑残值。

按照中信会计师事务所执业规范的要求，对固定资产的实质性测试，从固定资产项目、固定资产折旧、固定资产的增减变化等方面用审阅法、核对法、函证法、实地盘点法等进行。审计人员对固定资产实质性测试的主要过程包括：

（1）明确固定资产及累计折旧实质性测试的目的及程序。编制固定资产及累计折旧审计程序表。

（2）索取固定资产及累计折旧分类汇总表，核对明细表与明细账、总账是否相符。审计人员取得了全部固定资产的明细表，并进行了复核，与明细账、总账核对一致。审计人员还认真将期初余额与上年审计报告的审定数予以核对，证实公司已按上年审计要求予以调账，年初数核对一致。

（3）审计固定资产的增加。对于外购固定资产，审计人员通过核对购货合同、发票、保险单、发运凭证等文件，抽查测试其计价是否正确，授权批准手续是否齐备，会计处理是否正确；对于在建工程转入的，着重检查了竣工决算、验收和移交报告是否正确，与在建工程相关的记录是否核对相符，资本化利息金额是否恰当，等等。

在审计过程中，审计人员发现 6 月 30 日新增的固定资产中，有宏业公司本年发生的对营业楼的装修、装潢支出 63 万元，计入固定资产的价值，本会计年度已计提折旧 63, 000 元。预计三年后将进行再次装修。

（4）审计固定资产的减少。在对减少的固定资产进行审计时，审计人员首先审查了减少的固定资产的授权批准文件，确认是否符合有关规定，并验证其数额计算的准确性。此外，还结合固定资产清理和待处理财产损溢等科目，抽查了固定资产账面转销额的正确性，同时关注是否存在未作会计记录的固定资产减少业务。

在审查减少的固定资产时，发现该公司有一笔办公设备报废的业务，该公司对此项业务所作的账务处理为：

借：固定资产清理	72, 000	
累计折旧	28, 000	
贷：固定资产		100, 000
借：营业外支出	72, 000	
贷：固定资产清理		72, 000

审计人员还了解到该企业在此期间并没有发生火灾、被盗等意外事故。

审计宏业公司 2017 年度会计报表在建工程项目时发现，公司科研试验基地土地工程因城市规划发展之需要全部拆除而造成损失，截至该年底止，“在建工程——科研试验基地”科目余额为 250 万元。另外，公司在“其他应付款——拆迁补偿费”科目中挂账 80 万元，经了解系政府因拆除科研试验基地给予公司的经济补偿费。公司未能在本年度末对上述经济事项进行会计处理。

(5) 审计固定资产的所有权。审计人员通过审阅产权证书、财产保险单、财产税单、抵押贷款的还款收据等合法书面文件，以确定所审查的固定资产是否确实为企业所拥有的合法财产。对于新增的固定资产，审计人员索取了客户财产的产权证书副本。

在审查时，发现宏业公司将原投入A公司（该公司由宏业公司负责经营管理）的固定资产，由于某种理由在A公司未经清算和未经中介机构评估的情况下，由宏业公司自行估价收回固定资产25万元，冲减长期股权投资项目。

(6) 固定资产折旧的审计。审计人员在核对折旧明细表后，首先对折旧计提的总体合理性进行复核。其次，计算了本期计提折旧额占固定资产原值的比率，并与上期比较，分析本期折旧计提额的合理性和准确性。此外，还计算了累计折旧占固定资产原值的比率，评估固定资产的老化率，并估计因闲置、报废等原因可能发生的固定资产损失。

分析：

(1) 审计固定资产的增加。案例中宏业公司将本年发生的装修费用支出的63万元计入了固定资产的价值。此笔费用不符合固定资产的确认条件，应当计入当期损益，并作如下调整分录：

将此笔支出转入相关费用：

借：管理费用（或其他相关费用科目）	630, 000	
贷：固定资产		630, 000

冲销已计提的固定资产折旧：

借：累计折旧	63, 000	
贷：管理费用（或其他相关费用科目）		63, 000

(2) 审计固定资产的减少。从该公司对此项业务所作的账务处理可以看出，折旧额很小，说明设备的使用期限很短；且宏业公司在此期间也没有发生任何意外事故。所以，这笔业务存在很明显的问题。应当继续调查“固定资产”“固定资产清理”等相关账户的记载情况，同时还要进一步检查该设备的使用状态，最后再确认该项报废业务是否属于虚报。

《企业会计制度》第三十二条规定：在建工程发生单项或单位工程报废或毁损，减去残料价值和过失人或保险公司等赔款后的净损失，计入继续施工的工程成本；如为非常原因造成的报废或毁损，或在建工程项目全部报废或毁损，应将其净损失直接计入当期营业外支出。

据此，宏业公司应根据上述之规定和公司对科研试验基地报损的有关文件，对“在建工程——科研试验基地”科目和“其他应付款——拆迁补偿费”科目进行如下会计处理：

借：其他应付款——拆迁补偿费	800, 000	
贷：营业外收入		800, 000
借：营业外支出	2, 500, 000	
贷：在建工程——科研试验基地		2, 500, 000

(3) 审计固定资产的所有权。在审查固定资产所有权时，发现宏业公司投入A公司的固定资产，在未经清算和中介机构评估的情况下，估价收回了固定资产25万元，冲减了“长期股权投资”项目。而宏业公司无权自行取消协议和章程所规定的权利和义务，不能收

回和冲销“长期股权投资”项目，所以应对此笔业务作如下调整：

借：长期股权投资　　250, 000

　　贷：固定资产　　250, 000

总结：固定资产在企业资产总额中占有较大比例，其安全性及完整性对企业生产经营影响极大，其余额的真实与否对企业的财务状况也有很大影响，并且与其相关的费用也是决定企业净利润的重要因素。因此，固定资产的审计也是财务报表审计中的一项重要内容。

结合以上案例我们可以看出，固定资产在增加、减少、所有权、折旧、实际存在等方面可能存在诸多的错误与舞弊，审计人员对其需要采取恰当控制测试与实质性程序，以取得充分有效的审计证据，发表恰当的审计意见。

固定资产管理出现失控会导致重大损失，加强固定资产业务循环的内部控制意义非同一般。职责分工、信息传递程序控制、实物控制是固定资产业务中预防、检查、纠正错弊的主要措施。

职业能力训练

一、单项选择题

1. 下列有关函证的说法，错误的是（　　）。

A. 函证的方式分为积极和消极方式

B. 如果审计师遇到采用积极的函证方式实施函证而未能收到回函时，应该再次发询证函

C. 在函证中指明直接向被审计单位回函

D. 将受到的回函形成审计工作记录，并汇总统计函证结果

2. 被审计单位当年购入一批材料，会计部门在记账时漏记了该批材料的外地运杂费，则被审计单位管理层违反的认定时（　　）。

A. 准确性　　B. 截止

C. 发生　　D. 完整性

3. 监盘库存现金是审计师证实单位资产负债表所列现金是否存在的一项重要程序，除审计师外，必须参加盘点的人员是（　　）。

A. 会计主管人员和内部审计师　　B. 出纳员和会计主管人员

C. 现金出纳员和银行出纳员　　D. 出纳员和内部审计人员

4. 固定资产的审计目标一般不包括（　　）。

A. 固定资产是否存在　　B. 固定资产是否归被审计单位所有

C. 固定资产的预算是否合理　　D. 固定资产的期末余额是否正确

5. 审查应收账款的最重要的实质性程序是（　　）。

A. 函证　　B. 询问

C. 观察　　D. 计算

6. 假定上年年末存货账面数为200件，至今年盘点日，增加数为580件，减少数为630件，则账实相符的情况下，盘点日的盘存数为（　　）件。

A. 150　　B. 50

C. 220　　D. 260

7. 要确认新购计算机的资产价值最具说服力的信息是（　　）。

A. 询问管理部门　　B. 观察业务客户的处理程序

C. 实物检查　　D. 外部提供的资料

8. 在现金审计过程中，内部审计师发现有相当一部分现金存放在毗邻一繁忙大街的工作地点，而且未采取任何安全或安保措施。在与相关经理人员的沟通过程中，审计师被告知“公司现金从未失窃过，也无其他的损失；所以没有必要浪费钱来改进安全措施”。内部审计师应当（　　）。

A. 提交中期书面报告，并在最终报告中，注明应采取的改进措施

B. 解释所有的事实，但给管理层说明的机会，以便其更好地采纳改进措施

C. 由于公司从未发现现金失窃，因此没有必要报告该审计结果

D. 广泛散发审计报告，这是件大事，必须确保公司所有的员工都知道

9. 审计人员审查库存现金时，发现账面结存4,298.20元，实际库存3,028.20元，另有已支付的150元劳务费和已报销的520员差旅费单据未入账。审计人员由此可以得出的结论是（　　）。

A. 库存现金短缺1,270元　　B. 库存现金短缺670元

C. 库存现金短缺600元　　D. 库存现金溢余600元

10. 如果公司某银行账户的银行对账单余额与银行存款日记账余额不符，最有效的审计程序是（　　）。

A. 重新测试相关的内部控制

B. 检查银行对账单中记录的资产负债表日前后的收付情况

C. 检查银行存款日记账中记录的资产负债表日前后的收支情况

D. 检查该银行账户的银行存款余额调节表

11. 如果审计师要证实公司在临近2017年12月31日签发的支票是否已登记入账，最有效的审计程序是（　　）。

A. 函证2017年12月31日的银行存款余额

B. 检查2017年12月31日的银行对账单

C. 检查2017年12月31日的银行存款余额调节表

D. 检查2017年12月31日的支票存根和银行存款日记账

12. 为证实某笔应收账款确已收回，下列审计证据中证明力最强的是（　　）。

A. 询问记录　　B. 销售合同

C. 应收账款明细表　　D. 银行对账单

13. 在对L公司在建工程进行审计时，审计人员注意到下列四项在建工程未结转到固定资产中，其中处理正确的是（　　）。

A. 甲在建工程已经试运行，且已经能够生产合格产品，但产量尚未达到设计生产能力

B. 乙在建工程已经试运行，产量已经达到设计生产能力，但生产的产品中仅有少量合

格产品

C. 丙在建工程不需试运行，其实体建造和安装工程全部完成，并已达到预定可使用状态，但尚未办理验收手续

D. 丁在建工程不需试运行，其实体建造和安装工程全部完成，并已达到预定可使用状态，但资产负债表日后尚发生少量的购建支出

14. A公司从银行专门借入一笔款项，于2017年2月1日采用出包方式开工兴建一栋办公楼，2017年10月5日，工程按照合同要求全部完工，10月31日工程验收合格，11月10日办理工程竣工决算，11月20日完成全部资产移交手续，12月1日办公楼正式投入使用。则审计人员审计时认为该公司专门借款利息停止资本化的时点应当为2017年（　　）。

A. 10月5日　　B. 10月31日

C. 11月10日　　D. 12月1日

15. 审计人员在对存货进行审计的过程中，发现被审计单位对存货计提了存货跌价准备，审计人员认为在编制资产负债表时，“存货跌价准备”科目的贷方余额应列示为（　　）。

A. 存货跌价准备

B. 在流动负债下设项目列示

C. 计入“待摊费用”项目

D. 作为存货项目的抵减项目并在存货项目予以列示

16. 审计人员观察被审计单位存货盘点的主要目的是（　　）。

A. 鉴定存货的质量

B. 了解盘点指示是否得到贯彻执行

C. 查明客户是否漏盘某些重要的存货项目

D. 获得存货期末是否实际存在以及其状况的证据

17. 如果存在由于存货的性质或位置较为特殊无法实施监盘程序，或者由于一些不可预见的因素导致无法在预定日期实施存货监盘等情况，审计人员应当（　　）。

A. 直接视为审计范围受到限制，发表保留意见或无法表示意见的审计报告

B. 直接视为审计范围受到限制，发表保留意见或否定意见的审计报告

C. 考虑能否实施替代审计程序

D. 征询专家意见

18. N公司某银行账户的银行对账单余额为585,000元，在审查N公司编制的该账户银行存款余额调节表时，A审计人员注意到以下事项：N公司已收、银行尚未入账的某公司销货款100,000元；N公司已付、银行尚未入账的预付某公司材料款50,000元；银行已收、N公司尚未入账的某公司退回的押金35,000元；银行已代扣、N公司尚未入账的水电费25,000元。假定不考虑审计重要性水平，A审计人员审计后确认该账户的银行存款日记账余额应是（　　）。

A. 625,000元　　B. 635,000元

C. 575,000元　　D. 595,000元

19. 下列对函证银行存款的处理正确的是（　　）。

A. 审计人员委托出纳将函证信送交银行

B. 对存款余额为零的开户银行也要进行函证

C. 对存款余额较小的开户行采用的是消极式函证

D. 函证银行存款的同时，不需要对银行借款和借款抵押的情况进行函证

20. 下列工作中，出纳还可以从事的工作是（　　）。

A. 会计档案保管　　B. 记录收入、支出、费用的明细账

C. 记录银行存款、现金日记账　　D. 编制银行存款余额调节表

21. N 公司采购了一项大型设备（金额重大），采购已批准，验收后需要付款，下面有关支付的内部控制最适当的是（　　）。

A. 由采购员确定是否支付　　B. 由出纳根据银行存款存量确定何时支付

C. 由采购部经理确定审批　　D. 由经理会议审批

22. 下列不符合现金管理暂行条例的是（　　）。

A. 单位应当加强现金库存的管理，超过库存限额的现金应及时存入银行

B. 单位现金收入应当及时存入银行，如果存在紧急使用资金的情况可以从收入的现金中直接支付

C. 单位应当定期检查，清理银行账户的开立及使用情况，发现问题，及时处理

D. 单位应当定期和不定期地进行库存现金盘点

23. 下列审计程序中属于银行存款控制测试的是（　　）。

A. 核对银行存款日记账与总账的余额是否相符

B. 检查是否存在未入账的利息收入和利息支出

C. 抽取一定期间银行存款余额调节表，查验其是否按月正确编制并经复核

D. 对未质押的定期存款，检查开户证实书原件

24. 下列不属于银行存款函证涉及的内容的是（　　）。

A. 客户的银行贷款余额

B. 本期银行存款增减净额

C. 银行存款余额为零的账户

D. 被审计单位为其他单位提供的、以贵行为担保受益人的担保

25. 下列货币资金内部控制中，存在重大缺陷的是（　　）。

A. 财务专用章由专人保管，个人名章由本人或其授权人员保管

B. 对重要货币资金支付业务，实行集体决策

C. 现金收入及时存入银行，特殊情况下，经主管领导审查批准方可坐支现金

D. 指定专人定期核对银行账户，每月核对一次，编制银行存款余额调节表，使银行存款账面余额与银行对账单调节相符

二、多项选择题

1. 被审计单位将存货账面余额全部转入当期损益，审计师能够认可的情况有（　　）。

A. 霉烂变质的存货

B. 企业使用该项原材料生产的成本大于产品的销售价格

C. 已经过期不可退货的存货

D. 生产中已经不再需要，并且无转让价值的存货

2. 查证银行存款是否存在的重要性程序有（　　）。

A. 检查银行存款余额调节表　　B. 实施分析程序

C. 函证银行存款余额　　D. 抽查原始凭证

3. 函证银行存款余额，审计师主要是为了证实（　　）。

A. 银行存款是否存在　　B. 银行借款金额

C. 是否存在企业未入账的负债　　D. 是否存在或有负债

4. 在应收账款的审计中，审计师可以分析的比率有（　　）。

A. 应收账款增加与销售收入增加的比率

B. 应收账款周转率

C. 本期销售退回和折让与本期销售收入的比率

D. 坏账准备与应收账款余额的比率

5. 下列各项中，应作为固定资产项目在财务报表中列报的有（　　）。

A. 经营性租出的固定资产　　B. 经营性租入的固定资产

C. 存放在其他企业的固定资产　　D. 抵押的固定资产

6. 对库存材料实施监盘时，审计人员应当（　　）。

A. 采取突击的方式进行

B. 随时抽查盘点记录

C. 审查材料采购成本的计算方法是否符合有关规定

D. 注意审查存货质量

7. 下列描述的情形中，属于银行存款函证内容的有（　　）。

A. 银行贷款余额　　B. 各银行存款账户余额

C. 银行贷款担保或抵押情况　　D. 各银行存款户性质

8. 审计人员实施的下列各项审计程序中，能够证实银行存款是否存在的有（　　）。

A. 检查银行存款余额调节表

B. 计算银行存款累计余额应收利息收入

C. 函证银行存款余额

D. 从银行存款的账簿记录追查至相关的原始凭证

9. 银行存款的实质性程序一般包括（　　）。

A. 核对银行存款日记账与总账的余额

B. 实施分析性程序

C. 取得并检查银行存款余额调节表并函证银行存款余额

D. 检查银行存款收支的正确截止

10. 审计人员在确定函证对象时，下列债务人中，应作为主要选择对象的有（　　）。

A. 欠款金额占全部应收账款的20%　　B. 欠款时间已达两年以上

C. 持有被审计单位30%的股权　　D. 被审计单位的主要客户

11. 审计人员在确定函证的范围时，所遵循的原则正确的有（　　）。

A. 若应收账款在全部资产中所占的比重较大，则函证的范围应相应大一些

B. 若内部控制制度较健全，则应相应扩大函证范围

C. 若以前期间函证时发现过重大差异，或欠款纠纷较多，则函证范围应相应扩大一些

D. 若采用消极式函证，则要相应增加函证量

12. 审计人员针对被审计单位的下列固定资产，认为应计提固定资产折旧的有（　　）。

A. 以经营租赁方式租出的固定资产　　B. 未使用的固定资产

C. 提前报废的固定资产　　D. 大修理停用的固定资产

E. 以经营租赁方式租入的固定资产

13. 固定资产减值准备的审计目标一般包括（　　）。

A. 确定计提固定资产减值准备的方法是否恰当

B. 固定资产减值准备的计提是否充分

C. 确定固定资产减值准备期末余额是否正确

D. 确定固定资产减值准备增减变动的记录是否完整

14. 下列审计程序中，属于审计在建工程的实质性程序的有（　　）。

A. 获取或编制在建工程明细表，复核加计正确，并与报表数、总账数和明细账合计数核对相符

B. 检查本期在建工程的增加数

C. 检查本期在建工程的减少数

D. 结合银行借款等的检查，了解在建工程是否存在抵押、担保情况

15. 下列审计程序中，属于审计固定资产清理的实质性程序的有（　　）。

A. 获取或编制固定资产清理明细表，复核加计正确，并与报表数、总账数和明细账合计数核对相符

B. 检查固定资产清理的发生是否有正当理由，是否经过有关技术部门鉴定，固定资产清理的发生和转销是否经授权批准，相应的会计处理是否正确

C. 检查固定资产清理是否长期挂账，如有，应做出记录，必要时建议做适当调整

D. 检查固定资产清理是否已在资产负债表上恰当披露

16. 下列审计程序中，属于对累计折旧实施的分析程序的有（　　）。

A. 检查被审计单位制定的折旧政策和方法是否符合国家有关财务会计制度的规定，确定其所采用的折旧方法能否在固定资产使用年限内合理分摊其成本，前后期是否一致

B. 计算本期计提折旧额占固定资产原值的比率，并与上期比较，分析本期折旧计提额的合理性和准确性

C. 对折旧计提的总体合理性进行复核，是测试折旧正确与否的一个有效办法

D. 计算本期累计折旧额占固定资产原值的比率，评估固定资产的老化率，并估计因闲置、报废等原因可能发生的固定资产损失，结合固定资产减值准备，分析其是否合理

17. 审计人员在对期末存货进行截止测试时，通常应当关注的事项有（　　）。

A. 所有已确认为销售但尚未装运出库的商品是否均包括在盘点范围内，且包括在截止日的存货账面余额中

B. 所有在截止日以前入库的存货项目是否均已包括在盘点范围内，并已反映在截止日以前的会计记录中，任何在截止日期以后入库的存货项目是否均未包括在盘点范围内，也未反映在截止日以前的会计记录中

C. 在途存货和被审计单位直接向顾客发运的存货是否均已得到了恰当的会计处理

D. 所有在截止日以前装运出库的存货项目是否均未包括在盘点范围内，且未包括在截止日的存货账面余额中；任何在截止日期以后装运出库的存货项目是否均已包括在盘点范围内，并已包括在截止日的存货账面余额中

18. 存货通常具有较高水平的重大错报风险，影响重大错报风险的因素具体包括（　　）。

A. 存货的数量和种类　　B. 陈旧过时的速度或易损坏程度

C. 遭受失窃的难易程度　　D. 成本归集的难易程度

三、判断题

1. 如果银行存款余额为零，则没必要向银行函证。（　　）
2. 其他货币资金不包括存出投资款。（　　）
3. 对于预付款业务不多的企业，也可以将预付的货款记入“应付账款”科目的借方。（　　）
4. 企业多结转已销产品成本，可能导致被审计单位本年利润虚增。（　　）
5. 盘盈固定资产经批准后，应转入营业外收入。（　　）
6. 审查固定资产减少的主要目的在于查明已减少的固定资产是否已做适当的会计处理。（　　）
7. 因更新改造而停止使用的固定资产应继续计提折旧，因大修理而停止使用的固定资产不应再计提折旧。（　　）
8. 单位应当由出纳定期核对银行账户，一个月至少核对一次。（　　）
9. 存货监盘程序所得到的是实物证据。（　　）
10. 以经营租赁方式出租固定资产属于固定资产的减少。（　　）

四、简答题

1. 审计师 A 和 B 对 XYZ 股份有限公司 2017 年度的财务报表进行内部审计。该公司 2017 年度的供产销形势与上年相当且未发生大的并购重组等行为。审计师检查相关资料如下：

（1）坏账核算采用备抵法。坏账准备按期末应收账款余额的 5‰计提，应收账款和坏账准备 2017 年末余额分别为 165, 53 万元和 52. 77 万元。

（2）应收账款的账龄分析见表 2 - 11：

表 2 - 11　　应收账款账龄分析表　　单位：人民币万元

账龄	期初数	期末数
1 年以内	8, 392	10, 915
1 - 2 年	1, 186	1, 399
2 - 3 年	1, 161	1, 365
3 年以上	1, 421	2, 871
合计	12, 160	16, 553

要求：假定上述记载中期初数已审定无误，作为审计师，在审计的计划阶段，请运用专业判断，必要时运用分析程序，指出上述资料中存在或可能存在的不合理之处，并简要说明理由。

2. 某审计师审计2017年的固定资产时发现，A公司已经采用了新的会计准则，但在固定资产的核算中存在以下问题：

（1）未使用固定资产没有计提折旧；

（2）本年的固定资产大修理费用计入了“长期待摊费用”科目；

（3）没有按规定考虑提取固定资产减值准备。

要求：

请分析上述事项会计处理是否正确，如果不正确将会给报表造成什么影响？

3. 审计师林伟对被审计公司的银行存款实施的部分审计程序为：

（1）取得2017年12月31日银行存款余额调节表；

（2）向开户行寄发银行询证函，并直接收取寄回的询证函回函；

（3）取得开户行2018年1月31日银行对账单。

要求：

（1）请问审计师林伟向开户行函证的作用有哪些？

（2）请问审计师林伟取得银行存款余额调节表后，应检查哪些内容？

（3）请问审计师林伟索取2018年1月31日银行对账单，能证实2017年12月31日银行存款余额调节表的哪些内容？

五、计算题

1. 审计师审计企业2017年银行存款时，发现以下情况：

12月31日银行存款日记账账面余额为67,875元，开户行送来的对账单中银行存款余额是64,500元，经查发现以下几笔未达账项：

（1）12月30日，委托银行收款7,250元，银行已入该企业账户，收款通知尚未送达企业。

（2）12月29日，该企业开出转账支票一张，金额1,200元，企业已减少存款，银行尚未入账。

（3）12月30日，银行已代付企业电费1,125元，银行已入账，企业尚未收到付款通知。

（4）12月30日，企业收到外单位的转账支票一张，金额9,000元，企业已收款入账，银行尚未记账。

要求：

（1）编制银行存款余额调节表；

（2）假定银行对账单所列企业银行存款余额正确无误，试问在编制银行存款余额调节表时发现的错误数额是多少？属于什么性质的错误？12月31日银行存款日记账账面的正确余额是多少？

2. 审计师在审计公司原材料时发现，该公司从外地购入原材料一批，已取得增值税专用发票，发票上注明的材料重量为5,000千克，价款为20,000元，增值税税额为3,400元。此外，采购这批材料发生了运杂费2,000元，财会部门根据相关的原始凭证将价税款合计记入“材料采购”账户，将运杂费记入管理费用。材料入库后，仓库转来入库验收单，发现材料短缺50千克，经查明属于运输中的合理损耗。

要求：上述资料反映了单位在材料采购中存在哪些问题？对错误会计处理编制调整分录。

六、实务题

1. 审计组审计甲公司2017年度财务收支情况，有关情况和资料如下：

（1）每月末，由日常负责到银行取送单据的出纳员编制银行存款余额调节表。

（2）审计人员对库存现金实施了监盘，具体安排是：审计人员提前一天将有关监盘要求告知出纳员；监盘时间安排在当日营业终了后；监盘时要求会计主管、出纳员在场；由审计人员亲自清点现金和相关票据，并填制库存现金盘点表。

（3）2017年5月至7月，由于会计人员休假，存货明细账由仓库保管员代记。

（4）2017年12月31日，应收账款余额为4,000万元，由60笔赊销业务形成，审计人员按照时间顺序将这60笔赊销业务连续编号为001至060，并随机抽取15笔进行审查。这15笔赊销业务账面余额为625万元，经审定实际应为600万元。

要求：根据上述资料，回答下列问题：

（1）“资料（1）”所述情况违反了货币资金内部控制的要求，具体是（　　）。

A. 实物控制　　B. 业务授权控制

C. 职责分工控制　　D. 凭证与记录控制

（2）“资料（2）”中，审计人员在对库存现金实施监盘时，正确的安排有（　　）。

A. 监盘时间安排在当日营业终了后

B. 监盘时要求会计主管、出纳人员在场

C. 提前一天告知出纳人员有关监盘要求

D. 审计人员亲自清点现金和相关票据，并填制库存现金盘点表

（3）“资料（3）”所述情况违反了存货内部控制的要求，具体是（　　）。

A. 业务批准与执行相分离

B. 资产保管与账实核对相分离

C. 各种会计责任之间相分离

D. 资产保管与会计记录相分离

（4）若采用差额估计法推断，该公司应收账款的账面余额是（　　）。

A. 2,500万元　　B. 2,400万元

C. 4,100万元　　D. 3,900万元

2. 审计组对丙公司2017年度财务收支情况进行了审计。有关固定资产业务审计的情况和资料如下：

（1）审计人员对丙公司固定资产业务内部控制进行测评。

（2）在查验固定资产的所有权时，为了确定某固定资产确实属丙公司所有，审计人员

审查了有关凭证。

(3) 审计人员发现丙公司于2017年6月对一建筑物进行了改扩建。该建筑物的账面原值为2,000万元，已提折旧800万元，减值准备为0。在改扩建过程中，取得变价收入50万元，领用工程物资300万元，发生其他支出100万元，丙公司确认改扩建后的建筑物入账价值为2,400万元。

(4) 审计人员发现丙公司2017年固定资产核算中存在以下事项：将为建造厂房而购买土地使用权的费用计入在建工程；将与尚未办理竣工决算但已投入使用的职工宿舍相关的借款费用计入财务费用；对市价持续下跌导致可收回金额低于账面价值的固定资产计提了减值准备；对于融资租赁取得的设备未作任何账务处理。

(5) 审计人员运用分析性复核方法，对丙公司固定资产变动的合理性进行检查，发现用2017年末的固定资产原值除以全年总产量所得的比率与以前年度相比大大提高。

要求：根据上述资料，回答下列问题：

(1) 针对"资料(1)"，下列审计程序中，属于固定资产业务内部控制测试的有(　　)。

A. 验证固定资产的新增手续是否齐全

B. 审查固定资产报废是否经过审批

C. 检查固定资产入账价值的正确性

D. 验证固定资产验收部门工作的独立性

(2) 针对"资料(2)"，下列各项中，可用以证明丙公司固定资产所有权的有(　　)。

A. 产权证明书　　　　B. 固定资产明细账

C. 财产税单　　　　D. 购货发票

(3) 针对"资料(3)"，对于改扩建后建筑物的入账价值，假定不考虑相关税费，审计人员应建议丙公司做如下调整(　　)。

A. 调减固定资产800万元　　　　B. 调减固定资产850万元

C. 调减固定资产750万元　　　　D. 调减固定资产50万元

(4) 针对"资料(4)"，审计人员认为丙公司账务处理正确的有(　　)。

A. 将为建造厂房购买土地使用权的费用计入在建工程

B. 将与尚未办理竣工决算但已投入使用的职工宿舍相关的借款费用计入财务费用

C. 对市价持续下跌导致可收回金额低于账面价值的固定资产计提了减值准备

D. 对于融资租赁取得的设备未作任何账务处理

(5) 针对"资料(5)"，审计人员初步判断所计算比率发生较大变动的原因有(　　)。

A. 当年折旧额的计算不准确

B. 本年新增大量固定资产

C. 当年报废的固定资产未在账面上注销

D. 当年存在闲置的固定资产

3. 审计组审计某公司2017年度财务收支。在对该公司固定资产业务进行审计时，发现如下情况：

（1）该公司与设备采购有关的部分内部控制如下：

①采购部门确定设备需要量，提出设备购置申请书，报送设备管理部门；

②设备管理部门根据申请书会同财会部门、计划部门编制设备采购计划；

③采购计划经批准后，设备管理部门下达采购通知单，交采购部门执行；

④采购的设备到货后，由采购部门组织验收。

（2）审计人员对该公司固定资产实施监盘时发现，甲设备在固定资产明细账及固定资产卡片的记录均为3台，但实物盘点的结果是4台。

（3）审计人员在对该公司固定资产入账价值进行审查时，发现2017年年初购入乙设备的入账价值只包括买价，而包装费、运杂费和安装成本等计入了当期管理费用。

（4）审计人员在对固定资产折旧进行审计时，通过分析性复核所发现的线索，经进一步追查，发现2017年年初购进的丙设备至审计时尚未计提折旧，其价值占年末固定资产原值的比例为15%。

要求：根据上述资料，回答下列问题：

（1）该公司与设备采购有关的内部控制措施中，存在缺陷的有（　　）。

A. 采购部门确定设备需要量，提出设备购置申请书，报送设备管理部门

B. 设备管理部门根据申请书会同财会部门、计划部门编制设备采购计划

C. 采购计划经批准后，设备管理部门下达采购通知单，交采购部门执行

D. 采购的设备到货后，由采购部门组织验收

（2）该公司有一台甲设备未登记的原因可能有（　　）。

A. 该设备已做报废处理，账卡已注销，但实物仍在使用

B. 该设备新近购进，尚未登账建卡

C. 该设备属经营性租赁方式租出，但设备尚未运走

D. 该设备属融资性租赁方式租入，不需登账建卡

（3）该公司将乙设备按买价入账的方法，对2017年末资产负债表所造成的影响有（　　）。

A. 固定资产原值虚减　　B. 累计折旧虚减

C. 负债总额虚增　　D. 应交税费虚减

（4）该公司对丙设备未计提折旧，可能存在的合理原因是（　　）。

A. 无法确定折旧率　　B. 设备提前报废

C. 设备准备出售　　D. 设备准备经营性租出

（5）能够有效发现丙设备未计提折旧的分析性复核方法有（　　）。

A. 比较2017年各个月份、当年和以前各年度的修理费用

B. 将2017年固定资产总值除以全年总产量，将该比率与以前年度比较

C. 将2017年应计提折旧的固定资产平均余额乘以当期折旧率，与实际计提折旧额相比较

D. 计算2017年计提折旧额占固定资产原值的比例，并与以前年度比较

技能强化训练

实训2－1

【实训目标】熟悉并掌握银行存款的审查。

【实训资料】审计人员在20×8年8月14日检查了某企业7月份银行存款日记账的收支业务并与银行对账单核对。7月31日银行对账单余额为223,546元，银行存款日记账为220,000元，核对后发现有下列不符情况：

(1) 7月8日，银行对账单上收到外地存款8,500元（查系外地某乡镇企业），但日记账上无此记录。

(2) 7月22日，对账单上有存款利息460元，日记账上为454元（查系记账凭证写错）。

(3) 7月25日，对账单付出8,500元（查系转账支票），但日记账无此记录。

(4) 7月26日，日记账上付出40元，对账单上无此记录（查系记账员误记）。

(5) 7月31日，日记账上有存入转账支票4,000元，但对账单上无此记录。

(6) 7月31日，日记账上有付出转账支票4,000元，但对账单上无此记录。

(7) 对账单有7月31日收到托收款5,460元，但日记账无此记录。

【实训要求】运用所学对上述银行存款进行审计。

【实训指导】

(1) 根据所给资料，编制银行存款余额调节表如表2－12所示：

表2－12　银行存款余额调节表

20×8年7月31日

企业账项	金额	银行账项	金额
企业“银行存款”账户余额	220,000	银行“对账单”余额	223,546
加：银行已收企业未收	5,460	加：企业已收银行未收	4,000
改正错误	46	减：企业已付银行未付	2,000
改正错误	40		
调整后的余额	225,546	调整后的余额	225,546

(2) 该企业银行存款管理上存在的问题：第1笔和第3笔经济业务有出租出借银行账户的问题，需检查；银行存款日记账有错记、漏记情况。

实训2－2

【实训目标】熟悉并掌握应收账款的审查。

【实训资料】20×8年1月，审计人员在对某电扇厂应收账款进行审计时，发现在应收账款明细账中，“市宏丰商场明细账”20×6年1月1日借方余额100,000元，本期借贷方均无发生额，20×7年末仍为借方余额100,000元。据明细账记录，此款是20×5年宏丰商场向该电扇厂购进电扇600台发生的货款。

【实训要求】运用所学对上述应收账款进行审计。

【实训指导】这笔货款存在的问题可能有：

（1）此货款有纠纷。如购销双方在产品价格、质量等方面有分歧，故宏丰商场全部拒付该厂的电扇款。

（2）此货款纯属虚构。该厂为了完成20×5的销售和利润计划，虚构应收销货款和销售收入，从而虚增当年销售收入和销售利润。

（3）可能是记账错误，如该货款为应向其他单位收取的货款。

（4）可能是该货款已收回，被人利用或工作失误未销账。

针对上述情况，应派人或去函到宏丰商场了解其真正原因。若是双方因价格、质量方面的问题出现争执，应组织双方共同协商解决；若是记账有错误，或工作失误未销账，则应立即更正；若是虚构或者货款收回被人利用，则要严肃处理，并及时调整有关账目。

实训2-3

【实训目标】熟悉并掌握存货采购的审查。

【实训资料】审计人员审查某企业材料采购业务时，发现本年内一笔业务的处理如下：从外地购进原材料一批，共8,500千克，计价款293,250元，运杂费1,500元。财会部门将原材料价款计入原材料成本，运杂费计入管理费用。材料入库后，仓库转来材料入库验收单，发现材料短缺80千克，查明60千克是运输部门责任引起的短缺，20千克是运输途中的合理损耗，材料买价为每千克34.5元。

【实训要求】

（1）根据上述资料，指出企业在材料采购管理工作中存在的问题。

（2）指出是否要求企业做出调整分录？如不需要，为什么？如需要，应如何调整？

【实训指导】

（1）上述资料讲述的材料采购业务，财会部门记账在前，仓库验收在后，财会部门并不以验收单作为记账依据，说明该企业未能很好地执行材料记账、验收相互牵制的内部控制制度，不但采购业务容易出错，账簿记录也易混乱或造成账实不符。

财会部门对材料采购成本的处理有误，外地运杂费应计入材料采购成本，而不应计入当期的期间费用。

（2）应要求企业做调整分录，具体为：

借：原材料	1500	
贷：管理费用		1500

对于由于运输部门责任引起的材料短缺应追究其责任，要求赔偿。赔偿前做分录：

借：其他应收款（60×34.50）	2070	
贷：原材料		2070

同时应当调整材料明细账的实际入库数量、总成本和单价：

实际入库数量=8500-80=8420（千克）

实际总成本 =293,250 +1,500 -2,070 =292,680（元）

实际单位成本 =292,680/8,420 =34.76（元）

实训2-4

【实训目标】熟悉并掌握存货储存的审查。

【实训资料】审计人员对三力工厂20×7年12月31日的期终会计资料进行审计时，发现接近结账日所发生的业务事项如下：

（1）20×8年1月2日收到价值为20,000元的货物，收到发票和登账日期为1月4日，发票上注明由供货商负责送货，目的地交货，开票日期为20×7年12月26日。

（2）实地盘点时，三力工厂1包价值8,000元的产品已放在装运处，因包装纸上注明“有待运发”字样而未计入存货内，经调查发现，顾客的订货单日期为20×7年12月20日，顾客于20×7年1月4日收到货物才付款。

（3）20×8年1月6日收到价值为700元的物品，并于当天登记入账，该物品于20×7年12月28日按供货商离厂交货条件运送，因20×7年12月31日尚未收到，故未计入结账日存货。

（4）按顾客特殊定单制作的某产品，于20×7年12月31日完工并送装运部门，顾客已于该日付款。该产品于20×8年1月5日送出，但未包括在20×7年12月31的存货内。

【实训要求】运用所学对上述存货的储存进行审计。

【实训指导】上述四种情况中的物品，检查发票等相关的原始凭证以及实物资产，按照审计的要求，处理如下：

（1）不应包括在20×7年存货内，因目的地交货，交货期为20×8年，应以收到货物为准。

（2）应包括在20×7年存货内，因20×8年1月4日收到货物才付款，20×7年既未开票亦未发出货物，物权并未转移，销售不能成立。

（3）如果已付款并已收到发票账单，就应计入20×7年存货内（属于在途物资），因属离厂交货，交货后就已属本企业存货。但如果未收到发票账单且未付款，就不应计入20×7年存货内（因为无入账依据）。

（4）不应包括在20×7年存货内，因已收款并将货物送装运部门，销售已成立。

实训2-5

【实训目标】熟悉并掌握固定资产的审查。

【实训资料】审计人员审查某工厂固定资产时，发现该厂将报废出售的某项固定资产的变价收入5,000元冲减“固定资产”账户（借：银行存款，贷：固定资产），并将发生的固定资产清理费用3,000元直接列入营业外支出（借：营业外支出，贷：银行存款）。同时了解到，该项固定资产原始价值为50,000元，预计使用5年，预计残值2,000元，采用双倍余额递减法计提折旧，已使用3年，并将其报废售给一家乡镇企业。

【实训要求】

（1）指出该业务的账务处理处理是否正确，计算出有关数据并编制正确的会计分录；

（2）指出该项业务的错误所在及其影响。

学习情境 2.2　负债的审计

职业能力目标	专业能力	熟悉负债审计的目标；掌握负债审计的程序；掌握各种审计方法的运用
	职业核心能力	掌握借款审计、职工薪酬审计、税费审计、应付账款审计和其他负债审计的重点程序，能够灵活运用各种审计方法，得出审计结论，编制审计调整分录
主要概念	借款审计；职工薪酬审计；税费审计；应付账款审计	

学习子情境 2.2.1　借款的审计

情境引例

北斗星公司 2017 年会计记录概况为：短期借款年初余额为 2,850 万元，年末余额（未审数）为 4,180 万元，年末未还借款 17 笔；长期借款 1 笔，年初余额为 458 万元，年末余额（未审数）为 146 万元。内部审计机构对借款进行详细的审计，并将审计结果报告给公司股东。

分析：北斗星公司内部审计机构对公司的借款进行详细的审计，这是公司内部审计的一种情况。内部审计机构接到任务后，应成立审计小组，审计小组组长与小组成员一起制定审计方案，理清审计思路，共同研究探讨审计方法。请思考以下问题：

（1）借款审计的主要目的是什么？

（2）借款审计的范围有多大？

（3）借款审计的主要程序、主要的审计方法有哪些？

一、借款审计目的

借款是指企业向银行及其他金融机构等借入的各种款项。其审计目的的主要包括：

（1）借款的内部控制是否健全和有效；

（2）借款借入、偿还及利息的记录是否完整；

（3）借款的余额是否正确；

（4）借款在会计报表上的披露是否恰当。

二、借款审计范围

与借款业务有关的借款申请、批准借款、签订借款合同和协议、取得借款、计算利息、偿还借款等一系列程序及内部控制制度以及与业务相关而涉及的长短期借款明细账与总账、应付利息明细账与总账、财务费用明细账与总账、银行存款日记账、银行对账单及账簿等都属于借款的审计范围。

三、借款审计主要程序

借款的审计程序主要决定于被审计单位借款占负债总额的比例以及往年审计中存在问题的多少。其主要审计要点如下：

（一）获得或编制短期借款明细表

复核该表加计金额是否正确，并与明细账和总账核对。短期借款明细表可和长期借款明细表合并编制。

（二）函证借款

验证借款余额的正确性，审计人员认为有必要时可以将期末余额较大的借款向银行或者其他债权人进行函证。

（三）审查借款业务

审计人员应对本年增加的借款审查其借款合同和授权批准，了解借款的利率、金额等情况，并与相关会计记录相核对，对于本年度内归还的短期借款，应通过相关原始凭证及记录，核实其还款金额。

（四）审查借款的使用是否合规

审计人员应查明借款是否按规定使用；使用是否有效；有无用于购置非流动资产、发放工资福利和奖金、弥补亏损等问题。

（五）审查有无到期未还的借款

审计人员应查明到期未还的短期借款，是否已办理了延期手续。

（六）复核借款的利息

审计人员应根据短期借款明细表上的金额、利率及期限，复核其利息计算是否正确。

（七）确定借款在资产负债表上的披露是否恰当

对于通过抵押取得的借款，是否在资产负债表中予以揭示。

【业务2－44】典型案例

审计人员在审查公司“短期借款——生产周转借款”使用情况时发现，公司2017年6月至12月平均贷款余额为850,000.00元，存货合计为240,000.00元，其他应收款为400,000.00元。审计人员分析：公司其他应收款占用比重过大，可能有非法使用或占用短期借款的行为。

分析：首先审计人员调阅了6月1日借入“短期借款”的78#凭证，其记录为：

借：银行存款　　390,000

　贷：短期借款——生产周转借款　　390,000

78#凭证所付“入账通知”和“借款合同”两张原始凭证，借款期限为6个月，审计人员追踪调查借款的去向，在审阅银行存款日记账时，发现6月25日银付字206#凭证，减少银行存款该账户380,000元。调阅该凭证时，其记账凭证分录为：

借：其他应收款——张某　　38,000

　贷：银行存款　　380,000

其摘要为“汇给某公司货款”，经核实，以上凭证所记汇出款项，是公司为职工垫付的购买空调50台的款项，张某是负责向职工收回垫付款的负责人，全部货款于该年7月至12月陆续收回。审计人员认为，公司为职工垫付的空调款，实际上是占用短期借款，未按借款用途使用借款，增加了公司的财务费用，审计人员向公司提出上述问题时，公司供认不讳。

上述问题查实后，审计人员提出了处理意见：公司收回的垫付款应归还借款，已入账的借款利息费用应由职工承担。按借款占用时间计算，应负担利息19,000元，该公司应调整有关账簿记录，会计分录如下：

（1）按规定应向职工收回利息时：

借：其他应收款——张某　　19,000

　贷：财务费用　　19,000

（2）归还借款时：

借：短期借款——生产周转借款　　380,000

　　财务费用　　19,000

　贷：银行存款　　399,000

【业务4－45】典型案例

北斗星公司2017年会计记录概况：短期借款年初余额为2,850万元，年末余额（未审数）为4,180万元，年末未还借款17笔；长期借款1笔，年初余额为458万元，年末余额（未审数）为146万元。在将审计结果报告给公司三位股东前，审计人员做了如下工作：

（1）审计人员向公司索要审计期间短期借款、长期借款明细账，编制了“短期借款余额明细表”和“长期借款余额明细表”，经复核加计，与总账、明细账、审前报表核对一致（索引号：F1－1与G1－1）。

提示：编制时，纵向分贷款人将每一笔借款按时间顺序依次排列，横向按贷款人、借款金额、借款条件、借款币种、借款起止日期、利率、本期增加、本期减少、期末余额分别列示。

（2）索取、核对贷款证余额清单并向银行或其他债权人函证重大的借款：

①审计人员索取获得贷款证资料并与“短期借款余额明细表”“长期借款余额明细表”中贷款本金逐一核对，发现其中2017年1月10日公司归还交通银行长期借款26万元，在1月23日查询的银行贷款证余额清单中已登记。审计人员追加实施了查验付款凭证的审计程序，证实了该笔付款真实无误，并在贷款证余额清单汇总记录上做了相应的说明。调整了这一差异后，全部核对一致（索引号：F1－3）。

提示：如未能获取资产负债表日的贷款证资料，则可考虑利用期后企业贷款证资料，将清单中的借款余额与账面余额逆行核对；如有差异，及时查找借款增减变动原因，或请企业做出合理解释。

审计人员根据明细表和借款合同的记录，分别按贷款银行发函询证（借款的函证可以结合银行存款函证一同进行）。

②审计人员将填好的“银行往来询证函”共5份交公司出纳员用信函发出。项目经理认为发函的方式不妥，要求审计人员亲自发出询证函。审计人员又重新亲自发函，并要求银行的回函直接寄回审计人员李春。一周后，收到银行的回函2份，贷款银行均在“数额证明无误”栏盖章确认，审计人员将回函及记录了发函人名称、发函地点、收件人名称、地址的信封一并作为审计证据，归入审计工作底稿（索引号：F1－4）。

【业务4－46】典型案例

审计人员在审查北斗星公司“长期借款”利息费用处理情况时发现，公司2017年财务费用偏高。审计人员分析：是否公司将应计入在建工程的利息费用计入财务费用。

分析：首先审计人员调阅了2017年财务费用和在建工程的有关凭证发现168#凭证，其记录为：

借：财务费用　　600,000

　　贷：长期借款——应计利息　　600,000

审计人员调查借款合同，发现该借款为某工程的专门借款，而该在建工程未作利息处理，于是审计人员建议将该利息费用计入在建工程，该公司应调整有关账簿记录，会计分录如下：

借：在建工程　　600,000

　　贷：长期借款——应计利息　　600,000

学习子情境2.2.2　职工薪酬的审计

情境引例

北斗星公司2017年会计记录概况：应付职工薪酬年初余额为50万元，年末余额（未审数）为80万元。请进行详细的审计，并将审计结果报告给公司股东。

分析：北斗星公司内部审计机构对公司的应付职工薪酬进行详细的审计，内部审计机构接到任务后，应成立审计小组，审计小组组长与小组成员一起制定审计方案，理清审计思路，共同研究探讨审计方法。请思考以下问题：

（1）应付职工薪酬审计的主要目的是什么？

（2）应付职工薪酬审计的范围有多大？

（3）应付职工薪酬审计的主要程序、主要的审计方法有哪些？

一、应付职工薪酬审计目标

（1）确定资产负债表中记录的应付职工薪酬是存在的；

（2）确定所有应当记录的应付职工薪酬均已记录；

（3）确定记录的应付职工薪酬是被审计单位应当履行的现时义务；

（4）确定应付职工薪酬以恰当的金额包括在财务报表中，与之相关的计价调整已恰当记录；

（5）确定应付职工薪酬已按照企业会计准则的规定在财务报表中做出恰当列报。

二、应付职工薪酬审计范围

与职工薪酬业务有关的“工资计算明细表”和考勤记录、工资发放等一系列程序及内部控制制度，以及与业务相关而涉及的应付职工薪酬明细账与总账，“生产成本”和“制造费用”等有关账户明细账与总账，银行存款日记账、银行对账单及账簿等都属于应付职工薪酬的审计范围。

三、应付职工薪酬的审计要点如下

（1）审查年度内工资有无异常波动，并查明原因做出记录。

（2）抽查工资支付凭证以确定工资、奖金、津贴的计算是否符合规定，有无经过授权，工资中代扣款项是否合规，相应会计处理是否正确。

（3）应付职工薪酬贷方累计发生额是否与相关成本、费用账户核对一致。

（4）福利费的计提是否合规，计提金额是否正确。

（5）年度内福利费的使用是否合规。

（6）应付职工薪酬在会计报表上的披露是否恰当。

【业务 2－47】典型案例

审计人员审查企业 2018 年 6 月份工资费用分配时，发现下列情况：

（1）生产工人工资 30,000 元计入生产成本；

（2）车间管理人员工资 2,000 元记入管理费用；

（3）厂房建筑人员工资 8,000 元记入生产成本。

要求：根据上述情况，指出存在的问题，并提出审计意见。

分析：

（1）正确。

（2）车间管理人员的工资应计入“制造费用”账户，审计调整分录为：

借：制造费用　　2,000

　　贷：管理费用　　2,000

（3）厂房建筑工人工资应计入“在建工程”账户。审计调整分录为：

借：在建工程　　8,000

　　贷：生产成本　　8,000

【业务2-48】动脑筋

审计人员审阅某企业“应付职工薪酬”明细账，发现某月份除正常按工资总额计提的福利费外，还有一笔转入的福利费。查阅这笔经济业务记账凭证，其会计分录为：

借：现金　　1,200

　　贷：应付职工薪酬——福利费　　1,200

所附原始凭证为某废旧物资回收公司开具的收据。

要求：指出上述会计处理存在的问题，并作账务调整。

知识库

常见应付职工薪酬错弊

（1）冒领工资，扩大“小金库”或者私吞，具体表现为：

①企业或企业的下属部门，为了私存部分现金，采用虚报考勤和虚报加班工时等方式多领工资存入“小金库”。

②有的人员利用工作的便利条件，多报人名，多领到工资后再进行私分或者独吞。其具体做法不外乎是编制两份“工资计算明细表”，一份依据实际考勤编制，另一份则弄虚作假。以虚假“工资计算明细表”审批后领取现金，再以实际“工资计算明细表”向职工发放工资。工资发放后的差额（即冒领的工资）入“小金库”或者私分、独吞。而分配工资费用时，仍按虚列的工资总额进行分配，计入“生产成本”和“制造费用”等有关账户，导致企业虚增产品成本。

（2）会计人员故意将工资表核算错误，将多领的钱占为己有。

（3）混淆工资列支的范围。一般这种问题属于会计差错，但也要防止有人利用这一点调节利润。

（4）扩大工资总额多提福利费。通常采取的作弊手段是：扩大工资总额，增加计提福利费的基数，把企业发放的各种奖金及津贴全部加入计提应付福利费的工资总额之内，甚至连发放的离退休人员工资也加入计提职工福利费的工资总额之内，减少利润，使企业的收益受损。

（5）职工福利费支出挤占成本费用。将应由“应付职工薪酬”账户列支的费用，挤入产品成本和期间费用。

学习子情境 2.2.3　税费的审计

情境引例

北斗星公司 2017 年会计记录概况：应交税费年初余额为 80 万元，年末余额（未审数）为 180 万元。请进行详细的审计，并将审计结果报告给公司股东。

分析：北斗星公司内部审计机构对公司的应交税费进行详细的审计，这是公司内部审计的一种情况。内部审计机构接到任务后，成立审计小组，审计小组组长与小组成员一起制定审计方案，理清审计思路，共同研究探讨审计方法。请思考以下问题：

（1）税费审计的主要目的是什么？

（2）税费审计的范围有多大？

（3）税费审计的主要程序、主要的审计方法有哪些？

一、税费审计目标

（1）确定应计和已缴税费的记录是否完整；

（2）确定应交税费的期末余额是否正确；

（3）确定应交税费在会计报表上的披露是否恰当。

二、税费审计程序

（一）应交税费业务控制制度审计

（二）应交税费业务处理流程审计

（三）应交税费会计信息审计

关键的应交税费审计的程序主要有：

（1）获取或编制应交税费明细表，复核其加计数是否正确，并核对其期末余额与报表数、总账数和明细分类账合计是否相符。要注意房产税、耕地占用税等是否计入应交税费项目。

（2）核对期初未交税费与税务机关的认定数是否一致，如有差异，应查明原因并做出记录，提请被审计单位进行适当调整。

（3）向被审计单位索取并审阅纳税申报资料、纳税鉴定或纳税通知及征、免、减税的批准文件和税务机关汇算清缴确认文件，检查被审计单位的会计处理是否符合国家财税法规的规定。

（4）要结合长期投资、固定资产、在建工程、营业外支出、其他业务收入、税金及附加等科目的审计，以发现没有记录的应交税费。

（四）业务处理流程审计

重视对应交税费业务处理流程审计，最大限度地降低审计风险。应交税费业务处理流程是：明细表→纳税鉴定/纳税通知→汇算清缴文件→计算税额。具体包括：

（1）获取或编制明细表，查其内容是否真实可靠，是否与总账数、报表数相等；

（2）了解是否按纳税鉴定或纳税通知的税种、计税依据、税率来确定应纳税内容，减免税的范围和期限核实；

（3）对税务部门的汇总清缴文件进行有效性分析，并与明细表进行核对；

（4）检查各种应交税费计算的正确性。

三、税费审计的要点

慎重地选择应交税费审计的切入点，确保应交税费审计目标的实现。具体包括：

（一）应交税费内容的真实性审计

（1）增值税内容是否真实；

（2）消费税内容是否真实；

（3）所得税内容是否真实；

（4）城市维护建设税是否真实。

（二）应交税费计税依据的合规性审计

（1）增值税是根据《增值税暂行条例》规定，对我国境内销售货物或者提供劳务，以及进口货物的单位和个人收取的一种流转税。应审查其是否以向购买方收取的全部价款和价外费用作为计税依据。

（2）消费税是根据《消费税暂行条例》规定，对中国境内从事生产、委托加工和进口的单位和个人征收的一种流转税，应审计其是否以销售额或销售量作为计税依据。

（3）所得税是根据《企业所得税暂行条例》规定，对中国境内企业生产经营所得和其他所得征收的一种税，应审计其是否以应纳税所得额作为计税依据。

（4）城市维护建设税是否以增值税和消费税的实际纳税额作为计税依据。

（三）应交税费适从税率的合法性审计

（1）增值税税率是否界定清晰，除另有规定外是否适从于基本税率 16%，国家扶持政策的货物是否适从于低税率 10%，出口货物是否适从于优惠率 0%，小规模纳税人是否适用于通用征收率 3%。*

（2）消费税税率是否具有针对性，不同的应税对象是否适用于不同的税率，有无故意采用低税率的行为。

（3）所得税税率使用是否正确，除政府政策扶持外是否适从于 25%。

---

* 编者注：2019 年的减税降费政策，将制造业等行业 16% 的税率降到 13%，将交通运输业、建筑业等行业 10% 的税率降到 9%。由于本书案例集中在 2018 年及以前年度，所以仍采用 2019 年 4 月 1 日前的税率。

（4）城市维护建设税税率是否根据企业所在地视市区、县城、镇的情况分别确定为7%、5%和1%。

（四）应交税费减、免税的合理性审计

（1）增值税的减免是否合理，有无任意扩大增值税减免范围的情况。

（2）所得税减免是否合理，有无超范围、超期限、超审批权限任意减免所得税情况。

（五）应交税费纳税的时效性审计

（1）增值税有无采用延迟确认纳税义务时间、推迟纳税的行为。如采用直接收款方式下，是否确认纳税时间为收到销售款项或取得收取款项凭证，并将提货单交给买方的当天；采用托收承付方式下，是否确认纳税时间为发出货物并办妥托收手续的当天；采用分期收款方式下，是否确认纳税时间为合同约定收款法定日的当天；采用代销方式下，是否确认纳税时间为收到代销清单的当天；采用预收贷款方式下，是否确认纳税时间为发出货物的当天等。

（2）消费税有无延迟确认纳税义务时间、推迟纳税行为。如自产自用的消费品是否确认纳税时间为使用消费品的当天；委托加工的消费品是否确认纳税时间为提货的当天。

（3）所得税有无延迟确认纳税义务时间、推迟纳税行为。如所得税是否按月预缴、年终多退少补。

（4）城市维护建设税有无延迟确认纳税义务时间、推迟纳税行为。如城市维护建设税是否确认纳税时间为增值税和消费税实现的当天。

（六）应交税费报表列示的恰当性审计

应交税费是否根据“应交税费”期末贷方余额填列，如“应交税费”期末为借方余额时，是否以“-”号填列。

四、审计应交税费应注意的特殊情况

在审计应交税费时，要特别关注应交增值税的一些特殊情况：

（1）增值税与其他账户的勾稽关系，如增值税销项税额与主营业务收入、其他业务收入中相关项目的配比、增值税进项税额转出与处理财产损失等。

（2）视同销售行为是否少交增值税。根据税法规定，对于企业将货物交付他人代销；销售代销货物；将自产或委托加工的货物用于非应税项目；将自产或委托加工货物作为投资提供给其他单位或个人；将自产或委托加工的货物用于分配给股东或投资者；将自产或委托加工货物用于集体福利或个人销售；设有两个以上机构且不在同一地区但实行统一核算的纳税人，将货物从一个机构送到另一个机构用于销售；将自产或委托加工的或购买的货物无偿赠送他人等行为视同销售，应计交增值税。

（3）不予抵扣项目有没有转出进项税额。根据税法规定，不予抵扣项目包括：购进固定资产；用于非应税项目的购进货物或应税劳务；用于免税项目的购进货物或应税劳务；用于集体福利或个人消费的购进货物或应税劳务；非正常损失的购进货物；非正常损失的在产品、产成品所耗用的购进货物或应税劳务。

（4）对于同时生产应税产品与免税产品时，外购货物的进项税额同时发生的，是否将应税产品允许抵扣的进项税额与免税产品不得抵扣的进项税额混淆在一起，少计交增值税。在审计时，应利用正确的方法分清应税产品允许抵扣的进项税额与免税产品不得抵扣的进项税额，并提请被审计单位予以调整。

（5）对销售退回、销售折让、销售折扣的审计是产品销售收入审计程序的一个补充。实务操作中应当注意收集有关审计证据，包括销售合同、退货处理单、折让协议、销售发票等。事实上，审计过程中有时会遇到没有书面证据的销售冲减的会计处理，对此，须保持相应的警觉，并检查销售过程及销售冲销过程的所有单据，严防借销售折扣、退回与折让之名，行转移收入或侵吞货款之实的舞弊行为。

对于大额销售以及大额退货的书面证据，应采取复印并保留于审计档案的方法，以表示在审计中对此项内容的关注。当然，这并不能规避审计风险。

【业务2-49】典型案例

吴文在审计公司销货退回、折让、折扣是否同时冲减应交税金时，查阅了相关的记账凭证，发现公司销售给A公司的钢材不含税金额为20,000元，代垫运费1,000元，已向银行办妥收款手续，但8月因质量不符合要求，A公司要求退货，公司收到“拒付理由书”“拒收商品通知单”后，做出的会计处理为：

借：产品销售收入　　　　20,000

　　销售费用　　　　1,000

　　贷：银行存款　　　　21,000

分析：公司销货退回、折让、折扣应同时冲减应交税金。于是，吴文提请公司作相应的会计调整：

借：应交税金——应交增值税（销项税额）　　　　3,400

　　贷：银行存款　　　　3,400

【业务2-50】典型案例

宏大纺织机械股份有限公司，属增值税一般纳税人。2018年实现税前会计利润100万元，企业已按账面利润提取并缴纳所得税25万元。审计人员于2019年2月受托对企业2018年度所得税及流转税情况进行审核。

1. 相关资料

（1）该企业第四季度“原材料——钢材”明细账（见表2-13）及其“材料成本差异”明细账（见表2-14）。

（2）该企业自制设备一台，于5月份投入使用，企业账务处理如下：

借：固定资产　　　　120,000

　　贷：生产成本　　　　120,000

经查，该设备账面价值较低，原因是核算时，漏计耗用本单位的原材料成本8万元及其他应摊间接费用5万元，未计入设备成本。无同类设备售价。

表 2-13　　原材料-钢材明细账　　计量单位：吨　金额单位：元

2017 年	凭证	摘要	借（收入）方			贷（发出）方			余额		
			数量	单价	金额	数量	单价	金额	数量	单价	金额
10 月 1 日		期出结存							9	2,000	18,000
10 月 20 日		本月购进	10	2,000	20,000						
10 月 31 日		本月领用				15	2,000	30,000	4	2,000	8,000
11 月 11 日		本月购进	14	2,000	28,000						
11 月 30 日		本月领用				10	2,000	20,000	8	2,000	16,000
12 月 9 日		本月购进	15	2,000	30,000						
12 月 31 日		本月领用				13	2,000	26,000	10	2,000	20,000

表 2-14　　材料成本差异明细账　　金额单位：元

2017 年	凭证	摘要	借（收入）方	贷（发出）方	借或贷	余额
10 月 1 日		期出结存			借	300
10 月 20 日		本月购进	250			
10 月 31 日		本月结转		310	借	240
11 月 11 日		本月购进	240			
11 月 30 日		本月结转		260	借	220
12 月 9 日		本月购进		360	贷	140
12 月 31 日		本月结转		（340）	贷	（200）

2. 有关情况及说明

①年末“应交税金——应交增值税”科目无余额，“应交税金——未交增值税”账户为贷方余额；②期末无在产品、产成品；③审查其他资料均无问题；④城建税税率 7%，教育费附加征收率 3%，成本利润率为 10%；⑤固定资产按综合折旧率 8% 提取折旧。

要求：扼要指出存在的问题，计算应补缴的各项税费，并做出相关账务调整。

分析：

1. 存在的问题

第四季度材料成本差异结转有误。应结转：

（1）10 月份材料成本差异率 =（300 + 250）÷（18,000 + 20,000）×100% = 1.45%

10 月份应结转材料成本差异 = 30,000 × 1.45% = 435（元）

结转后，材料成本差异余额应为：300 + 250 − 435 = 115（元）。

（2）11 月份材料成本差异率 =（115 + 240）÷（8,000 + 28,000）×100% = 0.99%

11 月份应结转材料成本差异 = 20,000 × 0.99% = 198（元）

结转后，材料成本差异余额应为：115 + 240 − 198 = 157（元）。

（3）12 月份材料成本差异率 =（157 − 360）÷（16,000 + 30,000）×100% = −0.44%

12 月份应结转材料成本差异 = 26,000 ×（−0.44%）= −114.4（元）

结转后，材料成本差异余额应为：157－360－（－114.47）＝－88.53（元）（即应为贷方余额88.53元）。由于企业材料成本差异结转有误，造成差异账户余额出现贷方余额－200元，实现少结转成本288.53元，应调整当期损益。调账分录如下：

借：以前年度损益调整　　288.53
　　贷：材料成本差异　　288.53

2. 存在的问题

企业自制设备应视同销售，计征增值税和企业所得税；漏计设备价值的金额以及相关税费应增加设备原值，并补提固定资产折旧；未计入设备成本的金额挤占了当期的生产成本。

设备成本：120,000＋80,000＋50,000＝250,000（元）；组成计税价格＝250,000×（1＋10%）＝275,000（元）；应补增值税＝275,000×16%＝44,000（元）；应补城市维护建设税＝44,000×7%＝3,080（元）；应补教育费附加＝44,000×3%＝1,320（元）；视同销售业务应调整纳税所得额＝275,000－250,000－3,080－1,320＝20,600（元）；应计入固定资产的所得税额为：20,600×25%＝5,150（元）。

调整分录如下：

借：固定资产　　183,550
　　贷：以前年度损益调整　　130,000
　　　　应交税金——应交增值税（销项税额）　　44,000
　　　　应交税金——应交城市建设维护税　　3,080
　　　　其他应付款——教育费附加　　1,320
　　　　应交税金——应交所得税　　5,150

应补提固定资产折旧额：183,550×8%×7÷12＝8,565.67（元）。

调整分录为：

借：以前年度损益调整　　8,565.67
　　贷：累计折旧　　8,565.67

综上，合计调整应纳税所得额为：－288.53＋130,000－8,565.67＋20,600＝141,745.80（元）；应补缴所得税＝141,745.8025%＝35,436.45（元），其中，应计入损益的所得税＝35,436.45－5,150＝30,286.45（元）。

调整分录为：

借：以前年度损益调整　　35,436.45
　　贷：应交税金——应交所得税　　35,436.45
借：以前年度损益调整　　85,997.88
　　贷：利润分配——未分配利润　　85,997.88

提示：按照股份有限公司会计制度的规定，“以前年度损益调整”科目应结转至“利润分配——未分配利润”账户。对于非股份有限公司企业，则结转至“本年利润”账户，但在计算2017年所得税时，应将这部分金额剔除。

学习子情境 2.2.4　应付账款的审计

情境引例

北斗星公司2017年会计记录概况：应付账款年初余额为100万元，年末余额（未审数）为150万元。请进行详细的审计，并将审计结果报告给公司股东。

分析：北斗星公司内部审计机构对公司的应付账款进行详细的审计，这是公司内部审计的一种情况。内部审计机构接到任务后，成立审计小组，审计小组组长与小组成员一起制定审计方案，理清审计思路，共同研究探讨审计方法。请思考以下问题：

（1）应付账款审计的主要目的是什么？

（2）应付账款的范围有多大？

（3）应付账款的主要程序、主要的审计方法有哪些？

一、应付账款审计目标

（1）资产负债表中记录的应付账款是存在的。

（2）所有应当记录的应付账款均已记录。

（3）资产负债表中记录的应付账款是被审计单位应当履行的现实义务。

（4）应付账款以恰当的金额包括在财务报表中，与之相关的计价调整已恰当记录。

（5）应付账款已按照企业会计准则的规定在财务报表中做出恰当的列报。

二、应付账款审计范围

审计范围包括请购单、订货单、验收单、购货发票、付款凭证、现金及银行存款日记账、应付账款明细账及总账、银行对账单、卖方对账单、支票等。

三、应付账款审计要点

（一）应付账款内部控制测试

（1）调查应付账款内部控制；

（2）抽查应付账款明细账；

（3）审查现金折扣；

（4）评价购货与付款的内部控制。

（二）应付账款实质性测试程序

（1）编制或取得应付账款明细表；

（2）确定应付账款金额的准确性；

（3）核实应付账款的真实性；
（4）查找未入账的应付账款；
（5）检查带有现金折扣的应付账款；
（6）检查应付账款长期挂账的原因；
（7）检查被审计单位在资产负债表日前后的存货入库资料；
（8）检查应付账款的列报情况。

【业务2－51】典型案例

某公司2017年12月31日资产负债表应付账款项目为540,000元，应付账款总账贷方余额540,000元，审计发现：

（1）应付天宇公司明细账借方余额400,000元，属正常交易的预付款项；

（2）应付凯利公司明细账贷方余额500,000元，为公司临时借入款项，用于结算工程款。

要求：以上情况处理是否妥当，若不当提出审计意见。

分析：应付凯利公司明细账贷方余额500,000元，为公司临时借入款项，用于结算工程款不属于应付账款而属于短期借款。故公司2017年12月31日资产负债表应付账款项目为（540,000－500,000＋400,000）440,000元

【业务2－52】做中学

审计人员审查某企业"应付账款"项目时发现该企业一笔金额为12,000元的应付账款，因债权单位撤销，无法支付，经领导批准予以核销。企业所作会计处理为：

借：应付账款	12,000	
贷：应付职工薪酬——职工福利费		12,000

要求：指出上述处理存在的问题，说明对报表的影响，并作账务调整。

【业务2－53】动脑筋

审计人员对某公司进行审计时，发现该公司2017年12月20日购入的空调设备安装完毕，发票于当日开出，金额为80万元，但发票于次年1月10日才收到，故计入2018年1月份账目中。

分析：请指出上述情况存在的问题。

学习子情境 2.2.5　其他负债的审计

情境引例

北斗星公司2017年会计记录概况：应付债券年初余额为500万元，年末余额（未审数）为550万元。请进行详细的审计，并将审计结果报告给公司股东。

分析：北斗星公司内部审计机构对公司的应付债券进行详细的审计，这是公司内部审计的一种情况。内部审计机构接到任务后，成立审计小组，审计小组组长与小组成员一起制定审计方案，理清审计思路，共同研究探讨审计方法。请思考以下问题：

（1）应付债券审计的主要目的是什么？

（2）应付债券的范围有多大？

（3）应付债券的主要程序、主要的审计方法有哪些？

一、审计目标

（1）资产负债表中记录的应付债券、长期应付款是存在的。

（2）所有应当记录的应付债券、长期应付款均已记录。

（3）记录的应付债券、长期应付款是被审计单位应当履行的现时义务。

（4）应付债券、长期应付款以恰当的金额包括在财务报表中，与之相关的计价调整已恰当记录。

（5）应付债券、长期应付款已按照企业会计准则的规定在财务报表中做出恰当列报。

二、审计要点

（1）获取或编制应付债券、长期应付款明细表。

（2）检查应付融资租入固定资产的租赁费。

（3）检查以分期付款方式购入固定资产等发生的应付款项。

（4）结合固定资产的审计，检查有无未入账的长期应付款。

（5）检查未确认融资费用。

（6）向债权人函证重大长期应付款。

（7）检查应付债券本息溢折价摊销、各项长期应付款本息的计算是否准确，会计处理是否正确。

（8）检查应付债券、长期应付款列报。

（9）长期应付款是否按减去未确认融资费用后的余额列示。

（10）一年内到期的长期负债是否列入一年内到期的非流动负债。

职业道德与素质

【案例背景】

ABC会计师事务所接受委托，对甲公司2017年度财务报表进行审计。根据审计业务的要求，组建了甲公司审计项目组。假定存在下列情形：

（1）项目组成员A注册会计师的弟弟于2017年购买甲公司发行的企业债券，面值1,000元，即将到期。

（2）自2017年开始，ABC会计师事务所向审计客户提供内部审计服务，制定内部审计政策及内部审计活动的战略方针。

（3）接受委托后，项目组成员B同时担任甲公司的董事。为保持独立性，在审计业务开始前，ABC会计师事务所将其调离项目组。

（4）审计项目组成员C的一位普通朋友于2017年2月购买了甲公司发行的公司债券20万元。

（5）甲公司与ABC事务所签订收费协议，约定按审定的营业收入金额的1%，作为审计费用。

要求：针对上述事项（1）至（5），分别指出是否对审计项目组的独立性构成不利影响，并简要说明理由。

分析：

（1）构成不利影响。如果审计项目组某一成员的其他近亲属在审计客户中拥有直接经济利益或重大间接经济利益，将因自身利益产生非常严重的不利影响。项目组成员A注册会计师的弟弟拥有甲公司的直接经济利益，且与A属于其他近亲属，无论经济利益是否重大，都对独立性产生不利影响。

（2）构成不利影响。会计师事务所向审计客户提供内部审计服务，并承担管理层职责时，将产生非常严重的不利影响，导致没有防范措施能够将其降低至可接受的水平。制定内部审计政策及内部审计活动的战略方针属于涉及管理层职责的内部审计服务。

（3）构成不利影响。如果会计师事务所的合伙人或员工兼任审计客户的董事或高级管理人员，将因自我评价和自身利益产生非常严重的不利影响，导致没有防范措施能够将其降低至可接受的水平，会计师事务所的合伙人或员工不得兼任审计客户的董事或高级管理人员。

（4）不构成不利影响，审计项目组成员C的朋友在审计客户中购买了债券，但与注册会计师关系并不密切，也不属于近亲属，因此不会对独立性构成不利影响。

（5）构成不利影响。会计师事务所对审计业务以直接或间接形式取得或有收费，将因自身利益产生非常严重的不利影响，导致没有防范措施能够将其降低至可接受的水平。会计师事务所不得采用这种收费安排。

职业能力训练

一、单项选择题

1. 为了证实采购交易被正确记入应付账款和存货等明细账中，并正确汇总（计价和分摊），审计人员最常用的实质性程序是（　　）。

A. 查验付款凭单后是否附有完整的相关单据

B. 检查订购单连续编号的完整性

C. 检查有关凭证上内部核查的标记

D. 通过加计采购明细账，追查过入采购总账和应付账款、存货明细账的数额是否正确，用以测试过账和汇总的正确性

2. 应付账款审计工作底稿中显示的以下准备实施的审计程序中，不恰当的是（　　）。

A. 由于函证应付账款不能保证查出未记录的应付账款，因此决定不实施函证程序

B. 由于应付账款控制风险较高，决定仍实施应付账款的函证程序

C. 某一应付账款明细账期末余额为零，决定仍然可能将其列为函证对象

D. 由于应付账款容易被漏记，应对其进行函证

3. 审计人员在对 F 公司 2017 年度财务报表进行审计时，收集到以下审计证据，哪项审计证据较为可靠（　　）。

A. 购货发票　　B. 销货发票

C. 领料单　　D. 工资计算单

4. 审计人员为审查被审计单位未入账负债而实施的下列审计程序中，最有效的是（　　）。

A. 审查资产负债表日后货币资金支出情况

B. 审查资产负债表日前后几天的发票

C. 审查应付账款、应付票据的函证回函

D. 审查购货发票与债权人名单

5. “将验收单和卖方发票上的日期与采购明细账中的日期进行比较”属于购货与付款循环中（　　）。

A. 内部控制目标　　B. 关键的内部控制

C. 内部控制测试　　D. 实质性测试

6. 审计人员从卖方发票追查至采购明细账，是为了证实购货与付款循环中（ ）。

A. 存在或发生目标　　B. 完整性目标

C. 估价或分摊目标　　D. 过账和汇总目标

7. 对应付账款进行的分析程序不包括（　　）。

A. 计算应付账款对存货的比率、应付账款对流动负债的比率，并与以前期间对比分析。评价应付账款的整体合理性

B. 获取或编制应付账款明细表，复核加计正确，并与报表数、总账数和明细账合计数核对是否相符

C. 分析长期挂账的应付账款，要求被审计单位做出解释，判断被审计单位是否缺乏偿债能力或利用应付账款隐瞒利润

D. 利用存货、营业收入和营业成本的增减变动幅度，判断应付账款增减变动的合理性

8. 审计人员应当进行应付账款函证的情况不包括（　　）。

A. 控制风险较高

B. 应付账款明细账户金额较大

C. 应付账款在全部负债中所占的比重较大

D. 被审计单位处于财务困难阶段

9. 下列各审计程序中，对查找未入账的应付账款最无效的是（　　）。

A. 检查在资产负债表日未处理的不相符的购货发票

B. 函证应付账款

C. 检查资产负债表日后收到的购货发票

D. 检查资产负债表日后应付账款明细账贷方发生额的相应凭证

10. 如果应付账款所属明细科目出现借方余额，审计人员应提请在资产负债表的（　　）项目列示。

A. 应收账款　　B. 预收账款

C. 应付账款　　D. 预付账款

二、多项选择题

1. 质押借款中，以下权利可以质押的有（　　）。

A. 依法可转让的股票　　B. 依法可转让的商标专用权

C. 汇票　　D. 房屋建筑物

E. 国有土地使用权

2. 在资产负债表日前，注册会计师最可能执行的审计程序有（　　）。

A. 测试现金内部控制　　B. 对购货业务进行交易测试

C. 审查或有事项　　D. 查找未入账的应付账款

E. 整理审计档案

3. 在对财务报表进行审计时，一般情况下更应关注“完整性”问题的项目有（　　）。

A. 预付款项　　B. 短期借款

C. 应付账款　　D. 管理费用

E. 应收账款

4. 大地公司 2018 年 1 月 1 日与 A 公司签订了一项产品销售合同，约定在 2018 年 2 月 15 日以每件产品 200 元的价格向外贸公司提供 1 万件甲产品，若不能按期交货，大地公司需要交纳 40 万元的违约金。这批产品在签订合同时尚未开始生产，但企业开始筹备原材料以生产这批产品时，原材料价格突然上涨，预计生产每件产品的成本升至 230 元。则下列处理中正确的有（　　）。

A. 借：营业外支出　　300,000
　　贷：预计负债　　300,000

B. 待相关产品生产完成后：
　　借：预计负债　　300,000
　　　贷：库存商品　　300,000

C. 借：营业外支出　　400,000
　　贷：预计负债　　400,000

D. 不做处理

5. 注册会计师对某公司购货与付款循环进行审计，该公司明细账往来账户年末余额及本年度进货总额如下，请问注册会计师应该选择哪两家公司进行函证（　　）。

A. 378,000 元，589,700 元　　B. 0 元，37,656,700 元

C. 86,000 元，83,990 元　　D. 3,677,800 元，2,637,540 元

6. 应付账款一般不需函证，但出现（　　）时，注册会计师应实施函证程序。

A. 被审计单位内部控制制度薄弱，重大错报风险较高

B. 应付账款金额较大

C. 被审计单位处于财务困难时期

D. 被审计单位供货方内部控制制度薄弱

7. 下列各项审计程序中，可以查找出未入账的应付账款的程序是（　　）。

A. 检查在资产负债日未处理的不相符购货发票的经济业务

B. 检查在资产负债日后收到购货发票，确认其入账时间是否正确

C. 检查在资产负债日后应付账款明细账贷方发生额的相应凭证，确认其入账时间是否正确

D. 有材料入库凭证但未收到购货发票的经济业务

8. 适当的职责分离有助于防止各种有意的或无意的错误。以下采购与付款业务不相容岗位包括（　　）。

A. 询价与确定供应商

B. 采购与验收

C. 付款审批与付款执行

D. 采购合同的订立与审批

9. 注册会计师在验证被审计单位应付账款的截止是否正确时，以下审计程序中可以考虑的有（　　）。

A. 检查在实物盘点工作底稿中记录的最后一张存货验收单号码

B. 检查在对存货实地观察时获得的采购截止资料

C. 区分应付账款中的目的地交货和起运点交货

D. 向与被审计单位有购销往来的债务人寄送询证函

三、判断题

1. 审计人员对受留置权限制的固定资产所有权的审查，通常审核被审计单位的有关负

债项目即可证实所有权的归属。 （ ）

2. 应付账款通常不需函证，如函证，最好采用否定式函证。 （ ）

3. 请购单可由手工或计算机编制，不但需事先编号，而且每张请购单必须经过对这类支出负有预算责任的主管人员签字批准。 （ ）

4. 企业验收商品时，首先应将所收商品与卖方发票的数量相核对。 （ ）

5. 购货与付款循环中常用的内部控制测试“观察有无未记录的卖方发票存在”不仅可证实及时性的内部控制目标，而且可证实完整性的内部控制目标。 （ ）

6. 虽然固定资产的保险不属于企业固定资产的内部控制范围，但是审计人员检查评价企业的内部控制时，应当了解固定资产的保险情况。 （ ）

7. 一般情况下，应付账款不需要函证，这是因为函证不能保证查出未记录的应付账款，况且审计人员能够取得购货发票等外部凭证来证实应付账款的余额。 （ ）

8. 进行应付账款函证时，审计人员应选择的函证对象是较大金额的债权人，那些在资产负债表日金额为零的债权人不必函证；同样，当选择重要的应付票据项目进行函证时，不应包括余额为零的项目。 （ ）

9. 应付账款的函证最好采用肯定形式，但不需具体说明应付金额。 （ ）

10. 审计中如果发现被审计单位因重复付款、付款后退货、预付货款等导致应付账款的某些明细账户借方出现较大余额，审计人员应提请被审计单位编制重分类分录，并将这些借方余额在资产负债表中列为资产。 （ ）

11. 如果被审计单位对投资性房地产后续计量选用公允价值模式，则应对投资性房地产按规定计提折旧。 （ ）

12. 在初次审计的情况下，审计人员应对固定资产和累计折旧的期初余额进行较全面的审计，最理想的方法是彻底审计自被审计单位设立起的“固定资产”和“累计折旧”账户中的所有重要的借贷记录。 （ ）

13. 审计人员对融资租入固定资产实施审计程序时，除可参照经营租赁固定资产的检查要点外，还要注意审查租入固定资产是否已登入了备查簿。 （ ）

四、简答题

审计人员对A公司2017年度会计报表进行审计。当年A公司向银行借入一笔长期贷款，贷款合同规定：

（1）公司以固定资产和存货为贷款担保；

（2）公司债务总额与所有者权益之比不得高于2:1；

（3）未经银行同意，公司不得派发股利；

（4）自2018年7月1日起分期归还贷款。

要求：审计人员对上述借款项目进行审计应采用哪些审计程序。

技能强化训练

实训 2-6

【实训目标】掌握应付账款的审计。

【实训资料】

案例 1：审计人员张刚在审计大华公司 2017 年度会计报表时，大华公司财务主管提出不必抽查 2018 年付款凭证来证实 2017 年度的会计记录。其理由如下，2017 年度的有些发票因收到太晚，不能记入 12 月份的付款记账凭证，公司已经全部用转账分录入账。2018 年初，由公司内部审计人员进行了抽查，公司愿意提供无漏记负债业务的说明书。

案例 2：审计人员吴生审计新兴公司“应付账款”时发现，该公司因财务状况困难，无法支付已有 3 年账龄的欠 A 公司的货款 10 万元（增值税项不计，下同）。经协商，债权人同意以新兴公司生产的总成本为 6 万元的产品抵债。双方已在本年度履行了债务重组协议。但新兴公司未按规定进行账务处理。

案例 3：审计人员李文在审计 H 公司“应付账款”时，发现该公司存在 3 年以上账龄的“应付账款——A 公司”600 万元。通过查阅原始凭证和询问有关业务人员，未能取得充分审计证据证明此款项的业务性，无法判定负债的存在性。

案例 4：审计人员吴生在审计新兴公司“应付账款”时，发现该公司于 12 月 28 日购入的 G 货物 50 万元，已按规定纳入 12 月 31 日存货盘点范围进行了实物盘点。但卖方发票于次年 1 月 5 日才收到，并在次年的 1 月份进行了账务处理。本年度无相应进货和负债记录。

【实训要求】对上述应付账款进行审计。

【实训指导】

案例 1 的问题包括：注册会计师张刚在执行抽查未入账债务程序时，是否可以因客户已利用转账分录将 2017 年迟收发票入账的事实而改变原定的审计程序，是否因客户愿意提供无漏记债务说明书而受影响，可否因内部审计人员的工作而取消或减少审计程序。

（1）委托人对迟收账单以转账方式入账，简化了注册会计师对未入账债务的抽查，也减少了进一步调整的可能性，但这并不影响注册会计师抽查 2018 年度付款记账凭证。这种抽查与委托人自信十分完整、正确的报表仍需审核的理由是相同的。

（2）客户提供的无漏记债务说明书不能作为正当审计程序，仅提供给注册会计师额外的保证，作为内部证据，其证明力较弱，故无法减轻注册会计师应抽查的责任。

（3）如果注册会计师已查明内部审计人员具有专业胜任能力和合理的独立性，并且已抽查了未入账的债务，在和内部审计人员讨论其程序的性质、时间、范围并审阅其工作底稿后，注册会计师可减少本身拟进行的未入账债务抽查工作，绝不能取消抽查工作。

（4）注册会计师审查未入账债务，还可以通过如下途径：①未归档的购货发票；②客户以前年度未曾核定的所得税结算申报表；③与客户商讨；④ 客户管理当局的声明书；⑤与上年账户余额相比较；⑥ 期后对期内相关付款的审核；⑦现有契约、合同、议事录、律师的账单和信件往来；⑧ 主要供货商的信件往来；⑨ 抽查截止日期的有关账户，如存货、固定资产等。

案例2则涉及债务重组问题。根据《企业会计准则——债务重组》的规定，债务人的会计处理是“以非现金资产清偿某项债务的债务人，应将重组债务的账面价值与转让的非现金资产的公允价值之间的差额作为债务重组收益计入当期损益，转让的非现金资产的公允价值与其账面价值之间的差额作为资产转让损益计入当期损益”。为此注册会计师的审计处理应是：

（1）将审验情况提请被审计单位按照规定进行补充会计处理，并对会计报表相关项目的数额进行调整。

（2）应将审验情况和被审计单位的处理调整情况详细记录在审计工作底稿。

（3）如果被审计单位拒绝调整，审计人员应考虑出具保留意见的审计报告。

根据审计准则要确认被审计单位负债项目的存在，审计人员必须取得充分的审计证据。对案例三发现的审计问题，审计人员除查明经济业务性质，获取对方确认性的询证回函外。必要时应补充替代审计程序，追索原始凭证及经办人员的事项说明，通过函证取得对方相应的证明等。如通过上述这些程序仍无法获取充分的审计证据，则审计人员应考虑出具保留意见的审计报告。我们还应注意到：与资产类项目审计比较在审计负债类项目时，侧重防止企业低估负债的问题，低估负债经常伴随着低估成本和费用，达到高估利润的目的。负债类的低估往往是藏匿凭证，不会留下确凿的证据，增加了审计难度。因此审计人员在审计负债类项目时，应设计一些特殊程序来查找未入账的负债情况。

评价：应付账款是企业因购买商品、接受劳务而形成的债务。在资产负债表中应付账款一般是一项比较大的流动负债，是评价企业短期偿债能力时必须考虑的一个重要因素，与应付票据共同构成了企业主要的商业信用形式，成为其重要资金来源渠道之一。在审计实务中，注册会计师对应付账款的实质性测试，可通过以下审计程序来完成：

（1）获取或编制应付账款明细表。注册会计师对应付账款余额进行实质性测试时，通常向被审计单位索取或自行编制应付账款明细表，以确定被审计单位资产负债表上应付账款的数额与其明细表是否相符。

（2）对应付账款明细余额进行分析并作必要的重分类。审计人员应结合以前年度审计情况，对应付账款明细余额进行调查分析，是否存在负数余额，是否将本应在“其他应付款”“预付账款”等科目中核算的账项一并在“应付账款”科目核算。如存在此类问题应作重分类处理。

（3）函证应付账款。一般情况下，如果是连续委托审计的企业，且审计程序得到较充分实施时，对应付账款可采用替代审计程序，或主要依赖于分析性复核。在外勤审计工作日，应对回函的结果进行汇总、分析，查明差异原因，并做出调整。

（4）查找未入账的应付账款。查找未入账的应付账款是应付账款实质性测试程序的重要补充程序，其目的是为了防止企业低估应付账款。在审查企业有无未入账的应付账款时，注册会计师还可以通过询问被审计单位的会计和采购人员，查阅资金预算、工作通告单和基建合同来进行。如果注册会计师通过上述程序发现某些未入账的应付账款，应将有关情况详细记录在审计工作底稿中，然后视其重要性决定是否建议被审计单位进行相应的调整。

（5）抽取未能函证、期末余额变动较大以及函证未果的明细账户进行替代测试。

（6）检查应付账款是否已在会计报表及附注中得到恰当披露。重点关注以下几个问题：①期末应付账款余额的账龄分布情况；②对主要债权人按负债金额由大到小列示；③与应付账款有关的诉讼纠纷及其潜在影响；④对关联企业的应付账款。

（7）向企业管理当局索取有关负债说明书。这种说明书虽然不能减轻审计人员的审计责任，但能有效地提醒企业管理当局应对会计报表的公允表述负有主要责任，使他们明确审计人员的审计责任并不能替代、减轻或免除被审计单位的会计责任及其他管理责任。

实训 2－7

【实训目标】掌握预收账款审计。

【实训资料】张军审计 A 公司预收账款项目时，发现以下审计线索：

（1）A 公司 3 年前预收 W 公司款项 800 万元，当年根据 W 公司的委托支付给 H 公司 200 万元，剩余 600 万元，截至 2017 年度资产负债表日账面余额为 600 万元。

（2）2017 年 12 月 25 日 A 公司根据银行存款未达账项调整 1,000 万元记入“预收账款”。张军逐笔核对了记账凭证及其后附的销售合同等，随后又根据合同所列产品名称及数量，到仓库审查了产品库存明细账，证实以上各批产品已发货，有关原始凭证已传递到会计部门。

【实训要求】运用所学对上述预收账款进行审计。

【实训指导】

1. 一般情况下，预收账款供货单位应按合同或约定及时向购货方提供货物，结算货款。A 公司的上述经济业务预收 W 公司账款余额为 600 万元，时间较长，数额较大。A 公司长时间无供货行为，应引起审计人员的充分关注。对此，审计人员应采取以下审计程序：

（1）取得并审阅业务发生时会计处理的原始凭证，获取确认经济性质的审计证据，据以判定负债的存在性；

（2）通过函证取得 W 公司的数额确认情况说明；

（3）如果经以上程序，证实此事项属非正常的事项，审计人员应根据其性质及对财务报表的影响程度，按照审计准则的要求，发表适当的审计意见。

2. 根据会计制度的规定，上述预收账款 1,000 万元的经济事项已表明销售收入的成立，应该确认销售收入。因此审计人员要在取得充分、适当的审计证据基础上，提请被审计单位进行账务调整，并把查证的情况客观地记录在审计工作底稿中。如果 A 公司拒绝调整，审计人员可考虑发表保留或否定意见的审计报告。

3. 审计人员审计预收账款时，要关注被审计单位以下项目：

（1）是否与预收租金、预收利息等相混淆；

（2）是否将预收账款作为销售收入入账；

（3）是否利用“预收账款”截留收入；

（4）是否利用“预收账款”账户进行舞弊行为。

在审计实务中，审计人员应结合销货业务对预收账款进行审计。预收账款审计的目标一般包括：确定预收账款的发生及偿还记录是否完整、期末余额是否正确以及在会计报表上的披露是否恰当等。

围绕上述目标，预收账款的实质性测试程序一般有以下几个方面：

(1) 对已转销金额较大的预收账款进行检查，核对记账凭证、仓库发运凭证、销售发票等，并注意这些凭证发生日期的合理性。

(2) 抽查与预收账款有关的销售合同、仓库发运凭证、收款凭证，检查已实现销售的商品是否及时转销预收账款，确定预收账款期末余额的正确性和合理性。

(3) 选择预收账款的若干重大项目函证，根据回函情况编制函证结果汇总表。函证测试样本通常应考虑选择大额或账龄较长的项目、关联方项目以及主要客户项目。

(4) 检查预收账款是否存在借方余额，决定是否建议作重分类调整。

(5) 检查预收账款长期挂账的原因，并做出记录，必要时提请被审计单位予以调整。

(6) 检查预收账款是否已在资产负债表上作恰当披露。

学习情境 2.3　所有者权益的审计

职业能力目标	专业能力	了解所有者权益审计的主要内容；掌握实收资本（股本）的审计要点；掌握资本公积的审计要点；掌握盈余公积的审计要点；掌握未分配利润的审计要点
	职业核心能力	确定所有者权益项目的审计目标，并根据审计目标运用实质性程序开展所有者权益审计业务
主要概念	所有者权益；实收资本（股本）；资本公积（其他综合收益）；留存收益	

所有者权益，是指企业资产扣除负债后由所有者享有的剩余权益，公司所有者权益又称为股东权益。所有者权益审计的主要内容包括：投资者对企业投入的资本及企业存续过程中形成的资本公积、盈余公积（其他综合收益）和未分配利润。

在企业日常经营活动中，虽然所有者权益的业务较少，但涉及的金额往往较大，故审计时应主要采用详细审计的方法进行审查。

学习子情境 2.3.1　实收资本（股本）的审计

情境引例

北斗星有限责任公司于2017年设立，注册资本800万元，共有A、B、C三位出资人，其中A以货币资金520万元出资（比例为65%）；B以其房屋作为出资，双方确认的价值为280万元（比例为35%），截至审计日为止，B投入的房屋仍未办理产权转移手续；2018 年吸收新股东 C 后注册资本总额达到 1,000 万元。C 投入公司所需原材料一批，原材料账面价值为 300 万元，双方确认的价值为 280 万元，准备占有该企业注册资本的 20%，北斗星公司有关 C 投资的账务处理如下：

借：原材料　　300

　　贷：实收资本　　300

分析：

（1）北斗星公司的实收资本业务存在以下问题：

①B 投入的房屋未办理产权转移手续；

②C 投入的原材料应当按照双方确认的价值 280 万元入账，故计入实收资本的金额应为 200 万元，资本溢价 80 万元应计入资本公积，其调整分录如下：

借：实收资本　　100

　　贷：原材料　　20

　　　　资本公积——资本溢价　　80

（2）实收资本（股本）审查的主要内容有投资者投入企业的资本是否真实，有无抽逃资本的行为，投入的比例结构是否合理、合法；实收资本的增减变动是否符合法律法规、合同和公司章程的规定；实收资本的账务处理及年末余额是否正确等。

一、实收资本（股本）的审计目标

（1）确定实收资本（股本）的真实性；

（2）确定实收资本（股本）增减变动的合规性；

（3）确定实收资本（股本）会计记录的完整性；

（4）确定实收资本（股本）年末余额的正确性；

（5）确定实收资本（股本）已按照企业会计准则的规定在财务报表中恰当列报。

二、实收资本（股本）的审计要点

（一）审查实收资本（股本）的真实性

（1）取得实收资本（股本）投入相关的记录及文件等，审查原始凭证所反映的内容是否与投入资本有关。

（2）审查投资者投入的实收资本（股本）是否真正到位。

①确定投入货币资金是否确实存入企业的开户银行；

②对投入原材料、设备、房地产等实物资产应审核购货发票、所有权证明文件；

③对投入的无形资产应审查是否办理了法律手续，有无合法的证明文件。

【业务 2－54】动脑筋

为证实北斗星公司三位股东的投资是否属实，应分别搜集哪些审计证据？

（二）审查实收资本（股本）增减变动的合规性

（1）审阅账簿和凭证，查明注册资本的增减是否符合《公司法》等法律要求，投入资本是否有违约情况，有无抽逃资本等违法行为。

（2）检查实收资本（股本）增减变动的原因，查阅其是否与董事会纪要、补充合同、协议及其他有关法律性文件的规定一致，逐笔追查至原始凭证，检查其会计处理是否正确。

【业务2-55】动脑筋 《公司法》对实收资本（股本）增减变动有哪些规定？

（三）确定实收资本（股本）会计记录的完整性

将实收资本（股本）明细账与有关原始文件的记录进行核对，查明是否一致，以确定实收资本的记录是否完整。如有不一致，应查明原因。

（四）确定实收资本（股本）年末余额的正确性

（1）获取或编制实收资本（股本）增减变动情况明细表，复核加计是否正确，与报表数、总账数和明细账合计数核对是否相符。

（2）审查投资者投入资本或股东入股的资产计价是否准确、合理，有无高估或低估资产价值；吸收外币投资时，审查投资的币种、汇率及折算差额的准确性。

（3）审查企业增减资时的账务处理是否准确、恰当。

（五）确定实收资本（股本）已按照企业会计准则的规定在财务报表中恰当列报

【业务2-55】做中学

根据【情境引例】的资料填写北斗星公司的“实收资本明细表”（见表2-15）：

表2-15 实收资本明细表 （单位：万元）

投资人	摘要	期初余额	占出资比例（%）	本期借方发生额	本期贷方发生额	出资方式	期末余额	占出资比例（%）
A	收到投资					货币资金		
B	收到投资					实物资产		
C	收到投资					实物资产		
合计								

学习子情境 2.3.2 资本公积（其他综合收益）的审计

情境引例

审计人员在对北斗星公司资本公积的明细账进行审查时，发现本期借方发生额 80 万元，摘要未写明用途。审计人员获取相关记账凭证，会计分录为：

借：资本公积——资本溢价　　80

　　贷：应付职工薪酬——职工福利　　80

思考：北斗星公司资本公积的用途是否符合规定？

分析：北斗星公司将资本公积用于发放职工福利不符合《公司法》规定，资本公积（资本溢价）按规定只能用于转增资本，不能作其他用途。

一、资本公积的审计目标

（1）确定资本公积形成的合规性和真实性；

（2）确定资本公积使用的合规性；

（3）确定资本公积会计记录的完整性；

（4）确定资本公积年末余额的正确性；

（5）确定资本公积已按照企业会计准则的规定在财务报表中恰当列报。

二、资本公积的审计要点

1. 获取或编制资本公积明细表，复核加计是否正确，并与报表数、总账数和明细账合计数核对是否相符

2. 收集与资本公积变动有关的股东（大）会决议、董事会会议纪要、资产评估报告等文件资料，更新永久性档案

3. 根据资本公积明细账，对“资本（股本）溢价”的发生额逐项审查至原始凭证

（1）对于股本溢价，应取得董事会会议纪要、股东（大）会决议、有关合同、政府批文，追查至银行收款单等原始凭证；结合相关科目的审计，检查会计处理是否正确，注意发行股票溢价收入的计算是否已扣除股票发行费用。

（2）对于资本公积转增资本，应取得股东（大）会决议、董事会会议纪要、有关批文等，检查资本公积转增资本是否符合有关规定，会计处理是否正确。

（3）若发生同一控制下的企业合并，应结合“长期股权投资”科目，检查被审计单位（合并方）取得的被合并方所有者权益账面价值的份额与支付的合并对价账面价值的差额计算是否正确，是否依次调整本科目、盈余公积和未分配利润。

4. 根据资本公积明细账，对“其他资本公积”的发生额逐项审查至原始凭证

（1）检查长期股权投资以权益法核算的不属于其他综合收益的权益变动份额，会计处理是否正确；处置该项投资时，应注意是否已转销与其相关的资本公积。

（2）检查企业与股东之间的资本性交易，如股东对企业的捐赠、债务豁免、代为偿债等业务是否真实，会计处理是否正确。

（3）检查以权益结算的股份支付是否真实，计入资本公积的金额是否正确。

5. 检查资本公积是否已按照企业会计准则的规定在财务报表中恰当列报

【业务2-56】做中学

审计人员在审阅某公司“实收资本”明细账时，发现10月25日46#凭证的摘要为“收到王明投资款”110,000元。审计人员首先调出46#凭证，其分录为：

借：银行存款　　110,000

　　贷：实收资本　　110,000

所附原始凭证为银行进账单、收据以及公司董事会与王明所签协议复印件。审计人员仔细审阅了协议复印件，按照投资协议，王明需缴入现金110,000元，同时享有该公司三分之一（即100,000元）的股份。

要求：试分析上述会计处理是否正确。

分析：审计人员认为，根据协议王明投资款中的100,000元计入“实收资本”，另外10,000元应当作为资本溢价计入“资本公积”。正确的分录应该是：

借：银行存款　　110,000

　　贷：实收资本　　100,000

　　　　资本公积——资本溢价　　10,000

应建议被审计单位做调账处理。

三、其他综合收益的审计要点

“其他综合收益”科目属于所有者权益类科目，审查时主要根据其他综合收益明细账，对其发生额逐项审查至原始凭证：

（1）检查非投资性房地产转为公允价值模式核算的投资性房地产时，公允价值大于账面价值的差额是否记入“其他综合收益”；处置该项投资时，应注意是否已转销与其相关的其他综合收益。

（2）检查权益法核算下的长期股权投资，被投资单位发生的其他综合收益变动，投资单位是否确认“其他综合收益”；处置该项投资时，应注意是否已转销与其相关的其他综合收益。

（3）检查可供出售金融资产公允价值变动部分记入“其他综合收益”的金额是否正确；处置该项资产时，检查是否已转销与其相关的其他综合收益。

（4）检查持有至到期投资重分类为可供出售金融资产时，公允价值与账面价值的差额是否记入“其他综合收益”，会计分录是否正确。

学习子情境 2.3.3　留存收益的审计

情境引例

审计人员审查某公司 2017 年的财务报表时，了解到该公司 2017 年初注册资本为 1,560 万元，当年期末净利润为 650 万元，以前年度无亏损。该公司的盈余公积明细情况见表 2－16：

表 2－16　　盈余公积明细表　　单位：万元

明细项目	期初余额	本期增加	本期减少		期末余额
			转增资本		
法定盈余公积	485		350		135
任意盈余公积	85				85
合计	570		350		220

思考：

（1）该公司的盈余公积业务是否有不当之处？

（2）试讨论盈余公积项目的审计要点？

分析：对于法定盈余公积的提取，审计人员主要审查企业是否按规定以净利润的 10% 提取；对未提取或提取比例不足 10% 的，应审查企业已提取的法定盈余公积是否已达到注册资本的 50%。对于任意盈余公积，应按企业章程或董事会决议规定的比例提取。

留存收益，是指企业从历年实现的利润中提取或形成于企业的内部积累，包括盈余公积和未分配利润。

一、盈余公积的审计

（一）盈余公积的审计目标

（1）确定资产负债表中记录的盈余公积是存在的。

（2）确定所有应当记录的盈余公积均已记录，盈余公积的增减变动符合法律、法规及合同、章程的规定。

（3）确定盈余公积以恰当的金额包括在财务报表中。

（4）确定盈余公积已按照企业会计准则的规定在财务报表中恰当列报。

（二）盈余公积的审计要点

（1）获取或编制盈余公积明细表，复核加计是否正确，并与报表数、总账数和明细账合计数核对是否相符。

（2）收集与盈余公积变动有关的董事会会议纪要、股东（大）会决议及政府主管部门、财政部门批复文件等资料，进行审阅，并更新永久性档案。

（3）对法定盈余公积和任意盈余公积的发生额逐项审查至原始凭证。

①检查法定盈余公积和任意盈余公积的计提顺序、计提基数、计提比例是否符合有关规定，会计处理是否正确；检查提取的合法性、正确性。对于盈余公积的提取，审计人员应做到：一要审查提取比例是否合规，是否经由董事会批准；二要审查提取项目是否完整；三要审查提取基数是否正确，即是否以净利润作为提取的基数。

②检查盈余公积的减少是否符合有关规定，应取得董事会会议纪要、股东（大）会决议，予以核实，并检查有关会计处理是否正确。

（4）检查盈余公积是否已按照企业会计准则的规定在财务报表中恰当列报。

二、未分配利润的审计

（一）未分配利润的审计目标

（1）确定资产负债表中记录的未分配利润是存在的。

（2）确定所有应当记录的未分配利润均已记录，未分配利润的增减变动符合法律、法规及合同、章程的规定。

（3）确定未分配利润以恰当的金额包括在财务报表中。

（4）确定未分配利润是否已按照企业会计准则的规定在财务报表中恰当列报。

（二）未分配利润的审计要点

（1）检查利润分配比例是否符合合同、协议、章程及董事会纪要的规定，利润分配数额及年末未分配数额是否正确。

（2）根据审计结果调整本年审计数，直接增加或减少未分配利润，确定调整后的未分配利润数。

（3）检查未分配利润是否已按照企业会计准则的规定在财务报表中恰当列报。

职业能力训练

一、单项选择题

1. 审计人员在审查资本公积时，认为正确的有（　　）。

A. 被审计单位将资本公积用于偿还借款

B. 被审计单位将资本公积用于扩大再生产

C. 被审计单位将资本公积按规定转增资本

D. 被审计单位将资本公积弥补企业亏损

2. 被审计单位发行股票募集资本金发生的手续费用，审计人员认为正确的是（　　）。

A. 计入管理费用　　B. 计入财务费用

C. 冲减资本公积——股本溢价　　D. 计入实收资本

3. 被审计单位应将可供出售金融资产公允价值变动计入（　　）。

A. 资本公积——其他资本公积　　B. 公允价值变动损益

C. 其他综合收益　　D. 投资收益

4. 丰美公司“盈余公积”账户2017年1月1日的余额为500,000元，2017年12月31日的余额为500,000元，当年实收资本期末余额1,000,000元，当年实现净利润200,000元，审计人员的下列判断合理的是（　　）

A. 丰美公司2017年未提取盈余公积的做法是不合法的

B. 丰美公司2017年可以不提取盈余公积

C. 丰美公司2017年可以不提取法定盈余公积，但必须提取任意盈余公积

D. 丰美公司2017年必须提取盈余公积

5. 对投入资本的实质性测试，主要通过（　　）账户进行。

A. 固定资产　　B. 实收资本

C. 资本公积　　D. 长期股权投资

6. 法定盈余公积按规定达到注册资本的（　　）时可不再提取。

A. 30%　　B. 50%

C. 70%　　D. 80%

7. 法定盈余公积用于转增资本或分配利润后，其余额不得低于转增前注册资本的（　　）。

A. 20%　　B. 30%

C. 25%　　D. 15%

8. 审计人员在对所有者权益进行审计时，（　　）。

A. 必须对其进行控制测试

B. 必须采用抽查的方法

C. 一般采用详查的方法

D. 由于对资产、负债审计时已经得到了所有者权益的佐证信息，一般不对所有者权益项目进行审计

9. 其他综合收益在资产负债表上应当（　　）。

A. 单项列示　　B. 与实收资本合并列示

C. 与盈余公积合并列示　　D. 作为实收资本的减项列示

10. 对于未分配利润的审计，应与（　　）的审计结合起来进行。

A. 银行存款　　B. 利润、利润分配

C. 存货　　D. 负债项目

二、多项选择题

1. 在审查盈余公积的用途时，审计人员认为恰当的有（　　）。

A. 被审计单位将盈余公积用于职工福利　　B. 被审计单位将盈余公积用于扩大再生产

C. 被审计单位将盈余公积按规定转增资本　　D. 被审计单位将盈余公积弥补企业亏损

2. 下列属于所有者权益项目的有（　　）。

A. 资本公积　　B. 其他综合收益

C. 股本　　D. 未分配利润

3. 审计人员对资本公积进行实质性测试的主要程序有（　　）。

A. 审查资本溢价或股票溢价　　B. 审查其他资本公积

C. 审查资本公积的使用　　D. 审查资本公积的披露

4. 在对股票的发行、回购等交易活动进行审计时，审计人员应当审查的原始凭证包括（　　）。

A. 发行股票的登记簿、募股清单　　B. 向外界回购的股票清单

C. 银行存款收付凭证　　D. 银行存款对账单

5. 在审查实收资本的增减变动时，审计人员应（　　）。

A. 有无随意抽走资金的情况

B. 查阅其变动原因是否与董事会纪要、合同及其他相关法律文件的规定一致

C. 逐笔追查至原始凭证，检查其会计处理是否正确

D. 有无变相抽逃资金的情况

6. 审计人员认为将导致企业未分配利润虚增的事项有（　　）。

A. 投资人投入设备计入营业外收入

B. 当年少计提固定资产折旧 20 万元

C. 部分销售收入不入账

D. 企业按当年税后利润的 20% 计提法定盈余公积

7. 被审计单位实收资本或股本增加的途径有（　　）。

A. 接受投资者投入资本　　B. 将资本公积按规定转增资本

C. 合理地将盈余公积转增资本　　D. 回购发行在外的股票

8. 被审计单位下列做法中，审计人员认为符合规定的有（　　）。

A. 被审计单位当年未提取法定盈余公积，理由是当年的法定盈余公积达到了注册资本的50%

B. 被审计单位税后利润分配的顺序是：弥补亏损——提取盈余公积——分配股利

C. 被审计单位将资本公积用于弥补公司亏损

D. 被审计单位先向股东分配股利，再提取盈余公积

9. 对盈余公积的审计，审计人员一般由盈余公积账户追查至（　　）。

A. 资产负债表　　B. 利润表

C. 利润分配表　　D. 现金流量表

10. 对所有者权益的审计，是在对资产负债表审计的基础上，进一步验证企业的净资产，包括（　　）。

A. 投入资本　　B. 资本公积

C. 盈余公积　　D. 未分配利润

三、判断题

1. 资本公积经总经理决定，可转作实收资本。（　　）

2. 按照有关规定，股票溢价在扣除相关发行费用后，方可计入资本公积。（　　）

3. 经股东大会同意，企业可将全部盈余公积转增资本。（　　）

4. 审计人员对企业未分配利润的审计，实际上包括对利润形成和利润分配全部有关业务及会计记录的审计。（　　）

5. 在弥补亏损审计中，应注意盈余公积、资本公积均不可用于弥补亏损。 (　　)

6. 由于所有者权益增减变动的业务较少、金额较大，审计人员在审计了企业的资产和负债后，往往不必再对所有者权益进行单独审计。 (　　)

7. 留存收益审计包括对盈余公积、未分配利润的审计。 (　　)

四、简答题

1. 所有者权益审计的内容包括哪些？应如何开展对所有者权益的审计？

2. 未分配利润的审计目标是什么？

五、实务题

1. 审计人员在审计甲公司时发现该公司成立之初，最大的股东黄某出资400万元，其“实收资本”下的明细科目中“实收资本——黄某”明细账上注明投入现金400万元，审计人员调阅相关记账凭证发现当年第60号凭证会计分录如下：

借：银行存款　　400

　　贷：实收资本　　400

但未附原始凭证，审计人员怀疑该项出资不真实。

要求：

（1）请简单设计审计程序以证实黄某的投资是否真实？

（2）假如证实黄某的投资不属实，应如何进行审计调整。

2. 审计人员在审查被审计单位的“资本公积”明细账时，发现本期股票溢价18,000元，抽查有关会计凭证时，发现本期实际发行股票10,000股，每股发行价格12元，股票面值10元，股票发行手续费2,000元，佣金1,000元列入财务费用。被审计单位“资本公积——股本溢价”账户的发生额是否正确，请以审计人员的身份提出处理建议。

学习情境2.4　收入、引用和利润的审计

职业能力目标	专业能力	熟悉营业收入的审计目标；掌握主营业务收入的审计要点；掌握其他业务收入的审计要点；了解利润形成、利润分配的审计目标，掌握利润形成、利润分配的审查
	职业核心能力	能采用检查、重新计算、函证等审计方法判断收入、费用、利润在核算过程中是否存在漏洞，并能纠正其会计处理的错弊
主要概念	主营业务收入；其他业务收入；利润	

学习子情境 2.4.1 收入的审计

情境引例

审计人员在北斗星公司审计时发现：该公司 2018 年 12 月 31 日盘点存货时发现甲产品账面数量大于库存数量 200 吨，经询问销售部及仓库保管人员得知，12 月 20 日销售一批甲产品，发票已开具，购货方已提货，双方约定 1 个月后付款，公司以未收到款项为由未做任何会计处理。北斗星公司对这批甲产品既没有保留继续管理权，也未对其实施控制。甲产品销售单价为 1,600 元，单位成本为 800 元。该公司适用 16% 的增值税税率。

思考：上述业务的处理有无不当之处？如有错误该如何调整？

分析：北斗星公司的此笔销售业务处理不当。根据企业会计准则规定，采用交款提货销售方式，应于收到货款或取得收款的权利，并已将发票账单和提货单交给购货方时确认收入的实现。因此，该交易符合收入确认的条件，应确认为当期销售。审计人员应提请北斗星公司调整报表，作如下审计调整分录：

借：应收账款	371,200	
贷：主营业务收入		320,000
应交税费——应交增值税（销项税额）		51,200
借：主营业务成本	160,000	
贷：库存商品		160,000

一、营业收入的审计

营业收入项目主要核算企业在销售商品、提供劳务等主营业务活动中产生的收入，以及除主营业务活动以外的其他经营活动实现的收入，包括出租固定资产、出租无形资产、出租包装物、销售材料等实现的收入。按企业经营业务的主次分类，营业收入分为主营业务收入和其他业务收入。

（一）营业收入的审计目标

（1）确定营业收入记录是否真实；

（2）确定营业收入记录是否完整；

（3）确定与营业收入有关的金额及其他数据是否正确；

（4）确定营业收入是否已记入正确的会计期间；

（5）确定营业收入是否已记入恰当的账户；

（6）确定营业收入在报表上的列报是否恰当。

（二）营业收入的审计

1. 主营业务收入的审计要点

（1）获取或编制主营业务收入明细表，复核加计是否正确，并与总账数、明细账合计数和报表数核对是否相符。

（2）实施分析程序。对主营业务收入实施分析程序主要是为了检查该项目是否存在异常变动和重大波动，从而在总体上对主营业务收入的真实性做出初步判断。审计人员通常可从以下方面进行比较分析：

① 将本期的主营业务收入与上期的主营业务收入进行比较，分析产品销售的结构和价格的变动是否正常，如有异常，则分析异常变动的原因。

②比较本期各月各种主营业务收入的波动情况，分析其变动趋势是否正常，是否符合被审计单位季节性、周期性的经营规律，查明异常现象和重大波动的原因。比如某生产家具的企业1～11月份收入大体在450万元左右，而12月份突增至980万元，该企业是否存在虚列收入现象，审计人员应进一步查明原因。

③计算本期重要产品的毛利率，与上期或预算或预测数据比较，检查是否存在异常，各期之间是否存在重大波动，查明原因。

④ 将本期重要产品的毛利率与同行业企业进行对比分析，检查是否存在异常。

⑤ 根据增值税发票申报表或普通发票，估算全年收入，与实际收入金额比较。

（3）检查主营业务收入的确认条件、方法是否符合企业会计准则，前后期是否一致。根据《企业会计准则第14号——收入》规定，销售商品收入同时满足下列条件的，才能予以确认：

①企业已将商品所有权上的主要风险和报酬转移给购货方；

②企业既没有保留通常与所有权相联系的继续管理权，也没有对已售出的商品实施有效控制；

③收入的金额能够可靠地计量；

④相关的经济利益很可能流入企业；

⑤相关的已发生或将发生的成本能够可靠地计量。

具体来说，不同的销售方式，确认的销售时点也是不同的。

【业务2－57】做中学

针对表2－17中不同的销售方式和货款结算方式下收入确认时点的审查，审计人员应如何确定审查重点？

表2－17

销售方式	销售收入确认的时点	审查重点
交款提货方式	货款已收到或取得收取货款的权利，同时已将发票账单和提货单交给购货单位时	是否取得货款或收款权利，已将发票账单和提货单交给购货单位。应注意有无扣压结算凭证，将当期收入转入下期入账，或者虚记收入、开假发票、虚列购货单位，将当期未实现的收入虚转为收入记账，在下期予以冲销的现象

续表

预收款销售方式	商品发出时	被审计单位是否收到了货款，商品是否已经发出。应注意是否存在对已收货款并已将商品发出的交易不入账、转为下期收入，或开具虚假出库凭证、虚增收入等现象
托收承付方式	商品已经发出、劳务已经提供，并将发票账单提交银行并办妥托收手续时	被审计单位是否发货，托收手续是否办妥
委托代销方式	收到代销清单时	检查是否在收到代销单位的代销清单后确认收入

（4）审计相关凭证记录。

①获取产品价格目录，抽查售价是否符合定价政策，并注意销售给关联方或关系密切的重要客户的产品价格是否合理，有无低价或高价结算以转移收入和利润的现象。

②抽取本期一定数量的销售发票，检查开票、记账、发货日期是否相符，品名、数量、单价、金额等是否与发运凭证、销售合同或协议、记账凭证等一致。

③抽取本期一定数量的记账凭证，检查入账日期、品名、数量、单价、金额等是否与销售发票、发运凭证、销售合同或协议等一致。

（5）实施销售的截止测试。对销售实施截止测试，其目的主要在于确定被审计单位主营业务收入的会计记录归属期是否正确，应记入本期或下期的主营业务收入有否被推延至下期或提前至本期。

审计人员可以考虑选择两条审计路线实施主营业务收入的截止测试。

一是从资产负债表日前后若干天的账簿记录查至记账凭证和客户签收的发运凭证，证实已入账的收入是否在同一期间已发货并由客户签收，有无多记收入。

二是从资产负债表日前后若干天的已由客户签收的发运凭证查至账簿记录，确定主营业务收入是否已记入恰当的会计期间。

上述两条审计路径在实务中均被广泛采用，它们并不是孤立的，因此审计人员可以考虑同时选用这两条路线实施截止测试。

【业务2－58】做中学

根据表2－18，分析北斗星公司主营业务收入的入账时间是否恰当。

表2－18

销售发票号	销售收入	计入销售明细账日期	发运日	发票日
6371	8万元	2010年12月30日	12月23日	12月23日
6372	10万元	2010年12月30日	1月2日	1月3日
6373	12万元	2010年12月31日	1月5日	1月6日
6374	16万元	2011年1月8日	12月28日	12月28日
6375	20万元	2010年1月10日	1月2日	1月3日

分析：北斗星公司销售明细账中发票号6372、6373均属于提前入账业务，发票号6374属推迟入账业务。

（6）检查销售折扣、销售退回与折让。

（7）结合对应收账款的审计，选择主要客户函证本期销售额。

（8）检查有无特殊的销售行为，如附有销售退回条件的商品销售、委托代销、售后回购、以旧换新销售、商品需要安装和检验的销售、分期收款销售、出口销售、售后租回等，确定恰当的审计程序进行审核。

（9）检查主营业务收入的列报是否恰当。

【业务 2－59】典型案例

审计人员在对北斗星公司进行审计时编制了主营业务收入和主营业务成本对比表，如表 2－19 所示（该公司 2018 年的产供销情况与上年相当）。

表 2－19　　主营业务收入和主营业务成本对比表　　金额单位：（万元）

品　名	营业收入发生额		营业成本发生额	
	2017 年	2018 年	2017 年	2018 年
A 产品	80, 000	82, 000	76, 000	67, 600
B 产品	40, 000	40, 040	38, 000	38, 038
合　计	120, 000	122, 040	114, 000	105, 638

思考：结合表中内容，分析是否可能存在不合理之处，会产生哪些影响。

2. 其他业务收入的审计要点

（1）获取或编制主营业务收入明细表，复核加计是否正确，并与总账数、明细账合计数和报表数核对是否一相符。

（2）实施分析程序，检查是否有重大波动。如有，应查明原因。

（3）检查其他业务收入的内容是否真实、合法，收入确认原则及会计处理是否合规，并抽查原始凭证予以核实。

（4）对异常项目，应追查入账依据及有关法律文件是否充分。

（5）抽查资产负债表日前后一定数量的记账凭证，实施截止测试，追踪到销售发票、收据等，确定入账时间是否正确，对于重大跨期事项作必要的调整建议。

（6）确定其他业务收入在财务报表中的列报是否恰当。

【业务 2－60】做中学

审计人员在审查北斗星公司时发现，该企业于 2018 年 7 月 1 日出租了 1 台可供生产使用的机床，该机床账面原值为 100, 000 元，预计使用年限 10 年，年累计折旧额为 10, 000 元。租赁合同规定，租期 2 年，月租金 500 元，租金每年支付 1 次。该企业当年 12 月 31 日未做相应账务处理。

要求：分析北斗星公司该业务是否存在可疑之处？审计人员应如何进行审查？

分析：对于这项固定资产出租业务，审计人员认为可能存在以下问题。

（1）出租原因可能不正常。因为本企业生产所需的固定资产一般不应出租。

（2）租金过低。依据固定资产的账面资料计算，其固定资产的年折旧额为10,000元，而合同中的月租金为500元，1年为6,000元，大大低于年折旧额。

（3）当年年末对本年应收却未收的租金未做相应的账务处理。

审计人员应进一步审查，面询签订固定资产出租合同的负责人，询问出租原因和租金约定等事项，以查明此项业务的合规性、合法性。

根据审查情况，对于年末未收到的租金，建议企业应补做如下账务处理：

借：其他应收款	6,000	
贷：其他业务收入		6,000

二、投资收益的审计

投资收益，是指企业在一定的会计期间对外投资所取得的回报。投资收益包括对外投资所分得的股利和收到的债券利息，以及投资到期收回或到期前转让债权得到的款项高于账面价值的差额等。投资活动也可能遭受损失，如投资到期收回或到期前转让的所得款低于账面价值的差额，即为投资损失。投资收益减去投资损失则为投资净收益。在会计业务处理的实际操作中，有些企业容易利用投资收益来调节利润或实施舞弊，因此，审计人员应重视对投资收益的审查。

（一）投资收益的审计目标

（1）确定投资收益记录是否真实；

（2）确定投资收益记录是否完整；

（3）确定与投资收益有关的金额及其他数据是否正确；

（4）确定投资收益是否已记入正确的会计期间；

（5）确定投资收益是否已记入恰当的账户；

（6）确定投资收益在报表上的列报是否恰当。

（二）投资收益的审计要点

（1）获取或编制投资收益明细表，复核加计是否正确，并与总账数和明细账合计数核对是否相符，与报表数核对是否相符。

（2）对投资收益实施实质性分析程序，如将本期与以前年度投资收益进行比较，分析本期投资收益是否存在异常变动。若变动异常，应查明原因并做出适当调整。

（3）结合长期股权投资、交易性金融资产、可供出售金融资产、持有至到期投资等相关项目的审计，审查投资收益计算的金额是否正确，是否存在将投资收益计入其他账户而隐瞒收入的情况，确定投资收益是否记录在正确的会计期间。

（4）确定投资收益已恰当列报，检查与投资收益有关的重大事项有无做出恰当的披露。

【业务2－61】做中学

审计人员2018年在审查北斗星公司“盈余公积”总账下“任意盈余公积”明细账时，发现有一贷方记录的摘要内容为“收到股利收入”金额为200,000元。审计人员觉得可疑，调阅了2017年12月25日第198号记账凭证，显示的会计分录为：

借：银行存款　200,000

　　贷：盈余公积——任意盈余公积　200,000

所附原始凭证为银行通知单，显示对方付款理由为“年底分派股息”，再查阅该公司“对外投资”账，此笔股息为对外长期股权投资取得（该公司所得税税率为25%）。

要求：请分析以上业务存在的问题，并做出调整分录。

分析：该公司为了少纳所得税，故意隐瞒收入，把应作为投资收益的股利收入错入了盈余公积账户。由于已进行年度结账，2017年所得税已缴纳，故作如下调整：

借：盈余公积　200,000

　　贷：以前年度损益调整　150,000

　　　　应交税费——应交所得税　50,000

学习子情境2.4.2　费用的审计

情境引例

北斗星公司以生产和销售衣服鞋帽为主要经营项目，该公司所在地区行业平均毛利率近三年保持在15%左右。该公司2017~2018年销售收入水平平稳，但利润表显示利润下降幅度大。于是审计人员调取了主营业务收入的数据和库存商品明细账进行审查，并计算了该公司毛利率（见表2－20）。审计人员确认了该公司2014~2015年主营业务收入的数据合理，而许多已销产品存在随意结转成本的现象。

表2－20　毛利率计算表　单位：元

年份	主营业务成本	主营业务收入	毛利率
2017年	45,118,000	53,080,000	15%
2018年	50,340,500	52,990,000	5%

思考：北斗星公司主营业务成本项目可能存在哪些问题？

分析：毛利率为行业规律及市场规律，一般是比较稳定的。而根据北斗星公司财务数据计算出2018年的毛利率明显偏离行业水平且比2017年有较大幅度降低。在审计人员确认主营业务收入数据合理的情况下，可以怀疑其主营业务成本可能存在多结转的现象，从而达到虚减当期利润和所得税的目的。

一、营业成本的审计

营业成本，是指企业销售商品、提供劳务等经常性活动所产生的成本及主营业务活动之外的其他经营活动所发生的成本。营业成本主要包括主营业务成本和其他业务成本。营业成本是否真实、正确、合法合规，直接影响当期利润和所得税的缴纳，因此在审计中应予以重视。

（一）营业成本的审计目标

（1）确定营业成本记录是否真实；

（2）确定营业成本记录是否完整；

（3）确定与营业成本有关的金额及其他数据是否正确；

（4）确定营业成本是否已记入正确的会计期间；

（5）确定营业收入是否已记入恰当的账户；

（6）确定营业成本在报表上的列报是否恰当。

（二）营业务成本的审计

1. 主营业务成本的审计要点

（1）获取或编制主营业务成本明细表，复核加计是否正确，并与总账数和明细账合计数核对是否相符，结合其他业务成本科目与报表数核对是否相符。

（2）执行分析程序。比较本期与上期各月主营业务成本的波动趋势，并查明异常情况的原因。

（3）检查主营业务成本的内容和计算方法是否符合会计准则规定，前后期是否一致。

（4）审查主营业务成本结转数额是否正确，与主营业务收入是否配比。

（5）结合对主营业务收入和存货项目实施的截止测试，检查是否存在已发货并确认收入，但未结转主营业务成本，或未发货亦未确认收入，但已结转主营业务成本的情况。

（6）审查主营业务成本中的重大调整事项（如销售退回）是否有充分的理由，检查相关原始凭证及会计处理是否正确。

（7）检查主营业务成本是否已按照企业会计准则的规定做出恰当列报。

2. 其他业务成本的审计要点

（1）获取或编制其他业务成本明细表，复核加计是否正确，并与总账数和明细账合计数核对是否相符，结合主营业务成本科目与报表数核对是否相符。

（2）与上期其他业务收入/成本比较，检查是否有重大波动。如有，应查明原因。

（3）抽查其他业务成本的原始凭证，检查其会计处理是否正确。关注与其他业务收入的相关税费是否记入该科目。

（4）结合对其他业务收入的截止测试，检查其他业务成本是否存在跨期现象。

（5）针对评估的舞弊风险等因素增加的审计程序。

（6）检查其他业务成本是否已按照企业会计准则的规定做出恰当列报。

二、期间费用的审计

期间费用，是指不能直接归属于某个特定产品成本的费用，费用发生时应单独核算，直接冲减当期损益。期间费用主要包括销售费用、管理费用、财务费用。在实务中，一些企业往往利用期间费用来调节利润，因此费用发生的真实性和合规性是期间费用的审计重点。

（一）销售费用的审计

1. 销售费用的审计目标

（1）确定销售费用是否已发生，且与被审计单位有关；

（2）确定销售费用记录是否完整；

（3）确定与销售费用有关的金额及其他数据是否正确；

（4）确定销售费用是否已记入正确的会计期间；

（5）确定销售费用是否已记入恰当的账户；

（6）确定销售费用在报表上的列报是否恰当。

2. 销售费用的审计要点

（1）获取或编制销售费用明细表。

① 复核其加计数是否正确，并与报表数、总账数和明细账合计数核对是否相符。

② 将销售费用中的工资、折旧等与相关的资产、负债科目核对，检查其勾稽关系的合理性。

（2）实施分析程序。将本期的销售费用与上期销售费用进行比较，并将本期各月的销售费用进行比较，如有重大波动和异常情况应查明原因，并做适当处理。

（3）检查销售费用的项目设置和开支标准是否符合有关规定，是否划清了销售费用与其他费用的界限，有关费用支出是否按规定标准列支。

（4）选择金额较大、异常、接近资产负债表日的销售费用，检查其原始凭证是否合法，会计处理是否正确。必要时，实施截止测试，检查有无跨期入账的现象，对重大跨期项目应建议做必要调整。

（5）检查销售费用的结转是否正确、合规，查明有无多转、少转或不转销售费用以达到人为调节利润的情况。

（6）检查销售费用是否已按照企业会计准则的规定做出恰当列报。

（二）管理费用的审计

1. 管理费用的审计目标

（1）确定管理费用是否已发生，且与被审计单位有关；

（2）确定管理费用记录是否完整；

（3）确定与管理费用有关的金额及其他数据是否正确；

（4）确定管理费用是否已记入正确的会计期间；

（5）确定销售费用是否已记入恰当的账户；

（6）确定管理费用在报表上的列报是否恰当。

2. 管理费用的审计要点

（1）获取或编制管理费用明细表。

① 复核其加计数是否正确，并与报表数、总账数和明细账合计数核对是否相符。

② 将管理费用中的工资薪酬、折旧、摊销等项目与相关账户进行核对，检查其勾稽关系的合理性。

（2）实施分析程序。

①计算分析管理费用中各项目的发生额及占费用总额的比率，将本期、上期管理费用各主要明细项目做比较分析，判断其变动的合理性。

②将管理费用实际发生金额与预算金额进行比较。

③比较本期各月份的管理费用，对有重大波动和异常情况的项目应查明原因，必要时做适当处理。

（3）检查管理费用明细项目的设置是否符合规定的核算内容与范围，结合成本费用的审计，检查是否存在费用分类错误的情况。

（4）选择管理费用中的重要明细项目做重点审查，检查其原始凭证是否合法，会计处理是否正确。

（5）抽取资产负债表日前后若干天的一定数量的凭证，实施截止测试，对于重大跨期的管理费用项目，应做必要调整。

（6）检查管理费用的结转是否正确、合规，查明有无多转、少转或不转销售费用以达到人为调节利润的情况。

（7）检查管理费用是否已按照企业会计准则的规定做出恰当列报。

（三）财务费用的审计

1. 财务费用的审计目标

（1）确定财务费用是否已发生，且与被审计单位有关；

（2）确定财务费用记录是否完整；

（3）确定与财务费用有关的金额及其他数据是否正确；

（4）确定财务费用是否已记入正确的会计期间；

（5）确定财务费用是否记入恰当的账户；

（6）确定财务费用在报表上的列报是否恰当。

2. 财务费用的审计要点

（1）获取或编制财务费用明细表。复核其加计数是否正确，并与报表数、总账数和明细账合计数核对是否相符。

（2）实施分析程序。将本期、上期财务费用明细项目做比较分析，必要时比较本期各月的财务费用，如有重大波动和异常情况，应查明原因，扩大审计范围或增加审计程序。

（3）检查财务费用明细项目的设置是否符合规定的核算内容与范围，是否划清财务费用与其他费用的界限。

（4）检查利息支出明细账，确认利息支出的真实性及正确性，检查各项借款期末应计利息有无预计入账，注意检查现金折扣的会计处理是否正确。

（5）检查利息收入明细账，确认利息支出的真实性及正确性。

（6）检查汇兑损益明细账，检查汇兑损益计算方法是否正确，核对所用汇率是否正确，前后期是否一致。

（7）检查“财务费用——其他”明细账，注意检查大额金融机构手续费的真实性与正确性。

（8）对财务费用实施截止测试，若存在异常迹象，应考虑是否有必要追加审计程序，对于重大跨期项目应做必要调整。

（9）检查财务费用是否已按照企业会计准则的规定在财务报表中做出恰当列报。

学习子情境 2.4.3　利润的审计

情境引例

审计人员在审查北斗星公司 2018 年利润分配账户时，发现该企业当年发生滞纳金 1,000 元，提取法定盈余公积 4,900 元，分配投资者利润 50,000 元，形成未分配利润 39,200 元。为查证该公司利润分配是否符合规定程序，审计人员调阅 2018 年“本年利润”总账资料，发现该企业当年转出净利润共计 100,000 元。

思考：北斗星公司利润分配是否符合规定程序？

分析：按规定，该公司 2010 年应在支付滞纳金后提取法定盈余公积金（100,000 - 1,000）×10% =9,900（元）。而实际上可以发现，该公司是先分配利润再提取法定盈余公积金，显然违反了有关利润分配顺序的规定。

利润，是指企业在一定会计期间的经营成果，它是企业在一定会计期间内实现的收入减去费用后的余额。开展利润审计可以综合评价企业的经营状况和财务成果，促使企业正确反映利润的形成，正确计算和分配财务成果，正确处理企业与各方面的经济利益关系。下面主要介绍利润分配的审计内容。

一、利润分配的审计

（一）审查利润分配顺序

根据《企业会计制度》的规定，企业当年实现的净利润，加上年初未分配利润（或减去年初未弥补的亏损）和其他转入后的余额，为可供分配的利润。可供分配的利润按下列顺序分配：提取法定盈余公积——提取任意盈余公积——向投资者分配利润。可供分配的利润经过上述分配后，为未分配利润（或未弥补亏损）。

审计时应注意企业实际分配顺序与上述规定顺序是否相符，是否存在违反规定随意分配的情况。

（二）审查利润分配标准

利润分配中的一些项目是有明确规定的。审计时应注意其分配标准是否符合规定，最终分配的金额计算是否准确。比如，按照《公司法》有关规定，公司制企业应按照净利润（减弥补以前年度亏损，不包括年初未分配利润）的 10% 提取法定盈余公积；法定盈余公积累计额已达到注册资本的 50% 时可以不再提取。此外，还要审查被审计单位在向投资者分配利润时是否符合相关规定，审查时应结合“实收资本（股本）”“本年利润”“利润分配——应付现金股利或利润”“盈余公积补亏”等明细账户进行。被审计单位应在缴纳了所得税、提取了盈余公积之后，如仍有余额才能向投资者分配利润。而且分配给投资者利润的比例，应遵守公司章程或董事会等机构的决议，一般在年度终了后进行，由董事会提出分配原则和方案。

职业能力训练

一、单项选择题

1. 生产车间管理人员的工资应计入（　　）。

A. 制造费用　　B. 销售费用　　C. 管理费用　　D. 其他业务成本

2. 为了验证被审计单位记录的销售交易是否真实发生和存在，下列最有效的实质性程序是（　　）。

A. 以营业收入明细账为起点，追查至销售单、发运凭证等原始凭证

B. 复核销售发票上的数据与发运凭证是否一致

C. 以发运凭证为起点，追查至营业收入明细账

D. 追查销售发票上的详细信息至发运凭证、经批准的商品价目表和顾客订货单

3. 被审计单位销售时采用了现金折扣的方式，如果购货方实际享受了现金折扣，被审计单位对现金折扣应作的正确会计处理是（　　）。

A. 冲减当期主营业务收入　　B. 增加当期财务费用

C. 增加当期主营业务成本　　D. 增加当期销售费用

4. 为证实所有销售业务均已记录，审计人员应当选择的最有效的具体审计程序是（　　）。

A. 抽查发运凭证追查至账簿记录　　B. 抽查销售明细账追查至销售发票

C. 抽查应收账款明细账追查至销售合同　　D. 抽查银行对账单

5. 对被审计单位的销售交易，下列情况中，审计人员会认为不属于产生高估销售的是（　　）。

A. 向虚构的顾客发货并进行相应的账务处理

B. 本期已经发生的销售交易均已入账

C. 未曾发货却已将销售交易登记入账

D. 销售交易重复入账

6. 为证实所有销售交易均已登记入账，审计人员在执行审计程序时，常用的交易实质性程序是（　　）。

A. 检查证明销售交易分类正确的原始证据

B. 将发运凭证与相关的销售发票和主营业务收入明细账及应收账款明细账中的分录进行核对

C. 追查主营业务收入明细账中的分录至销售单、销售发票副联及发运凭证

D. 追查主营业务收入明细账中的分录至销售单中的赊销审批和发运审批

7. 下列各项中，不应计入销售费用的是（　　）。

A. 已售商品预计保修费用　　B. 为推广新产品而发生的广告费用

C. 随同商品出售且单独计价的包装物成本　　D. 随同商品出售而不单独计价的包装物成本

8. 企业发生的下列费用中，应计入销售费用的是（　　）。

A. 广告费　　B. 业务招待费

C. 矿产资源补偿费　　D. 研究费

9. 下列各项中，应计入管理费用的是（　　）。

A. 筹建期间的开办费　　B. 预计产品质量保证损失

C. 生产车间管理人员工资　　D. 专设销售机构的固定资产修理费

10. 下列各项中，应列为管理费用处理的是（　　）。

A. 自然灾害造成的流动资产净损失　　B. 筹建期间内发生的开办费

C. 预提产品质量保证费用　　D. 广告费

11. 某企业某月销售商品发生商业折扣20万元、现金折扣15万元、销售折让25万元。该企业上述业务计入当月财务费用的金额为（　　）万元。

A. 15　　B. 20　　C. 35　　D. 45

12. 某企业2018年3月份发生的费用如下：计提车间用固定资产折旧10万元，发生车间管理人员工资40万元，支付广告费用30万元，预提短期借款利息20万元，支付矿产资源补偿费10万元。则该企业当期的期间费用总额为（　　）万元。

A. 50　　B. 60　　C. 100　　D. 110

13. 企业专设销售机构人员的工资应记入（　　）账户。

A. “管理费用”　　B. “销售费用”

C. “主营业务成本”　　D. “其他业务成本”

二、多项选择题

1. 下列各项中，应计入销售费用的有（　　）。

A. 销售商品发生的商业折扣

B. 采用一次摊销法结转首次出借新包装物成本

C. 结转出租包装物因不能使用而报废的残料价值

D. 结转随同商品出售但不单独计价的包装物成本

2. 下列项目中，应作为管理费用核算的有（　　）。

A. 固定资产报废净损失

B. 计提的固定资产减值准备

C. 已达到预定可使用状态尚未投入使用的职工宿舍计提的折旧

D. 由企业统一负担的公司经费

3. 下列各项中，不应计入管理费用的有（　　）。

A. 总部办公楼折旧　　B. 生产设备改良支出

C. 经营租出专用设备的修理费　　D. 专设销售机构房屋的修理费

4. 下列各项费用，应通过“管理费用”科目核算的有（　　）。

A. 诉讼费　　B. 研究费用

C. 业务招待费　　D. 日常经营活动聘请中介机构费

5. 下列各项中，应计入财务费用的有（　　）。

A. 企业发行股票支付的手续费

B. 企业支付的银行承兑汇票手续费

C. 企业购买商品时取得的现金折扣

D. 企业销售商品时发生的现金折扣

6. 下列各项中，属于企业期间费用的有（　　）。

A. 销售费用　　B. 制造费用　　C. 管理费用　　D. 财务费用

7. 下列各项中，不应确认为财务费用的有（　　）。

A. 企业筹建期间的借款费用　　B. 资本化的借款利息支出

C. 销售商品发生的商业折扣　　D. 支付的银行承兑汇票手续费

8. 下列各项费用，应计入销售费用的有（　　）。

A. 咨询费　　B. 业务招待费　　C. 广告费　　D. 展览费

9. 下列各项中，应计入管理费用的有（　　）。

A. 管理人员工资及福利费　　B. 在建工程人员的工资及福利费

C. 业务招待费　　D. 技术转让费

三、判断题

1. 营业收入的审计包括对主营业务收入和其他业务收入的审计。（　　）

2. 主营业务收入截止测试主要是测试主营业务收入有无记入正确的会计期间。（　　）

3. 采用预收货款方式销售的被审计单位，审计人员应要求其在收到货款时确认收入。（　　）

4. 被审计单位将其出租固定资产的所有收入全部记入营业外收入账户，审计人员不应提请其调整。（　　）

5. 审计对其期间费用的审查应重点关注其真实性和合规性。（　　）

6. 要审查产品主营业务成本计算的正确性，应首先确认被审计单位选择成本计算方法的合理性。（　　）

7. 如果被审计单位是制造型企业，其主营业务成本数额真实性的审计，应结合生产成本的审计进行。（　　）

8. 发出存货采用不同计价方法计算出来的本期主营业务成本应该是相等的。（　　）

9. 审计人员发现被审计单位利润表中当年财务费用金额为负数，则认定被审计单位财务费用项目一定存在错报。 （ ）

10. 被审计单位将销售折让的金额计入销售费用账户，审计人员认为此业务不存在错报。 （ ）

四、简答题

1. 简述营业收入的审计目标。
2. 如何对主营业务收入实施分析程序？
3. 什么是截止测试？如何对主营业务收入实施截止测试？
4. 简述利润审计的要点。

五、实务题

1. 审计人员对A公司2018年度财务报表审计业务，在对销售业务实施实质性程序时，发现如下销售业务。

（1）A公司与乙公司签订合同销售一条大型生产线，负责安装工作，总价款为100万元，先支付50%，安装完毕支付50%。A公司于2018年12月25日收到货款50万元，2018年12月30日运抵乙公司，2019年1月30日安装完毕。A公司于2018年确认营业收入50万元。

（2）为开拓海外市场，A公司向海外丙公司销售一批设备，共计50万元，丙公司声明由于本国外汇管制，无法承诺付款，A公司仍然向丙公司交付设备，且未确认营业收入。

（3）2018年12月25日，A公司委托丁公司销售100台设备，协议价为10万元/台，成本为8万元/台，A公司按照售价的10%向丁公司支付手续费。A公司于2018年12月26日确认营业收入1,000万元。

（4）为开展多元经营，A公司于2018年度推出一种新商品，承诺销售后3个月内免费退货。2018年10月15日，A公司销售100件该产品，售价30万元。A公司于2018年12月31日确认营业收入30万元。

要求：针对上述（1）~（4）项，审计人员能否认可A公司的处理？如不认可请简要说明理由。

2. 审计人员在对某公司审计时发现：

（1）2018年年6月向甲客户销售商品并到得商业承兑汇票，票面值为104,400元，其中销货款为90,000元，增值税税率为16%，约定8个月后付款，该批产品的成本为65,000元。该公司以未取得货款为由，未进行账务处理。

（2）由于该公司产品有瑕疵，不得不将已发出的标价为100,000元的产品按1%给予A客户折让，该公司因此所做的会计分录如下：

借：销售费用	1,000	
应交税费——应交增值税（销项税额）	160	
贷：应收账款		1,160

要求：分析上述业务处理存在的问题，并编制调整分录。

3. 审计人员在对某企业 2018 年 6 月的“管理费用”明细账进行审查时，发现账面包括下列内容。

（1）支付驾驶员违章罚款 200 元。

（2）支付未按期缴纳税款的滞纳金 450 元。

（3）房屋维修领用水泥，价值 1,000 元。

（4）支付推销产品广告费 12,000 元。

（5）提取本月应计流动资金借款利息 36,000 元。

（6）由于非常损失毁损材料，价值 10,000 元。

要求：

（1）指出上述各项目中存在的问题，说明按规定应在哪些项目中列支。

（2）计算多计的管理费用。

（3）计算上述事项对利润总额的影响。

第 3 篇 3

内部审计案例

学习情境 3.1 经济责任审计

职业能力目标	专业能力	了解经济责任审计产生的原因与目的；熟悉经济责任审计的内容；掌握经济责任审计的标准和程序
	职业核心能力	根据已学的审计专业知识，开展经济责任审计工作，掌握经济责任审计的程序和方法，编写经济责任审计报告
主要概念	经济责任审计；经济责任审计程序；经济责任审计评价	

情境引例

2010 年，V 市市委组织部、市审计局联合发布了《经济责任审计对象分类管理办法》和《领导干部离任经济事项交接实施细则》，要求对 A 类单位任中必审，离任必审。根据制度要求，该市审计部门科学编制年度经济责任审计计划，坚持任中审计与离任审计相结合，加大对重点单位（部门）、关键岗位领导干部的任中审计力度。

2018 年初，V 市审计局充分征求了经济责任审计领导小组成员单位特别是市委组织部门的意见，综合考虑了委托部门的意图、近 3 年来领导干部及其所在单位接受审计的情况，以及审计机关的工作任务等因素，提出年度经济责任审计项目安排初步意见，经领导小组办公室研究并报请市长审定后，纳入审计机关年度审计工作计划并组织实施审定后纳入年度审计工作计划，其中包括 V 市 B 医院院长的离任审计。

2018年4月，V市审计局局长办公会根据年度工作计划安排，决定成立由4人组成的审计组，对B医院院长任期经济责任履行情况实施审计。审计组向B医院送达了审计通知书。

在正式实施审计前，审计组走访了该院主管部门和相关单位，与部分科室主要负责人进行座谈交流，实地查看相关业务现场，围绕五个方面开展审前调查。一是医院管理体制和执行的法律法规，如医院的主管机构、院长的职责和权利、医院的补偿机制和融资渠道等，国家对县级公立医院医药价格改革的实施意见、医院适用的财务和会计制度，本省的医疗价格标准、药品集中采购工作规范、医疗保险服务相关制度等；二是医院机构设置、职能和主要业务流程，如临床医技科室、住院病区和职能部门的设立，所承担的医疗、教学、科研任务，门诊流程、住院流程、退药流程、退费流程、医嘱/处方流程等；三是医院财务收支基本情况，包括财政补助收入、医疗收入、其他收入，医疗支出、管理费用、财政项目补助支出、其他支出等；四是医院内部控制制度，如设备、药品和材料的采购办法、药品配送企业的遴选办法、岗位绩效管理办法、财务管理制度等；五是会计和业务信息系统情况，如会计核算采用的财务软件名称、业务收费系统采用的信息系统软件、后台数据库等。

经过审前调查，审计组编写了实施方案，确定了审计时间、范围、重点以及职责分工。随后审计组开展了为期一个月的现场审计工作。现场审计工作结束后，审计组与被审计单位进行沟通、座谈，并将审计情况向V市审计局和组织部汇报，最终形成审计结论，出具审计报告。

分析：审计组根据审前调查了解到的情况，将本次审计B医院的经济责任审计的重点范围确定如下：一是任职期间履行经济责任情况及贯彻执行党和国家经济法律工作方针政策情况；二是重大经济决策制度建立健全和执行情况；三是预算执行和其他财政财务收支真实、合法和效益情况；四是内部管理情况；五是履行党风廉政建设第一责任人职责和个人遵守有关廉政规定情况；六是以往审计发现问题的整改落实情况。根据审计组做出的上述决定，请思考以下问题：

（1）经济责任审计的依据、目的和作用是什么？

（2）经济责任审计的主要内容是什么？

（3）经济责任审计的程序有哪些，如何进行评价？

学习子情境 3.1.1 经济责任审计概述

20世纪90年代初期，虽然国家一直加大反腐倡廉的力度，但是领导干部的经济问题仍给国家财产造成了较大损失。在此背景下，国家提出“经济责任审计以及经济责任审计风险”的概念和措施。在我国的审计工作实践中，从厂长经理离任审计时代开始，国内经济责任审计工作已有近30年的发展历史。党的十六届四中全会，中共中央颁布的《党政领导干部选拔任用工作条例》明确提出：“对需要进行经济责任审计的考察对象，应当委托审计部门按照有关规定进行审计。”

一、经济责任审计的概念

经济责任审计是指审计机关根据国家规定的程序、方法和要求，依法依规对党政主要领导干部和国有企业领导人员任职期间经济责任履行情况进行监督、评价和鉴证的行为。

二、经济责任审计的依据

经济责任审计的依据是《审计法》及其实施条例、《党政主要领导干部和国有企业领导人员经济责任审计规定实施细则》《县级以下党政领导干部任期经济责任审计暂行规定》和《国有企业及国有控股企业领导人员任期经济责任审计暂行规定》，以及国家干部管理的有关规定。

三、经济责任审计的目的和作用

（一）经济责任审计的目的

经济责任审计应当以促进领导干部推动本地区、本部门（系统）、本单位科学发展为目标，以领导干部任职期间本地区、本部门（系统）、本单位财政收支、财务收支以及有关经济活动的真实性、合法和效益为基础，重点检查领导干部守法、守纪、守规、尽责情况，加强对领导干部行使权力的制约和监督，推进党风廉政建设和反腐败工作，推进国家治理体系和治理能力现代化。具体有以下几个方面：

（1）实践依法治国的方略；

（2）运用审计和干部监督管理的综合手段，加强对国有企业及国有控股企业领导人员的管理和监督；

（3）正确评价企业领导人员的经济责任；

（4）强化企业领导人员的责任意识，约束其职务行为，惩治腐败；

（5）促进国有企业加强和改善经营管理，保障国有资产保值增值。

（二）经济责任审计的作用

经济责任审计一经产生，就显示了它的无可替代的作用，无论是在保护国家财产的安全、完整、保值、增值方面，还是在健全领导干部的监督管理、促进廉政建设方面，都取得了显著的成效，发挥了重要的作用：

（1）完善了干部的管理监督制度，为干部管理部门考核、使用干部提供了参考依据。实施领导干部经济责任审计，用定性和定量相结合的方法对领导干部实施考核，对其任期内做出的工作业绩做出客观公正的评价，为正确评价和使用干部提供了依据，有利于干部更好地履行职责，防止短期行为。

（2）强化了对企业领导人员执行财经法纪的监督，促进了党风廉政建设。经济责任审计立足于财政、财务收支审计，落脚点在于查明个人的经济责任，既对事又对人，而且审计涉及的期限较长，容易发现问题，有利于揭露和惩治腐败问题。同时，经济责任审计着眼于防范，有利于发现财务管理漏洞，健全财务管理制度，提高财务管理水平，促使领导干部自我约束，自我完善，增强法律观念，促进廉政建设。

（3）增强了企业领导人员的责任感和自我约束意识，提高了其严格履行职责的自觉性。

（4）严肃了财经法纪，维护了正常的经济秩序。

（5）促进了企业加强管理，提高经济运行质量和效益。

四、经济责任审计的对象

经济责任审计是对党政主要领导干部和国有企业领导人员的审计。党政主要领导干部的审计是指对地方各级党委、政府、审判机关、检察机关、中央和地方各级党政工作部门、事业单位和人民团体等单位的党委（含党组、党工委）正职领导干部和行政正职领导干部，包括主持工作一年以上的副职领导干部的审计。国有企业领导人员的审计包括国有和国有资本占控股地位或者主导地位的企业（含金融企业）的法定代表人。

五、经济责任审计的内容

不同的审计对象，经济责任审计内容不同，下面分别介绍国有企业领导人员经济责任审计的内容和党政工作部门、审判机关、检察机关、事业单位和人民团体等单位主要领导干部经济责任审计的主要内容。

（一）国有企业领导人员经济责任审计的内容

国资委《中央企业经济责任审计管理暂行办法》第三章明确了经济责任审计的以下内容：

1. 贯彻执行党和国家有关经济方针政策和决策部署，推动企业可持续发展

2. 企业经营成果的真实性

企业经营成果的真实性，是指企业负责人任职期间会计核算是否准确，企业财务决算编报范围是否完整，企业经济成果是否真实可靠，以及企业计提资产减值准备与资产质量是否相匹配。企业经营成果真实性的主要内容包括：

（1）企业财务会计核算是否准确、真实，是否存在经营成果不实问题；

（2）企业年度财务决算报告合并范围、方法、内容和编报质量是否符合规定，有无存在故意编造虚假财务决算报告等问题；

（3）企业是否正确采用会计确认标准或计量方法，有无随意变更或者滥用会计估计和会计政策，故意编造虚假利润等问题。

3. 企业财务收支的合规性

企业财务收支合规性，是指企业负责人任职期间财务收支管理是否符合国家有关法律法规规定，会计核算是否符合国家有关财务会计制度，年度财务决算是否全面、真实地反映企业财务收支状况。主要内容包括：

（1）企业收入确认和核算是否完整、准确，是否符合国家财务会计制度规定，有无公款私存、私设“小金库”，以及以个人账户从事股票交易、违规对外拆借资金、对外资金担

保和出借账户等问题；

（2）企业成本开支范围和开支标准是否符合国家有关财务会计制度规定，有无多列、少列或不列成本费用等问题，以及企业工资总额来源、发放、结余和企业负责人收入情况；

（3）企业会计核算是否符合国家有关财务会计制度规定，是否随意改变资产、负债、所有者权益的确认标准或计量方法，有无虚列、多列、不列或者少列资产、负债、所有者权益的问题；

（4）企业会计账簿记录与实物、款项和有关资料是否相符，有无存在账外资产、潜亏挂账等问题，有无存在劳动工资核算不实等问题。

4. 企业资产质量变动情况

企业资产质量变动情况，是指企业负责人任职期间各项资产质量是否得到改善，是否存在严重损失、重大潜亏或资产流失等问题，企业国有资本是否安全、完整，以及对企业未来发展能力的影响。主要内容包括：

（1）企业负责人任职期间，有关企业资产负债结构合理性及变化情况，以及对企业未来发展的影响；

（2）企业负责人任职期间，企业资产运营效率及变化情况，以及对企业未来发展的影响；

（3）企业负责人任职期间，企业有效资产及不良资产的变化情况，以及对企业未来发展的影响；

（4）企业负责人任职期间，企业国有资产保值增值结果，及企业在所处行业中水平变化的对比分析。

5. 企业有关经营活动和重大经营决策

企业有关经营活动和重大经营决策，是指企业负责人任职期间做出的有关对内对外投资、经济担保、出借资金和大额合同等重大经济决策，是否符合国家有关法律法规规定、相关企业内部控制程序，是否存在较多问题或者造成重大损失。主要内容包括：

（1）企业重大投资的资金来源、决策程序、管理方式和投资收益的核算情况，以及是否造成重大损失；

（2）对外担保、对外投资、大额采购与租赁等经济行为的决策程序、风险控制及其对企业的影响情况；

（3）涉及的证券、期货、外汇买卖等高风险投资决策的审批手续、决策程序、风险控制、经营收益或损失情况等；

（4）改组改制、上市融资、发行债券、兼并破产、股权转让、资产重组等行为的审批程序、操作方式和对企业财务状况的影响情况等，有无造成企业损失或国有资产流失问题。

6. 遵守国家法律法规和财政纪律情况

企业经济责任审计要认真检查企业负责人及企业执行国家有关法律法规情况，核实企业负责人及企业有无违反国家财经法纪，以权谋私，贪污、挪用、私分公款，转移国家资财，行贿受贿和挥霍浪费等行为，以及弄虚作假、骗取荣誉和蓄意编制虚假会计信息等重大问题。

7. 企业绩效变动情况

企业经济责任审计在全面核实企业各项资产、负债、权益、收入、费用、利润等账务的基础上，依据国家有关经营绩效评价政策规定，对企业负责人任职期间经营成果和经营业绩，以及企业资产运营和回报情况进行客观、公正和准确的综合评判。

8. 企业发展战略的制定和执行情况及其效果

9. 企业法人治理结构的健全和运转情况，以及财务管理、业务管理、风险管理、内部审计等内部管理制度的制定和执行情况，厉行节约、反对浪费和职务消费等情况，对所属单位的监管情况

10. 履行有关党风廉政建设第一责任人职责情况，以及本人遵守有关廉洁从业规定情况

11. 对以往审计中发现问题的整改情况

12. 其他需要审计的内容

（二）党政工作部门、审判机关、检察机关、事业单位和人民团体等单位主要领导干部经济责任审计的主要内容

党政领导干部任期经济责任，是指领导干部任期内对其所在部门、单位财政、财务收支的真实性、合法性和效益性以及有关经济活动应当负有的责任，包括主管责任和直接责任。因此，对党政领导干部任期经济责任审计，应当主要围绕领导干部所在部门、单位的财政、财务收支，重点查明以下内容：

1. 贯彻执行党和国家、上级党委和政府重大经济方针政策及决策部署情况

2. 财政、财务收支的内部控制制度及其执行情况

3. 预算的执行情况和决算或者财务计划的执行情况和决算

主要查明：财政、财务收支的真实性和合规性；有无侵占、挪用、挥霍浪费国家资财的行为。

4. 预算外资金收入、支出和管理情况

主要查明：管理和使用预算外资金和财政有偿使用资金情况的真实性和合规性；有无违反规定设置“账外账”“小金库”，将预算内资金列入预算外管理、使用的行为；有无违反国家规定乱摊派、乱罚款、乱收费等问题。

5. 重大经济决策及国有资产管理、使用及保值、增值情况

主要查明：账实是否相符，有无白条抵库、坐支、侵占、挪用货币资金的行为；公共财产有无因被侵占、损毁造成的浪费或者流失现象，有无党政机关经商办企业，导致国有资产被无偿占用和流失的现象；有无党政机关侵占企业经营性资产，损害企业合法权益现象；是否按照规定管理和使用党政机关固定资产，有无擅自购置、报废、转让、变卖公有资产，给国家造成损失的现象；有无违反规定挪用公共财税或者私自借贷资金，对外投资经商，牟取私利的行为，所在单位的债权债务情况。

6. 领导干部个人借用公款、使用公共财产的情况

7. 遵守国家法律、法规和财经纪律情况

8. 其他需要审计的事项

学习子情境 3.1.2　经济责任审计程序与评价

经济责任审计程序应当包括审计准备、审计实施、审计评价和审计终结四个阶段，要突出经济责任审计的特点。

一、经济责任审计程序

（一）经济责任审计准备

经济责任审计准备，是指在审计机构年度审计项目计划业经批准下达后，由审计业务部门在具体实施对单个经济责任审计项目的审计工作前所做的各项准备工作。主要流程如图 3－1 所示：

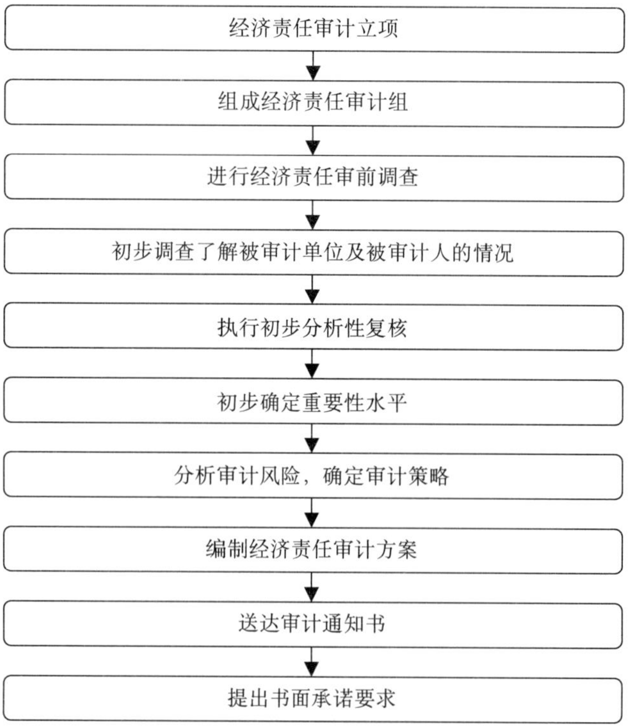

图 3－1

（二）经济责任审计实施

经济责任审计实施阶段的审计流程，在遵循通用审计流程的基础上要体现经济责任审计的特点。此阶段的主要工作如下：

（1）进驻被审计单位，召开进点会；

（2）召开不同类型的座谈会；

（3）全面收集与经济责任审计有关的资料；

（4）认真剖析“述职报告”；

（5）结合内部控制审计实施符合性程序；

（6）实施实质性测试。

实施内部控制测试流程如图3－2所示：

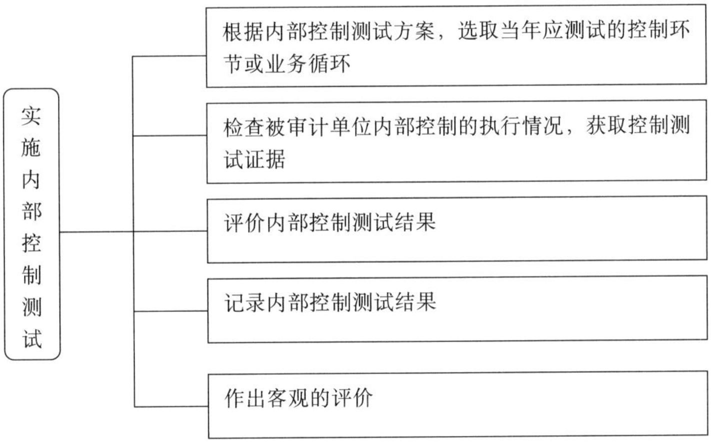

图3－2

实质性测试的基本流程如图3－3所示：

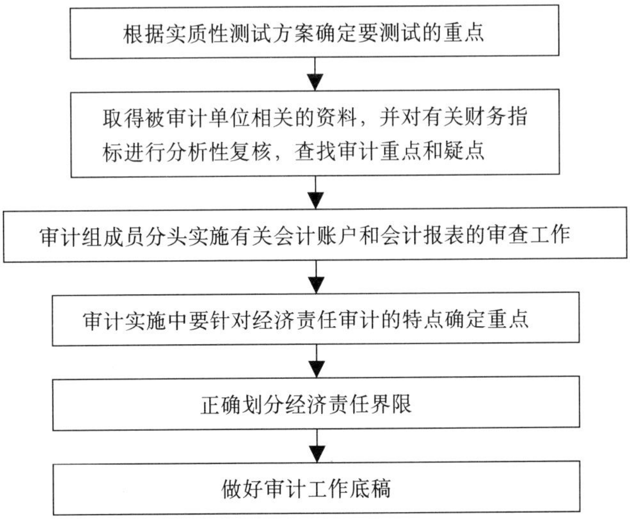

图3－3

（三）经济责任审计终结

1. 审计组讨论研究有关审计情况

（1）是否已将审计方案所涉及的全部范围进行了全面的审计；

（2）审计报告将要反映的情况是否真实可靠，有无充分适当的审计证据作支撑；

（3）初步讨论审计报告的提纲及其内容，以保证审计结论定性准确、处理恰当、评价客观。

2. 组长或主审撰写审计报告

（1）组长或主审应于审计实施终了后 10 日内提交审计报告。

（2）审计报告的正文内容：

①审计依据。

②审计基本情况：包括审计范围、审计内容、审计方法等。

③被审计人和被审计单位的基本情况：包括被审计人所任的职务、任职时间、主要职责等，以及被审计单位的内部机构设置、人员情况、财务管理和会计核算方式等。

④审计结果：包括财政、财务收支情况、被审计人履行经济责任情况等。

⑤取得的主要成绩。

⑥存在的主要问题。

⑦审计评价及责任界定：a. 单位各项经费和收入的筹集、管理和使用的真实性、合法性和效益性；b. 经济责任人任职期间经济责任的履行情况；c. 有关法规和单位制定的规章制度的执行情况，经济管理制度和内部控制制度的建立和执行情况；d. 重大经营、管理决策的民主性、科学性和效益性；e. 经济责任人廉洁自律情况。

⑧审计意见和建议。

3. 审计报告初审，并征求被审计单位的意见

4. 审计报告修改

审计组根据被审计单位提出的有关问题，逐条分析，必要时重新核实，并形成书面资料，连同审计报告一并提交审计报告审核人员。

5. 审核审计报告

6. 审定审计报告

7. 审批、签发审计报告

8. 送达审计报告

审计报告经审批签发后，主送组织部、被审计人、被审计单位，呈送审计组主管领导，抄送有关单位。

9. 审计意见和建议的督促整改及跟踪检查

10. 主审填写项目审计情况统计表

二、经济责任审计评价

经济责任审计评价是经济责任审计工作非常重要的环节，它既关系到审计工作的质量和风险，也是被审计人员和委托人十分关注的焦点。因此，审计机构必须针对经济责任审计的特点，在对审计事项进行核实的基础上，分清有关经济责任界限，对被审计单位领导人员经济责任做出正确、客观的评价。

审计评价应当与审计内容相统一。一般包括领导干部任职期间履行经济责任的业绩、主要问题以及应当承担的责任。

（一）经济责任审计评价原则

1. 客观性原则

客观性原则要求审计组做出的审计评价应该站在客观公正的立场上，以客观事实为基础，按照事物本来面目说明问题。经济责任审计评价人员必须保持独立性，坚持稳健、谨慎的职业态度，充分收集审计证据，以事实为依据，以法律为准绳，必须核实有关事实，认真分析，形成评价结论。

2. 准确性原则

准确性原则是指经济责任审计评价结果在内容上必须符合完整性、真实性和有效性的要求，不得有重大遗漏、虚假或不可利用性。评价结果只有同时具备完整性、真实性和有效性，才符合准确性原则。

3. 全面性原则

全面性原则要求经济责任审计评价要对被评价人和被评价单位的功过是非进行全面评价，做到成绩说够、问题找准。

4. 统一性原则

经济责任审计评价结果应避免审计评价的随意性，用统一的评价标准来衡量。对每个领导干部的审计结果都有评价定类，都有充分的量化数据支持。在经济责任审计评价标准中，对四个方面的内容做到统一：评价标准和考核指标统一；审计评价范围和审计内容统一；局部利益与全局利益统一；审计和审计评价统一。

5. 量化性原则

为了规避审计风险，在评价领导干部时，坚持用具体数字对领导干部的政绩进行量化和分类。评价结果的每类都有标准和分值，评价时对照每类分值进行打分。例如，同时具备上述条件者，评价为很好地履行了经济责任：通过审计没有查出违纪违规问题；实际完成的经济指标与上级考核目标或与任职前主要经济指标相比，有80%（含80%）以上指标，每年递增10%（含10%）以上；重大经济决策投资效益与该项投资计划或与可研设计标准相比，节省投资或增加收益在10%（含10%）以上。

6. 谨慎性原则

经济责任审计评价应持有稳健、谨慎态度，充分尊重客观事实，全面分析审计查出的各类问题，避免以偏盖全。尤其避免用单一的事实或指标去评价被审计人员履行经济责任的整体情况。应做到审计未涉及的问题不评价、证据不足的不评价、不属于审计范围的不评价、责任不清的不评价、评价依据不明的不评价。

（二）经济责任审计评价体系及评价指标

1. 评价体系

经济责任审计评价体系在内容上应当包括：

（1）会计信息的真实、合法、效益性情况；

（2）国有资产的保值增值情况；

（3）单位或部门遵守财经纪律情况；

（4）内部控制制度的建立和执行情况；

（5）重大事项的决策情况；

（6）目标完成及经济效益指标情况；

（7）个人廉洁自律情况。

2. 指标的分类及其形式

（1）按指标的性质分：绝对指标、相对指标，或者平均指标。

（2）按指标的内容分：数量指标和质量指标，计划指标和实际指标，实物指标和价值指标。

（3）按指标的审计用途分：报表指标和审计核实指标。

（4）按指标分析对比的形式分：

①实际指标与计划（预算）指标的比较，以确定计划、任务的完成情况。这是衡量被审计人工作业绩的标志。

②本期实际指标与上期（或上年同期或历史最好水平）实际指标的比较，可以从有关指标的变动中了解被审计人任职期间工作的努力程度，了解被审计单位的发展趋势和管理方面的改进情况。

3. 经济责任审计评价指标

经济责任审计评价指标是审计人员为了正确评价企业领导人员任期业绩，明确经济责任，在审计过程中通过数理计算方式取得的综合反映被审计企业领导人员任期内总体或某一方面经济活动的数量和质量情况的概括性数据。在此基础上建立的由一系列相互联系的指标构成的整体，称为经济责任审计评价指标体系。

经济责任审计评价指标分为基本指标、辅助指标和列示指标三类。因审计评价事项的不同，审计评价的三类指标也不同。

（1）基本指标，是任期经济责任审计评价的核心指标，反映审计评价内容的基本情况，可以形成对被审计企业领导人员任期经济责任履行情况的基本结论。

（2）辅助指标，是任期经济责任审计评价时用来补充说明基本指标评价内容的指标，反映审计评价内容的具体情况。考虑到审计时间及重要程度，审计人员可根据需要进行选用。

（3）列示指标，是任期经济责任审计评价的选择性指标。这类指标所反映的审计评价内容仅靠审计手段难以审深审透，为了反映情况，审计人员可列示。

4. 常用的评价指标

（1）会计信息真实性、合规性、效益性评价指标。

①真实性评价，分为真实、基本真实、不真实三个等次：

• 真实等次，评价标准为会计资料真实完整，审计调整幅度不超过1%，审计调整数额较少；

• 基本真实等次，评价标准为会计资料基本真实完整，审计调整幅度不超过5%，不影响使用基本真实的用语；

• 不真实等次，评价标准为会计资料不真实完整，审计调整幅度超过5%，违规行为性质严重，数额较大。

②合规性评价，分为合规、基本合规和不合规三个等次：

• 合规等次，是指未发现违法、违规行为或者违规行为较轻不需要处理的；

• 基本合规等次，是指违规金额占审计金额5%以下，或有违规行为，但不影响使用基本合规用语的；

• 不合规等次，是指违规性质严重、数额较大，或拒绝提供审计资料，或提供不真实资料，导致审计人员无法进行审计判断。

③效益性评价指标，分为好、较好、一般、较差四个等级：

• 好等次，评价标准为效益审计结果达到评价标准指标的90%以上；

• 较好等次，评价标准为效益审计结果达到评价标准指标的80%～90%（含80%）；

• 一般等次，评价标准为效益审计结果达到评价标准指标的60%～79%（含60%）；

• 较差等次，评价标准为效益审计结果达到评价指标的60%以下。

（2）国有资产保值、增值的评价指标：

国有资产保值增值率＝（期末国家所有者权益÷期初国家所有者权益）×100%

净资产收益率＝所有者权益收益率＝（税后净利润÷所有者权益）×100%

总资产收益率＝（税后净利润÷资产总额）×100%

投资收益率＝（投资收益÷长期投资）×100%

（3）遵守财经纪律情况的评价指标。对单位或部门遵守国家经济政策和财经法规合法性评价分为合法、基本合法和不合法三个等次。可以定性指标进行评价。

①合法等次，评价标准是指领导干部做出的决策和与经济有关的行政行为符合国家经济政策、财经法规；

②基本合法等次，评价标准是领导干部做出的决策和与经济有关的行政行为有不符合国家经济政策、财经法规的现象，但不涉及原则问题；

③不合法等次，评价标准为领导干部做出的决策和与经济有关的行政行为违反国家经济政策、财经法规，是违反重大原则问题。

（4）内部控制制度健全性、有效性评价指标。

①对内部管理控制制度健全性评价分为健全、基本健全、不健全三个等次：

• 健全等次，评价标准为所有的内部控制点齐全，达到控制目标，各项制度均符合内部控制的要求；

• 基本健全等次，评价标准为控制点基本齐全，基本达到控制目标，各项制度基本符合内部控制的要求；

• 不健全等次，评价标准为关键控制点有疏漏，出现重大违纪违规问题，不能满足控制目标的要求。

②对内部控制制度有效性的评价分为有效、基本有效、无效三个等次：

• 有效等次，评价标准为内部控制制度健全，有关人员的资格和能力能够胜任控制的职能，实现控制目标，没有出现内部管理控制的问题；

• 基本有效等次，评价标准为内部控制制度健全，但有关人员的控制能力有一定的差距或不能全面执行内控制度，没有出现重大控制漏洞，基本实现控制目标；

• 无效等次，评价标准为内部控制制度健全，但没有配备具有相应资格和能力的控制人员，出现重大违纪违规问题，没有实现控制目标。

（5）重大决策事项评价指标。对重大经济决策一般从决策程序的规范性和决策执行的有效性两个方面做出评价。

（6）目标完成及经济效益的评价指标。对企业领导干部在任期内的经营管理水平和经营业绩的评价，可从以下的主要经济技术指标的完成情况来评价：

①反映生产经营结果的指标：主要有产品产量、质量、消耗、成本、收入、利润等；

②反映偿债能力的指标：主要有资产负债率、流动比率、速动比率等；

③反映营运能力的指标：应收账款周转率和存货周转率等；

④反映获利能力的指标：资本金利润率、销售利润率、成本费用利润率等。

（7）领导干部廉洁自律的评价指标。

①遵守相关规定情况：

• 有无重大事项决策不民主；
• 有无决策不科学造成国有资产损失浪费；
• 有无管理不规范、制度不完善；
• 有无滥用职权、渎职或失职；
• 有无违反法律、法规和政策；
• 有无为了政绩虚报、瞒报或政绩平庸；
• 有无截留或虚增利润；
• 有无不缴或少缴职工社保、医保等保险金；
• 有无在经济活动中违反规定或程序；
• 有无挤占或挪用专项资金；
• 有无私设小金库，滥发津补贴和奖金；
• 有无因私占用公共财物或报销应由个人负担的费用；
• 有无公款请客送礼、公款旅游；
• 有无超标配置公务用车、通讯和办公设备；
• 有无获取或收受礼品、礼金、有价证券、支付凭证、信用卡和购物卡；
• 有无将直系亲属安排在本单位或系统管钱管物岗位；
• 有无离任后未将个人与单位应移交的手续结清；

- 有无疏于监督造成单位内部或行业秩序混乱。

②满意度测评，分为满意、基本满意、不满意：

- 对领导干部履行经济责任整体情况的满意度；
- 对领导干部所陈述履行经济责任书面材料的真实性的满意度。

学习子情境3.1.3 经济责任审计案例

某氮肥厂离任经济责任审计案例

审计机关自2018年8月10日至8月25日派出审计小组对某氮肥厂法人代表张某进行了任期经济责任审计，任职期间为2011年3月至2017年12月。审计小组对其任期内财务会计报表和其经济责任的相关资料进行了审计，重点审计了其财务收支、内部控制及相关经营管理情况。审计的主要内容为张某在任期内遵守国家财经法律、法规、规章和政策情况；财务收支情况；国有资产管理、使用情况；重大建设项目投资的管理、效益情况；与财务收支有关的内部控制制度建立和执行情况。

审计依据是《中国注册会计师独立审计准则》《内部审计准则》《机关事业单位及国有企业法定代表人离任审计条例》。审计机关实施了必要的审计程序，对主要业务环节的内部控制制度进行了符合性测试；对货币资金、往来账款、固定资产、净资产、财务收支等主要项目实施了实质性测试；对主要财务指标进行了分析评价。

一、企业基本情况

（一）被审计单位的基本情况

某氮肥厂，于1970年正式投产运营，是H市一家国有中型企业，主要生产碳氨、氮肥、磷肥等肥料。位于H市雁白路49号，厂区占地面积3万平方米，生产用地面积2.8万平方米。在职职工1,000人，离退休人员100人。其中：生产技术人员95人，具有高级职称的15人，中级职称的40人。年产量50万吨。截至2018年7月31日，资产总额达21,359.48万元，负债总额达14,987.32万元，净资产总额为6,372.16万元。

企业经营范围：主营碳氨、氮肥的生产与销售。

企业的组织结构：氮肥厂实行厂长负责制，下设生产技术科、安监科、总工办、供气车间、供电车间、燃料车间、供应科、企管科、厂长办公室、财务科、劳资科、纪监、工会、团委、组织科。

（二）离任人的基本情况

张某，男，1964年9月生，中共党员；

1980年9月至1984年7月，湘潭大学化学系学生；

1984年9月至1990年12月，某氮肥厂生产技术科技术人员；

1991 年 1 月至 1993 年 8 月，生产技术科副科长；

1993 年 9 月至 1995 年 10 月，生产技术科科长；

1995 年 11 月至 2001 年 12 月，供应科科长；

2002 年 1 月至 2009 年 2 月，副厂长；

2009 年 3 月至今，厂长。

张某任厂长以来，多次被上级有关部门评为先进个人，并取得了中级、高级职称。

二、审计中发现的问题

（一）会计核算方面的情况

（1）应收账款。有 500, 000 元的押金记入到应收账款，有 430, 000 元的收入不确定记入的应收账款，有红字余额的明细账户 10 家，金额达 235, 890 元，应作重分类调整。

（2）预付账款。有 4 家企业的应付账款借方余额合计 278, 650 元，应重分类记入到预付账款中。

（3）存货。期末货到单未到的存货应暂估入账，而企业未作暂估入账，金额为 53, 000 元。

（4）固定资产和在建工程。有在建工程仓库，账面价值 1, 500, 000 元，由于未办理竣工决算，企业一直挂在在建工程中，实际已使用 2 年半时间。

一化工车间由于多年生产氮肥，已经腐蚀，企业已经将其作为报废的固定资产，但一直未办理报废手续，仍挂在固定资产项目中。

（5）其他应付款。有长期挂账的其他应付款 13 户，金额达 1, 764, 502 元。

（二）对外投资的管理和效益情况

氮肥厂对 × 市的环保设备制造厂的投资，金额为 1, 590, 000 元。目前该公司已不存在，估计形成损失的可能性较大，故暂转入其他长期资产。

（三）国有资产管理、使用情况

（1）截至 2017 年 12 月 31 日，氮肥厂共有 8 家企业金额达 454, 000 元的应收账款发生坏账，已经申请核销坏账。

（2）截至 2017 年 12 月 31 日，对存货实施盘点，共发生 500 公斤的碳氨的盘亏，至审计日止，未作处理。

（3）有其他应收款 98, 700 元未及时收回，并已作坏账处理。

（四）业务管理和内部控制方面

（1）货币资金管理方面。经审计发现，该氮肥厂开设的银行账户较多，2008 年为 15 户，2010 年为 20 户，2017 年有 30 户。

由于开设的账户较多，在取得银行对账单与银行对账方面存在缺失与不及时现象。经核对，2008 年有 5 户银行账户未与银行进行余额核对，2010 年有 8 户银行账户未与银行进行余额核对，2017 年有 10 户银行账户未与银行进行余额核对。这些情况对资金的安全性存在不利，同时也不符合银行账户管理的有关规定。

（2）工程的招投标方面。存在中标方与施工方不一致的情况。经审计发现，氮肥厂在工程建设方面存在中标方将工程转标的行为。例如，甲施工企业中标承建氮肥厂一新的生产车间，甲中标后将其转包给乙施工企业。这将造成工程质量难以保证，无法保证施工单位的施工资质，出现问题容易造成推诿，不便于解决问题。

三、审计建议

（一）对审计发现问题的建议

（1）对应作账务处理而未作账务处理的，建议应根据《会计法》《企业会计准则》等相关规定及时做出相应的账务处理，以客观真实地反映氮肥厂的资产、负债、净资产、收入、费用和利润的情况。

（2）对国有资产管理及使用上，要加强资产管理，防止资产发生损失，对往来款项要及时催收，对存货要加强内部控制与管理，出现问题应及时查明原因并做出处理。

（3）对外投资管理上要注重效益，要做好市场调查与可行性分析。在投资过程中，要注重对被投资单位的跟踪调查与分析，以避免出现投资失败带来的损失。

（二）其他方面的审计建议

（1）进一步完善单位各项内部控制制度，并确保内控制度执行的有效性，尤其是要避免出现一些法律诉讼问题，以免造成资产损失等较大问题。从客观上讲，有历史原因，但主观上讲，内部控制制度还不完善，在执行上没有得到有效执行。

（2）从目前的情况来看，财务管理核算多以事后监督为主，财务事前和事中控制作用难以得到充分发挥，有部分重要经济活动脱离于财务控制之外。因此，对重大经营、投资活动，应进一步发挥财务部门的参谋作用，做到事前、事中、事后全程控制和监督。

（3）应加强基建工程等方面的管理。对基建工程按国家有关规定需要实行招投标的，必须按《投标投标法》等规定实施，对中标方必须严格控制其不得转分包。

（4）充分发挥外部监督的作用，对重大的经营、投资活动，必要时聘请综合素质、业务水平高的法律顾问或财务顾问，协助单位做好服务理财。

四、审计评价

（一）会计资料真实性评价

至审计日止，审计认定资产总额为20,910.94万元，审计调减448.54万元，调减率为2.1%；负债总额为14,700.32万元，审计调减1.91%，净资产为6,210.62万元，审计调减率为2.53%。

（二）绩效情况评价

张某在任职法人代表期间，能够认真按照H市经济发展的总体要求，认真落实厂长负责制。认真学习科学发展观的思想，紧密团结厂党政班子成员，以提高职工整体素质为首要任务，对各岗位实施了有针对性的培训，加强领导班子与职工队伍的建设，有效地保障了企业的安全生产与工厂的正常运行。并重点做了以下几个方面的工作：

（1）创新企业管理制度；
（2）提高安全生产质量；
（3）强化优质服务措施；
（4）加大科技创新力度；
（5）提升职工工资保障程度。

（三）国有资产保值增值情况的评价

（1）国有资产的保值增值情况。氮肥厂截至2018年审计日止的净资产为6,210.62万元，比上任时的5,786.68万元增加423.94万元，增加7.32%。

（2）固定资产的保值增值情况。氮肥厂截至2018年审计日止的固定资产总额为11,846.86万元，比上任时的9,859.65万元增加1,987.21万元，增加20.15%。

学习情境3.2　经济效益审计

职业能力目标	专业能力	了解经济效益审计的产生原因；了解经济效益审计的内容；掌握经济效益审计的评价标准及综合评价；运用审计的基本知识和相关知识进行经济效益审计
	职业核心能力	主要针对企业的经济效益进行审计，以利于了解审计监督体系的全貌，展开视野，为企业的内部经营管理提供支持
主要概念	经济效益；经济效益审计；经济效益审计评价标准；经济效益审计程序	

学习子情境3.2.1　经济效益审计概述

情境引例

现有甲乙两个规模不同的企业，其相关资料如表3-1所示：

表3-1

企业	收入	成本	利税	销售利税率
甲	100万元	70万元	30万元	30%
乙	200万元	150万元	50万元	25%

要求：请简要说明甲乙两个企业，哪个企业的发展较好。

分析：比较两个规模不同的企业，不能单纯比较企业的收入、利润这样的绝对指标，而是要从经济性、效率性和效果性这三个方面进行比较。甲企业的销售利润率比乙企业的销售利润率高，所以甲企业的发展比乙企业好。请思考以下问题：

（1）什么是经济效益？

（2）企业经济效益的综合评价指标有哪些？

（3）如何对企业的经济效益进行审计？

一、经济效益的构成

（一）效益和经济效益

效益是指人类行为的效率和效果，有经济效益、社会效益和生态效益之分。社会效益是指人类行为对社会进步与健康发展的影响，它通常体现为精神或社会责任方面的作用，往往难以用货币计量。生态效益是指人类行为对保持和恢复生态平衡，形成生态良性循环方面的影响和作用，也多难以用货币计量。经济效益，一般是指经济活动中投入与产出的比较关系。人类从事的任何经济行为和经济活动，都要投入一定的经济资源以取得相应的成果。一方面有投入，一方面有产出，两者进行比较，就构成经济效益。

当然，对这个定义应有必要的限制：如果产出的是废品，或是社会不需要的无用之物，那就不但没有经济效益，而且还浪费了原材料和劳动力等资源。因此，上面所说的产出应该指符合社会需要的有用成果；而上面所说的投入，是指为了取得所需要的有用成果而消耗或占用的全部资源，其中包括为取得有用成果而正常发生的不合格产出所消耗或占用的资源。

（二）经济效益的构成

经济效益既然是投入和产出的比较，那么投入指的是什么，产出指的是什么，如何进行两者的比较？对此，应进行适当的分析。

（1）经济活动中的投入，可以有两种方式：一种是消耗，即经济活动中实际耗费的资源，包括原材料、燃料、劳动力等物化劳动和活劳动；另一种是占用，即在经济活动中并不被实际耗费掉，却必须具备的某些条件和要素，如资金的占用，固定资产的占用等。上述在经济活动过程中所占用的资金或固定资产，凝结着其他经济活动的资源和劳动的消耗，它们的被占用不应当是无偿的，而应当是有偿的，对于经济活动的过程来说，这种占用不是无所费，而是有所费的。从这个角度看，经济效益里的投入，应该是资源消耗和资源占用的总和，这样才能计算全部资源的投入。

以企业生产经营过程为例，各类经济资源的消耗和占用情况如表3－2所示：

表 3-2　　各类经济资源的消耗和占用情况

资源类别	消耗	占用
劳动对象	材料消耗	存货储备
劳动资料（固定资产等）	折旧、修理费	固定资产净值
无形资产等	摊销费	摊余价值
劳动力	工资、工时消耗	职工人数
资金	成本费用	资金占用

（2）经济活动的产出，指的是符合社会需要的有用成果或效果。物质生产部门的产出表现为某种劳动成果，如产品、劳务等；非物质生产部门的产出则表现为某种效果，如培养人才、提高卫生和健康水平、改善生态环境等。为了便于经济效益的分析，我们可以将经济活动的产出分为两种：一种是有形成果，包括实物形态的和价值形态的，实物形态的有形成果如产量、质量、品种、销售量等，它们一般用实物计量，而不用货币计量；价值形态的有形成果如产值、销售收入、外汇收入、现金净流量等，它们一般都用货币计量。另一种是无形效果，如生态环境的改善、增加就业机会、提高技术水平、提高健康水平等，它们一般没有具体的实物或价值形态，难以用定量方法进行较精确的反映。

（3）投入与产出的比较方法，也就是经济效益指标的构成方法，对于学习经济效益审计来说是十分重要的。

①相减比较。例如：

收入 - 成本费用 = 利税　企业

现金净流量 - 原投资额 = 净现值　项目 NPV

其中收入、现金净流量是产出指标；成本费用、原投资额是投入指标；企业的利税、项目的净现值是经济效益指标。

用相减比较的方法所构成的经济效益指标，是用绝对数表示的指标，它能反映经济效益的规模大小，但不利于在不同的经济活动主体之间进行经济效益的比较，尤其不能在经济活动规模不同的主体之间进行比较。例如，上述的企业利税指标，能够反映企业生产经营中的垫付资金在其周转中实现的增值多少，即经济效益的规模，但不能在两个生产经营规模不同的企业之间加以比较。因为生产经营规模不同的企业，它们的收入、成本费用水平也不同，仅仅根据利税的多少，不能说明哪个企业经济效益较好，哪个企业经济效益较差。甲企业的利税可能大于乙企业，但单位收入所含的利税额，甲企业不一定大于乙企业。上述净现值指标（NPV）也同样，能够反映某项目未来产出的现值超出原投入的增值规模，却不能在两个投资规模不同的项目之间进行经济效益的比较，也就是说，净现值大的方案，不一定就是经济效益好的方案。

②相除比较。例如：

$$\frac{\text{成本费用}}{\text{收入}} = \text{收入费用率}$$

$$\frac{\text{现金净流量现值}}{\text{原投资额}} = \text{现值系数}\quad \text{PVI}$$

$$\frac{\text{产值}}{\text{职工人数}} = \text{劳动生产率}$$

$$\frac{销售收入}{存货余额} = 存货周转率$$

上例中收入、现金流量现值、产值、销售收入都是产出指标；成本费用、存货余额、原投资额、职工人数都是投入指标。其中前二者是消耗形式的投入，后二者是占用形式的投入。收入费用率、现值系数、劳动生产率、存货周转率都是经济效益指标，其中收入费用率表示取得单位收入所发生的资源耗费，它的互补是：

$$1 - \frac{成本费用}{销售收入} = \frac{利税}{销售收入} = 销售利税率$$

该指标说明取得单位销售收入所能够实现的利税，是当前评价企业经济效益的常用指标之一。

可以看出，用相除比较得到的经济效益指标，都是相对数指标，它不能直接反映经济效益的规模，却能反映经济效益的水平和程度。它的最大特点是剔除了经济活动规模大小的影响，便于在规模不同的经济活动主体之间进行经济效益的比较。例如上述的收入费用率或销售利税率，就可以在生产经营规模不同的企业之间进行直接比较，收入费用率低的，或销售利税率高的，就是经济效益较好的。同样，上述现值系数（PVI）也可以在投资规模（原投资额）不同的项目方案之间进行直接比较，PVI较高者，经济效益较好。

③相减、相除结合比较。这种方法是相减比较和相除比较的结合，例如：

$$\frac{收入 - 成本费用}{资金占用} = 总资产报酬率$$

$$\frac{原投资额}{现金流入量 - 现金流出量} = 投资回收期$$

这类指标的构成方法在经济效益审计的评价中被大量地使用，它的特点与上述相除比较相同，在此不再重复。

（4）效率、效果和经济性。除上面介绍的比较方法外，经济活动投入与产出的比较关系还体现为效率、效果和经济性。

效率，是指投入量变动与产出量变动之比，可综合反映投入转化为产出的效率，综合反映经济活动合理、有效的程度。可表达为：

$$效率 = \frac{产出量变动}{投入量变动}$$

可以看出，如果产出量增加大于投入量增加，或产出量减少小于投入量减少，则表现为效率有所提高，该项经济活动是合理、有效的，反之，则相反。实际工作中的销售利税率、总资产报酬率等，就是反映效率的指标。

效果，是指在投入保持不变的情况下，产出与产出的比较。它主要反映产出的有用成果的大小和多少，以及产出达到预期目标的程度。可表达为：

$$效果 = \frac{产出2 - 产出1}{投入1}$$

可以看出，效果提高的必要途径是产出2大于产出1，可见，效果提出的要求是增产，即在不增加投入的情况下增加产出。实际工作中的销售增长率、产值增长率等，就是反映效果的指标。

经济，是指在产出一定的情况下，投入与投入的比较。它主要反映经济资源的节约和利用程度，或单位产出所投入资源的变化方向和程度。可表达为：

$$经济 = \frac{投入2 - 投入1}{产出1}$$

可以看出，经济性提高的必要途径是投入2小于投入1，经济性提出的要求是节约，即在不减少产出的情况下减少投入。实际工作中的产品单位成本降低率，材料、工时、能源单耗降低率等，就是反映经济性的指标。

效率、效果和经济性的概念，不仅在微观经济效益审计中用到，而且在宏观经济效益的评价中也有着广泛的应用，它已成为现代政府绩效审计的主要审计目的。

【业务3-1】动脑筋

投资概算为16亿元的上海市河流污水治理工程，服务面积约70平方公里，255万人受益。此项重大市政设施的经济效益，是否能为个别企业的利润所取代，或者受益区域内若干企业的利润所包含？

二、经济效益审计的概念

经济效益审计是由审计机构或审计人员，对被审计单位或项目的财务收支或经济活动的效益性进行审查，评价经济效益优劣和有关方面的经济责任，提出建议，促进改善经营管理，提高经济效益的一种经济监督活动。理解经济效益审计的涵义，应当掌握以下几点：

（1）审计的主体是独立的审计机构或审计人员；

（2）审计的对象是被审计单位或项目的财务收支或经济活动；

（3）审计的性质是具有独立性的经济监督和评价活动，而不是结合业务工作进行的管理活动；

（4）经济效益审计的职能除监督以外，更重要的是评价、鉴证被审计单位或项目经济效益的优劣；

（5）经济效益审计范围较广，须要进行综合的、系统的审查与分析。除了应用传统的财务审计方法外，还广泛应用现代管理科学的方法，而主要是为了取得审计证据；

（6）经济效益审计的目的是促使被审计单位落实责任制度，改善经营管理，提高经济效益。

三、经济效益审计的分类和特征

（一）经济效益审计的分类

1. 按审计对象层次进行分类

（1）宏观（中观）经济效益审计。宏观经济属于国民经济范畴，除了总供给、总需求、总投资等经济总量外，还包括货币供应总量、国家财政与税收以及其他关系国民经济全局的重大经济活动。宏观经济效益审计，理论上应指对国民经济总量及有关全局的重大经济活动的效率、效果和经济性所进行的审查、评价活动。在国外，宏观经济效益审计的主要形式是政府绩效审计，而在我国，财政预算执行情况审计、财政决算审计、金融与税收审计、投资活动审计和地方政府领导干部的经济责任审计等都涉及宏观（中观）经济效益审计。

宏观经济效益审计的主体，一般应是国家审计，尤其是较高级别的国家审计机关。这是因为这类审计往往与财政收支的效益性有关，而根据我国的法律、法规，只有国家审计机关才有权对财政收支进行审计。一些层次较高的政府部门内部审计，也可以对本部门的关系国民（地方）经济全局的重大经济活动和决策进行经济效益审计，这也属于宏观（中观）经济效益审计。宏观经济效益审计的内容范围一般可以包括：①公共资源责任履行情况；②政府预算收支绩效；③国家、政府和公共机构的管理效率；④国有资产运营效益；⑤国家投资（建设）活动；⑥国家金融活动。

（2）微观经济效益审计。微观经济效益审计主要包括企业经营审计和管理审计、行政事业经费绩效审计、项目经济效益审计。

①企业经营审计和管理审计。不同类型的企业并不存在通用的提高经济效益的途径和模式，但其经济效益审计的内容具有一定的共性，即大体上可以分为两个层次。第一种审计以谋求最大限度地利用现有资源，最充分地挖掘人力、物力和财力资源的潜力为目的；第二种审计以谋求改善被审计单位管理素质，提高管理水平和效率以提高经济效益，降低经营风险为目的。前者被称为经营审计，后者被称为管理审计。企业经营审计和管理审计在审计主体、内容范围和审计评价标准方面都有所区别，如表3－3所示：

表3－3　　　　经营审计和管理审计的区别

	经营审计	管理审计
审计主体	被审计单位内部审计	上级部门内部审计或注册会计师
内容范围	各经营环节中的现有资源利用	管理机构、人员、职能和内部控制制度
评价标准	被审计单位自行制定的定额、预算和计划	科学管理的理论

②行政事业经费绩效审计。我国的行政事业单位，在国外称为公共机构。它们的经费收支属于财政预算收支的一部分，它们占用的是国有资产，按惯例，行政事业经费的绩效是由国家审计机关进行审计的。行政事业经费绩效审计的内容范围，主要包括预算资金和预算外资金的使用效果、公共资源利用的合理性、公共机构业务管理的效率以及社会责任的履行情况。其审计评价的标准包括国家和行业政策标准，以及历史水平、行业水平、计划水平等。在开展党政领导干部经济责任审计时，也经常以被审人的任期经济（工作）责任目标为标准，评价行政事业经费的使用绩效。

③项目经济效益审计。项目是指一次性的经济活动，是指常规的生产和业务以外的不经常发生的经济活动。作为微观经济活动的一种，应指由政府、企业或其他单位、组织所从事的单个项目，而不应该指部门、地区、行业所从事的多个项目的集合。项目经济效益审计的目的侧重于可行性和运营风险的评价，如固定资产投资项目和开发、理财项目的可行性、决策合理性和项目运营风险的审计等。国家审计机关、内部审计机构和社会审计都可以在各自的分工或授权、委托范围内，从事项目经济效益审计。

2. 按审计范围进行分类

经济效益审计按审计范围大小，可以分为全面审计、局部审计和项目审计三类。它们不仅审计范围不同，而且适用的对象、解决的问题也不同，自然也有各自的长处和短处。学习时应注重于实际业务中的应用。

（1）全面经济效益审计，是指以审计对象经济效益的实现全过程和全部影响因素为审计范围的经济效益审计。这种审计适用于长期亏损、面临破产的企业，以及以扭亏为盈为目的的经济效益审计。它的特点是：①审计范围广，内容全面，有利于从整体上促进被审计单位提高经济效益；②审计资源消耗大，需要投入大量的审计人员、较长的时间和数额较高的审计经费，因此采用这种审计时不仅要看效果，还要看成本，考虑成本效益原则；③对审计主体的要求比较高，其不仅应具备大范围审计所必须的规划、组织能力，优化审计资源配置以最大程度实现审计目的的能力，而且审计组应具备与经济效益全部影响因素相适应的全面、合理的能力结构；④审计效果滞后，就一个生产周期或会计期间而言，一般不会当期审计，当期经济效益就提高，但对以后各期的效果是深远的。

（2）局部经济效益审计，是指以审计对象的部分经济活动或经济效益的部分影响因素为审计范围的经济效益审计，如某产品单位成本效益的审查分析，流动资金周转和利用效益的审查等。局部经济效益审计一般适用于日常发生的、周而复始的生产经营活动和业务活动，解决整个过程中的某些环节的经济效益或风险问题，是当前我国内部审计开展经济效益审计最多采用的方式。它的特点包括：①范围较小，内容不多，通过解决某个环节上的问题，来推动审计对象整体经济效益的提高，因此在选择建立审计项目时，应采用科学的方法，如进行风险排序，或选择对经济效益有全局影响的关键产品、关键环节建立审计项目；②消耗审计资源较少，对审计主体要求相对不高，能起到立竿见影的效果。

（3）项目经济效益审计，是指以某一特定项目即一次性的经济活动为审计对象的经济效益审计，如固定资产投资项目的经济效益审计、新产品开发项目的经济效益审计、贷款项目或向外投资项目效益审计等。在审计资源消耗、对审计主体的要求、产生效果的速度等方面，它与局部经济效益审计具有相似的特点，因此也是当前我国经济效益审计最常采用的一种方式。

（二）经济效益审计的特征

1. 经济效益审计与财务审计的比较（见表3－4）

表3－4　　经济审计与财务审计的区别

审计类别	财务审计	经济效益审计
审计目的	查错防弊，以真实性、合法性、一贯性为主	促进提高效益、降低风险，以合理性、有效性、可行性为主
审计对象及载体	账、证、报表等会计资料及所反映的财务、财政收支	会计、统计、业务核算资料及多方面信息资料所反映的经济活动过程及结果
审计职能	以监督、鉴证等防护性职能为主	以评价为主的建设性职能，监督、鉴证职能为辅
审计方法	传统的审计技术方法	传统审计方法外加借用相关学科的技术方法
审计主体	较强的独立、权威性，掌握财务、财政、会计和有关法规知识，以国家审计、社会审计为主	独立、权威性要求较低，掌握财会、法规、管理、技术及综合判断能力，以内部审计为主

经济效益审计和财务审计在理论上可以作以上的划分，但在审计实施过程中不一定能够或需要截然分开，有时可以结合进行。例如，在经济效益审计中发现被审计单位财务收支不真实、不合法的问题，也应该在审计报告中反映，引起有关方面注意。

2. 经济效益审计与管理活动的比较

经济效益审计通过对被审计单位管理水平、管理效率的审查评价，促进单位提高经济效益，降低风险，由此产生了一个问题：经济效益审计是否具有管理职能？从理论上看，管理的基本职能是决策、计划、组织、控制、协调，而经济效益审计的职能是以评价为主，兼有监督和鉴证职能，它涉及管理，但本身不具有管理职能。然而，从实际效果来看，审计评价也好，监督、鉴证也好，都起到一种对经济活动控制的作用，因此，现代一些审计理论流派，将管理也列入经济效益审计的职能。

国内部分教材否认经济效益审计有管理职能，主要理由是审计的独立性原则，也就是说，如果审计参与了决策、计划、控制等管理活动，就失去了独立性，因此经济效益审计只能促进提高经济效益，而不能直接通过审计活动提高经济效益。这一理论比较适用于国家审计和社会审计，而内部审计从事经济效益审计时，其相对的独立性仅仅表现在独立于被审计的部门，而在更大范围内，它却参与了组织对各所属部门经济活动的控制。

3. 经济效益审计的基本特征

（1）独立性与客观性。经济效益审计与其他类别的审计一样，是由独立的审计机构和人员实施的。审计人员在审计中应保持实质上的独立性，不应卷入或承担被审计单位、部门或经济活动的经营管理责任；能够在没有不适当压力的情况下独立编制审计程序；根据需要可以独立地取得和评价审计证据，并坚持客观、公正的原则；审计报告中应写进自己认为必要的所有事项，并充分阐述自己的观点。

经济效益审计的实质，在于审计人员客观地收集与被审经济活动有关的证据，并对审计证据进行系统而客观的评价。如果在审计中不能坚持客观性，将会产生与事实不相符合的审计结论和不可行的审计建议，带来极大的审计风险。客观性主要决定于审计证据的证明力，审计人员不仅要识别个别证据的证明力，还要注意综合证明力的强弱。

（2）建设性。经济效益审计目的在于提高未来的经济效益，而无补于过去，所以它具有建设性而不是防范性。它的建设性表现在：①以促进提高经济效益，降低风险为目的；②以评价、服务为其主要职能，监督、鉴证为次要职能；③其审计报告以指出被审计单位问题和潜力所在，提出改善和提高的途径和措施为主要内容。

（3）以真实、合法为基础。评价审计对象财政、财务收支及经济活动的效益性、合理性、可行性，有两个前提：一是反映这些财政、财务收支及经济活动的会计资料、情况报告等记录载体必须是真实的。如果这种真实性得不到一定程度的保证，效益性、合理性、可行性的评价结论将与审计对象的实际情况不相符合，从而引起严重的审计风险。例如：将实际上不可行的投资方案判断为可行方案，将被审人任期内的不良业绩评价为优良业绩等，其后果或使企业遭受重大损失，或使干部监督、管理工作严重失误。二是被评价的财政、财务收支及经济活动本身应是合法的，如果合法性得不到一定程度的保证，那么效益性、合理性、可行性的评价是没有意义的。因此，在进行经济效益审计以前，应先对有关的财政、财务收支和经济活动进行合法性、真实性审计。

（4）内容范围的广泛性和限定性。经济效益审计的内容范围广泛，既包括宏观经济活动，又包括微观经济活动；既包括国家和政府的经济行为，又包括企业、单位和其他组织的经济行为。但在我国的实际审计环境中，真正能够作为审计范围的，又受到两种因素的限定：一是国家法律、法规的授权，二是能够确认其真实性、合法性的审计手段。即能够通过现有的审计手段、技术、方法确认其合法与否，确认其所反映的记录载体真实与否的财政、财务收支及经济活动，才能够列入经济效益审计的范围。

（5）风险性。审计风险，简单地说是审计结论与被审计单位实际情况不相符合的可能性。经济效益审计的风险大于其他的审计类别，其原因有两方面：一是事前、事中和事后审计的并存，有些审计结论和建议只能根据趋势证据、环境证据间接做出，有一定的科学理论依据，但并不反映已发生的实际情况，客观证明力较弱；二是经济效益审计的风险往往表现为审计建议执行结果与预期不符，从而导致决策失误，或遭受严重实质性损失。

学习子情境 3.2.2　经济效益审计的程序

情境引例

某公司 2014 年以来盈利逐年下降，2017 年实现利润 100 万元（其中上半年 50 万元），2018 年上半年已经亏损 50 万元，预计全年亏损至少 100 万元。据反映亏损的主要原因是市场疲软，尽管价格由去年的 500 元/台下降到 474 元/台，销量仍比去年减少 5%；另外材料价格上升使成本升高。产品成本构成中材料占 70%，价格平均上升 20%，影响成本上升 14%，但今年上半年单位成本 526 元，比去年上升 17%。今年上半年销量 9,500 台，比上年同期降低 5%。根据市场资料，今年上半年市场上同类产品销售量 5 万台，比去年上升 25%。针对上述问题，审计人员应采用哪些审计程序？

分析：审计人员通过两年的指标比较，发现废品损失大量增加，流动资金周转显著缓慢。要分析上诉问题出现的原因，审计人员必须采取如下的审计程序：编制项目计划大纲，编制项目实施计划，搜集出现上述问题的证据，形成审计结论，提出改进的建议。那么，经济效益具体的审计程序又是什么呢？

经济效益审计程序又称经济效益审计过程，它是审计人员实施经济效益审计过程中所采取的系统性工作步骤。恰当、有效的审计程序，可以使审计人员看准目标、抓住重点、合理布置审计力量，使工作有条不紊的进行，从而有效地提高经济效益审计工作的效率和效果。

审计程序一般包括准备阶段、实施阶段、报告阶段。但实施经济效益审计项目则应当特别强调后续审计，将后续审计作为一项必要的审计程序。因此，经济效益审计程序应由准备阶段、实施阶段、报告阶段和后续审计阶段组成。

一、经济效益审计准备阶段

经济效益审计的准备阶段，是指从确立审计项目至审计人员进驻被审计单位止的这段时间，准备阶段既是审计程序的起点，也是经济效益审计阶段的始点。准备阶段主要是根据经济效益审计目标以及经济效益审计一般原则的要求，做好确立审计项目以及实施实地审计之前的各项准备工作。

（一）确定审计项目，明确审计范围

内部审计开展经济效益审计一般不采取定期审计的方式，而是根据企业不同时期的不同情况来选定审计项目。在开展经济效益审计之前，确定具体的审计项目是首要任务，它既是经济效益审计工作的起点，也是经济效益审计程序的基础。确立审计项目就是要确定是对某一单位进行全面性的综合经济效益审计，还是对其管理中的某个环节、某个特殊领域或某个具体工程项目进行专题性经济效益审计。在确定审计项目时须明确审计的目标和范围。经济效益审计项目的确定立项应遵循以下基本原则：

（1）立足本企业、本单位实际，针对在业务经营和管理活动过程中影响经济效益的因素进行专项审计，以提高微观经济效益，促进经济效益的增长。

（2）依照重要性要求，处理好重点与一般的关系，以及考虑事情的轻重缓急，并考虑审计人员的素质和能力，以保证经济效益审计项目的顺利实施。

（3）选择的项目符合典型性、敏感性的要求。确定的经济效益审计项目要具有目标上的客观性、对象上的代表性、时间上的及时性，以通过经济效益审计项目的开展，起到举一反三的作用。

经济效益审计立项的主要依据：①本单位领导交办的任务；②上级审计机构委托办理的经济效益审计事项；③本单位生产经营过程中存在的经济效益低下的环节和利用率低的生产要素；④本单位生产经营过程中无效和浪费行为；⑤经济效益比较好的典型事项或部门（目的在于从正面总结好的经验）。

（二）实施经济效益审计前的准备工作

1. 组织审计力量

审计项目确定后，应根据审计项目的具体要求，配备适当的审计人员组成审计组，并由具有一定组织能力、实践经验比较丰富和政策水平比较高的人员担任项目经理（主审）。由于经济效益审计项目涉及经济活动的各个方面，深入到企业管理等领域，这就既要考虑审计人员的知识结构，又要考虑审计组的知识结构。经济效益审计组成员一般应由审计人员、财会人员、经济管理人员和工程技术人员等人员组成，以确保审计组的整体业务素质。

2. 围绕专题，开展调查，确定审计重点

一般说来，经济效益审计阶段需调查了解的内容，主要包括：被审计单位历史沿革、隶属关系、企业类型、内部组织结构、经济活动的主要内容、有关被审项目的方针、政策和规定以及相关财务状况、经营成果及管理水平的情况等。调查的方法主要是审阅资料，必要时可向有关人员面询，并以此确定经济效益审计的重点方向，为下一环节工作打下基础。

3. 选定审计评价标准

经济效益是通过若干经济指标反映出来的。衡量经济指标完成好坏都应有相应的标准，且这些标准应是多层次、全方位的。一般可选用国家标准、同行业标准、本单位历史最高水平为标准，也可参照国外同类企业的情况等，以便进行纵向、横向及综合性的分析，做出客观评价结论。

4. 编制审计方案

在审计立项和对被审计单位进行初步调查了解的基础上，就要着手编制经济效益审计方案，也叫编制经济效益审计工作计划。这项工作是实施经济效益审计的总体安排，是保证经济效益审计目标实现的重要事件，也是据以检查和控制经济效益审计工作质量的重要依据。

二、经济效益审计实施阶段

实施阶段是指审计人员从对审计项目实施具体审计开始，至基本完成审计方案提出的各项审计任务要求为止的过程，它是经济效益审计的中心环节。经济效益审计是财务审计的拓展与延伸这一特征，决定实施阶段的核心内容时搜集被审计单位经济效益现状以及在挖掘潜力、实现经济效益方面存在的问题的证据，分析原因并提出相应的改进措施。实施阶段的工作内容和方法，应按如下步骤进行：

1. 确定审计依据

评价经济效益的优劣是相对一定的标准或评价依据而言的，即对被审计单位的经济效益做出评估必须依据一定的标准和尺度。因此，在实施阶段具体搜集被审计单位经济效益状况的证据之前，明确经济效益审计的依据是完全必要的。选定的经济效益审计依据应具有适应性、相关性、先进性和科学性等特点，其主要内容应包括评价指标和标准水平，审计人员可与被审计单位专业人员共同协商选定。

2. 搜集审计证据

搜集经济效益审计证据是实施阶段的核心内容。主要包括以下两部分：

（1）内部控制制度测试。进入经济效益审计的实施阶段后，审计人员要根据所制定的审计方案的要求，对被审计单位的内部控制制度和资料进行包括符合性测试和实质性测试在内的现场测试，主要是对被审计单位的内部管理、控制制度（财务、会计及主要业务活动的管理控制制度）等进行检查，观察其是否得到认真贯彻执行，是否行之有效，还要注意制度有无不够完善和不够合理的方面。内部控制制度的现场测试是经济效益审计的一项重要作业，它能够直接反映被审计单位内部管理制度的执行情况和结果，直接反映被审计单位经济活动的经济性、效率性和效果性。

为了保证测试结果的客观性和代表性，测试时应注意以下几点：被测人员应处于没有事先准备的状态；选择正常的生产、经营活动；选择固定的工作岗位和工作地点；选择重要的、关键或疑问较大的业务控制环节。

在现场测试过程中做好完整的测试记录，由此形成的审计工作底稿是评价经济效益状况和发现存在问题的证据。

（2）审查资料、取证分析。被审计单位有关的经济资料是经济活动的载体，它反映企业经济活动的过程和结果，也反映其在经济效益方面存在的问题。因此对包括行政管理资料、工程技术资料、会计资料、统计资料、业务资料和其他有关资料在内的资料的审查是经济效益审计的主要内容。资料的审查一般可以分为以下几个步骤：

①确定资料审查的重点和范围。审计人员应在内部控制制度审查测试的基础上，根据经济效益审计项目的目的和要求，确定资料审查的重点和范围。

②搜集资料。确定了资料的重点和范围之后，就要按计划搜集资料，但搜集的资料必须是能够对审计项目的效益状况予以证实和能够反映在经济效益方面存在问题的资料。

③审核资料。审计人员通过审查有关资料，取得审计证据，并对这些证据资料进行验证，辨别其真实可靠程度，确定被审计单位的效益状况，发现存在的问题。

④分析原因，提出改进措施。在取得真实可靠资料的基础上，对照标准，找出差异。针对存在的问题，运用各种经济效益审计方法，分析问题产生的原因，找出影响经济效益的主要原因和因素；这些因素应由哪些部门、人员负责，有关部门和当事人员对差异的产生如何解释，有什么意见、建议。

⑤审计组会同被审计单位的有关人员共同协商研究，提出改进措施。

3. 专题评价，编写审计工作底稿

各专题的审计人员对所审计的部分做出专题评价并提出建议，明确责任，阐明问题存在的主客观因素。由主观因素造成的影响还应具体到有关部门、个人。针对存在的问题，会同直接当事人和有关专业人员共同研究，拟定切实可行的改进措施。在此过程中，也可按不同的问题编制适当的表格，将有关内容详细登记，并由当事人签字确认。该步骤是经济效益审计的关键环节，其工作状况将会直接影响审计的质量和效果。

审计工作底稿是审计人员在经济效益审计的实施阶段中编制的重要文件，是经济效益审计过程和结果的详细记录，也较详细地记录了被审计单位的有关信息。审计人员在实施阶段编制的审计工作底稿，不仅是编写审计报告强有力的依据，也是后续审计的参考资料，还是对审计人员工作水平与工作质量评价的标准之一。

在实施阶段，审计人员还应就经济效益审计过程中发现的重大问题写出专题报告，说明审计的情况，其他相关人员讨论修改后，报项目主审（项目经理）审阅汇总。

三、效益审计的报告阶段

报告阶段的主要工作，要求按照经济效益审计的这一特征，整理、鉴证和评价实施阶段收集的审计证据和编写审计报告，本阶段按以下步骤进行：

（一）整理、评价审计证据

审计人员在实施阶段收集的审计证据是大量的、分散的、个别的，为了确保审计意见和建议的客观、合理，除了要对收集的审计证据进行充分性和适当性评价之外，还需要对其进行综合的整理和评价，以形成充分有力的审计证据。在整理和评价审计证据过程中，审计人员需凭借自身的政策水平、专业知识和个人经验对审计证据进行分析研究，发现证据不足的情况要重新予以审查取证，对于相关性较差的审计证据要坚决予以舍弃。通过整理和评价，选最适宜、最具说服力的证据作为编写审计报告的依据。

（二）归纳问题，讨论评价，草拟报告

审计人员根据已经整理的审计证据所反映问题以及各专题报告，按照主次、大小、轻重

进行归类分析，确定影响经济效益的主要因素，并找出各因素之间的相互内在联系，对照选定的标准进行综合分析和评价。主审人员（项目经理）根据分析材料，汇总起草审计报告的初稿。

（三）与被审计单位沟通，形成正式审计报告

审计组对报告初稿进行讨论修改后，要将修改后的初稿送被审计单位征求意见。对被审计单位就经济效益状况的评价提出的意见，需双方协商，若双方分歧较大不能达成一致，应将被审计单位的意见与经济效益审计报告一并上报主管机构裁定。

（四）审定审计报告，发出审计决定、结论或意见书

审计组将征求意见后的审计报告和被审计单位的意见送审计组派出机构审定，审计组派出机构就“情况是否查清、问题是否找准、审计结论是否得到充分证据的支持，改进措施是否可行”等方面进行审查核定。在这之后，一方面，根据审定后的审计报告和被审计单位的意见，出具审计结论和意见书，提出审计建议和意见；另一方面，对于经济效益审计过程中发现的不真实、不合法、不合规的财务问题，做出具有强制执行性质的审计决定。

（五）及时交流，总结经验

在经济效益审计项目结束之前，审计组应及时召开业务工作会议，交流各自的工作，总结成功的经验以及存在的不足，以利于今后经济效益审计工作的开展。

（六）审计案卷归档

这是经济效益审计的收尾工作。归档资料的内容包括：审计方案、审计通知书、审计工作底稿、审计证据、审计报告、审计征求意见书等。应将归档资料按“综合类、业务类、备查类”分类装订成册，立卷归档保管。

四、经济效益审计后续审计阶段

经济效益审计的后续审计阶段是指在发出审计决定和审计意见书一段时间之后，对其执行情况和结果进行的回访性审计。经济效益审计是在揭示经济活动真实、合法的基础上，剖析经济效益实现的程度与途径，提出建设性审计建议，促进被审计单位改善经营管理。经济效益审计的这一建设性特征，决定了后续审计阶段是经济效益审计必须特别强调的阶段，也是经济效益审计的一个特点。及时开展经济效益审计的后续审计，有利于总结经验，积累知识，提高质量。

后续审计的工作内容主要包括：选定审计的时间、派出审计人员、调查了解、撰写审计报告、补充决定或意见等。在经济效益审计报告中提出的提高经济效益的措施或建议等应该产生效果的时候，派出审计人员检查被审计单位采纳和执行情况，以及改进过程中存在的问题。对尚未执行的，要查明原因。若确有必要，可发出通知，督促被审计单位执行原决定或采纳建议；若原决定、建议欠妥，可在通知中修订完善；若有重大变故，应组织力量进行复审，做出补充决定和意见。

以上是实施经济效益审计项目应包括的四个阶段。在整个经济效益审计过程中应注意以下要点：确定审计项目要慎重，收集资料要广泛，编制计划要细致，审计方法要灵活，管理建议要可行，后续审计不可少。在具体实务中，要从经济效益审计项目的实际出发，遵循重要性和成本效益原则，制定更详细的程序，以保证经济效益审计工作高质量、高效率地完成。

学习子情境3.2.3 经济效益审计的评价标准

情境引例

最近四年，某市卫生局提出，为改进市属综合医院的设备情况，更好地为市民服务，为市属几家医院采购医疗器械。人大对预算进行了批准。今年在批准预算的同时，也有人大成员提出了异议，认为目前全市医院同类设备的配置情况，已经可以满足市民看病需要，不必再购置。最近四年批准医疗器械采购预算如表3-5所示：

表3-5 市属综合医院医疗器械采购预算情况

年度	数额（万元）
2015	9,000
2016	8,000
2017	10,000
2018	9,000

审计局每年都对卫生局进行预算执行情况审计。卫生局对于医疗器械采购的管理是把款项拨给医院，由医院进行采购。在预算执行审计中，审计组并没有到医院检查医疗器械的采购情况。最近由于流感病毒事件，有人批评医院的设备配备不够，批评财政对于医院的支持不够。

分析：医院在使用医疗设备的时候，主要是考虑设备的数量、先进性等方面能否适应患者的需求，而其他各部门的标准则不同。针对卫生局购买医疗设备与否，到底采用什么标准呢？审计局在审查的时候，标准又是如何的？

审计工作必不可少地由三大部分（要素）的内容组成：审计人员通过仔细审计被审事项，查明被审计单位事实真相，取得审计证据；将取得的审计证据对照审计标准；根据对照的结果，评价被审事项的真实性、合法性和效益性，得出审计结论（见图3-4）。可见，审计标准是审计工作不可缺少的环节，是做出审计判断的依据，是做出定性（查出的问题属于什么性质）和处理的依据。同样经济效益审计也需要评价标准，并且有着自身的特点，本部分将介绍经济效益审计评价标准的涵义、特点、确定原则，具体内容以及评价指标体系。

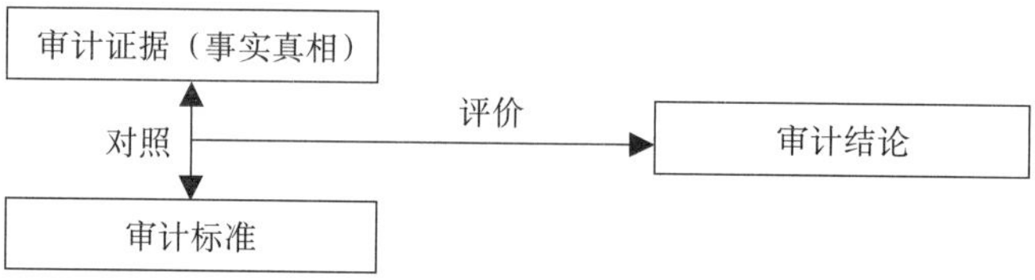

图 3－4

一、经济效益审计评价标准的特点和确定原则

（一）经济效益审计评价标准的涵义

审计人员在经济效益审计过程中，根据什么对被审计单位经济活动的客观事实进行调查取证，根据什么对所掌握的审计证据进行鉴别、分析和判断并推导出审计结论，这在客观上要求有一个指导审计活动、衡量被审事实、界定经济效益质和量的标准，这就是经济效益审计评价标准。

经济效益审计评价标准是审计标准的组成内容，是对被审计单位经济活动效益性的基本要求和限定，是审计人员对审计对象经济效益有无、高低、好坏及其程度做出评价的依据，是提出审计意见，得出审计结论的依据。

掌握衡量被审计单位经济活动实际效益的尺度，科学运用判别经济效益好坏的严密可行的标准，是实施经济效益审计的必备条件，也是保证经济效益审计质量的重要环节。

进行经济效益审计就必须比较分析，要比较分析就必须有标准或尺度。例如，被审计单位 2018 年某产品单位成本为 350 元，产品销售利润 20 万元，仅从以上资料本身，无法知晓经济效益的好坏和高低。如果该企业是资金单薄的百人小厂，则该厂的经济效益可谓相当可观了；如果该厂是资金雄厚、装备先进的大型或特大型企业，那企业如此薄利，就岌岌可危了。可见，没有衡量被审计单位成本效益和销售效益的具体标准，就无法辨识其效益的性质和状况，无法做出审计判断和审计结论。

了解了上例中企业的背景材料，掌握了经济效益评价标准，如计划标准和历史标准，并且知道用计划单位产品成本 400 元的标准和去年产品销售利润 18 万元的历史标准，衡量该企业生产和销售实绩，则可推出该企业较好地完成了该可比产品降低计划（下降 12.5%）和产品销售利润有所提高（增长约 11.1%）的结论。当然，若标准改变，结论就随即改变，标准不同，自然会导出不同的、甚至是相互矛盾的结论。所以，我们运用经济效益审计的评价标准，首先必须掌握建立（或选择）经济效益审计评价标准的技巧，准确掌握标准的特点和习性。

（二）经济效益审计评价标准的特点

一般审计标准（如财务审计）的基本特点是层次性、相关性、地域性和时效性。经济效益审计评价标准与一般审计标准比较，除上述特点外，还具有以下显著的特点：

1. 经济效益审计标准的多维性

经济效益审计标准的多维性又可称为经济效益审计标准的全面性，是指对经济效益审计进行多方位、多层次的评价需要一整套一系列的标准和相互联系的指标体系。

经济效益审计评价标准是多元化的，具有：①多层次性（某一对象经济效益好坏反映在不同层次上），如有宏观、中观和微观标准，在微观中又有公司、分公司、分厂、车间或某一部门的标准；②多角度性，如有财务指标（利润指标、资本保值、增值指标……）、经营指标（产量指标、产值指标、成本指标、资金周转指标……）和技术经济指标等；③多方位性，如有采供、库存、生产、运输、销售等方面的标准。这个标准体系显然复杂于会计制度、会计法规、会计规则等单一的财务审计评价标准。

2. 经济效益审计标准的可控性

经济效益审计标准的可控性，是指经济效益审计仅仅对被审经济活动可以控制的因素（或指标）进行评价，对控制不了的因素是无法评价的。如利润分析，只评价收入、成本、利润，不评价投资收益率，因为影响投资收益率的各个因素是无法控制的。评价企业原材料利用经济效益时，应当以材料单耗、材料利用率等指标进行评价，而不能将单位产品的材料成本列为评价标准，因为材料成本的购入价格是被审计单位无法负责的不可控因素。

3. 经济效益审计标准的动态性

经济效益审计标准的动态性是指经济效益审计标准的适用性、有效性随时间、环境条件以及被审计单位经营管理水平的变化而变化。经济效益审计评价标准是技术性指标，具有自然属性，随着审计时间、环境、审计主体和客体等条件的变化，随生产技术和管理水平的提高，衡量和评价经济效益的标准的内容和形式，也必然不断充实、完善和提高。财务审计标准则具有社会性，即它的动态性在一定程度下不明显，因为新会计制度、新会计法规等的出台不是频繁的。

经济效益审计标准的动态性也导致了效益评价结论的动态性。如评价某企业成本效益的高低，可以依据计划成本，也可以根据需要，依据目标成本、外部标准成本等；对同一目标进行经济效益审计评价，可以依据计划水平、历史水平、同行业水平等不同的标准，得出的结论也可能是不同的。例如，某企业 2017 年计划成本 100 元/件，实际成本 90 元/件，评价结论应是该企业成本效益好。2018 年该企业实际成本仍然为 90 元/件，又该怎么评价呢？事实情况是，该企业 2018 年度投资了技改项目，有利于成本降低，这时计划成本应调整到 80 元/件，所以针对 90 元/件的实际成本，结论应是该企业成本效益差。可见，随着环境条件的变化，评价标准也是变化的。

4. 经济效益审计标准的指导性

经济效益审计标准的指导性是指经济效益审计的非强制性。财务审计和财经法纪审计的执行标准具有明显的强制性，是以政府的法令、法规、财经制度和财经纪律为标准，这些标准具有合理性和权威性，要求被审计单位必须不折不扣地遵行。而经济效益审计评价标准的来源和内容较为复杂，标准的形式和标准水平的层次多样，审计的标准与被审计单位所处的特殊社会经济环境和内部经营管理现状及水平密切相关，被审计单位实际经济效益是否达到审计标准的要求和水平，取决于主观和客观、内部和外部诸多因素。所以运用审计标准对被审计单位经济效益实现程度和开发利用途径进行定性、定量分析评价时，必须综合各种因素，灵活掌握标准分寸和水准，并根据具体审计目标和审计环境，在实际审计操作中予以补充和完善。如某被审计单位成本升高是由于购买的原材料价格上涨，或者是由于水电等价格上涨，或者是由于工资上调等。再如对 2018 年的某网络公司进行效益审计，和 2017 年相比，整个 IT 业都在缩水，对此审计人员不能机械地套用计划成本标准，而应扣除客观因素，修订调整成本水平，用调整后的标准作为衡量其成本实绩尺度，这样方能比较合理、正确地评价被审计单位成本控制工作及效益。可见，经济效益审计评价标准不呈强制性，而很大程度上呈指导性和参考性，在审计过程中对标准的掌握和运用还具有一定的弹性。

（三）经济效益审计评价标准的确定原则

选择和确定经济效益审计评价标准，必须从被审计单位实际出发，围绕审计目标，紧扣审计主题，力求做到全面、客观、科学、适用：既要考虑某部门某行业的企事业单位的一般考核要求，又要考虑被审计单位的特殊方面；既要考虑审计期间通用的考核标准及水平，又要考虑被审计单位专门的具体的标准和规定；既要考虑理论的必要性，又要考虑实际的可行性。为此，审计人员选择和确定经济效益审计评价标准必须遵循以下原则：

1. 确定审计标准的全面性和完整性原则

要根据被审位的行业特点、经营规模和管理方式，从实际需要出发，了解和确定被审计单位应建立哪些考核评价标准，已经建立和使用了哪些标准，并进行归类、整理、充实和完善，以便形成一个完整的评价标准体系。并使体系内各指标相互衔接、相互制约，最大限度地覆盖被审计单位生产经营系统的各个方面和各环节，使之无遗漏、无空白、无相互矛盾，以保证对被审计单位经济效益做出全面完整的衡量和评价。

2. 确定审计标准的责任性和可控性原则

经济效益审计评价标准应准确考评被审计单位及内部各单位和个人必须履行的经济责任，即所衡量、评价的经济活动及其结果应是审计对象的职责范围，是其应当全部或部分负责，是可以控制和调节的，是其通过主观努力可以改变的结果和过程。审计标准中应排除非被审对象责任和审计对象不可控的因素，避免以之衡量和考评被审对象。如评价企业原材料利用经济效益时，应当以材料单耗、材料利用率等指标进行评价，而不能将单位产品材料成本列为评价标准，因为材料成本的购入价格是用料者无法负责的不可控因素。

3. 确定审计标准的计划性和可比性原则

市场经济条件下，国家有关部门可以通过计划指导各部门各企业单位的生产经营活动，并考核其生产经营成果，被审计单位自己也订有各种计划，经济效益审计应以国家有关计划作为经济效益审计评价标准之一，并力求使审计标准与有关计划标准相互适应，使有关指标内容、计划标准、时间和计算方法相互统一。同时，还应注意在使用计量办法时，尽量将不可比因素转为可比因素，用货币表示的价值指标来综合反映全部使用的价值指标，使指标便于汇总、比较、分析，具有综合性和可比性，以满足多方面的要求，即既可以进行历史的纵向比较，也可以与国内外及先进水平进行横向比较。

4. 确定审计标准的科学性和严密性原则

经济效益审计评价标准的内容必须科学合理，标准形式必须简明易懂、易操作，使用时无手续繁琐、程序不清、口径不当等情况，无违背客观规律的规定。以便对被审计单位经济活动进行衡量和评价时，能比较准确地反映出被审计单位真实情况，能接近或达到审计目的之要求，保证经济效益审计评价标准基本无漏洞，保证正确使用审计标准，不致导出有误的结论。

5. 确定标准水平的先进合理性原则

评价标准的水平必然建立在相对先进合理的基础上才能起到促进作用。所谓先进，就是指标准水平定的太低，使之丧失考核的意义。确定标准时必须充分反映被审计单位现有生产技术和生产组织条件，反映现有的操作方法和工作经验，并考虑增长提高因素和潜力。所谓合理，是指标准水平不宜定得太高。脱离实际，变成可望而不可及的目标，使被审对象丧失了完成标准的信心和积极性。最佳的标准水平是经过努力多数可以达到，部分超额，少数接近。凭主观意志确定标准，不是实事求是的科学态度。

在进行效益审计评价时，除了要按上述原则选择适当的审计标准外，要注意正确处理好宏观效益与微观效益的关系；处理好直接效益与间接效益的关系；处理好目前效益与长远效益的关系（以上六种效益的涵义在“学习子情境 3.2.1”中经济效益的分类部分有述）。如对某高新技术企业的经济效益审计，不应只看到微观效益，直接效益和目前效益，还要考虑宏观效益，间接效益和长远效益、只有这样才能做出科学的评价。

二、经济效益审计评价标准的具体内容

（一）按范围层次划分

按范围层次，经济效益审计评价标准分为经济效益审计的总体评价标准和经济效益审计的具体评价标准两大类。

1. 经济效益审计的总体评价标准

经济效益审计总体评价标准是带有根本性和指导性的原则标准，是对被审计单位经济行为效益性的基本制约，也是对被审计单位处理有关经济效益方方面面关系的原则标准和一般要求。经济效益审计总体评价标准的内容主要有：国家的经济政策和法令，国际通行惯例，政府部门对经营管理工作所作的有关规定；经济规律和经济理论的规定，企事业单位组建时所规定的目标、任务及经营方向；向社会所作的承诺，应履行的义务和公约；内部制定的各种规章制度等。

经济效益审计总体评价标准，重点衡量评价被审计单位经济效益的质的方面，审查其经营思想、服务质量、职工培训、环境保护、社会责任、精神文明、执行国家方针、政策等等，考评其效益取得方式和内容的性质，考核其经济效益来源是否合理，有无通过非法的其他不正当的手段获取原不属于被审对象的经济效益，如以生产假冒伪劣产品坑骗消费者，违反国家物价政策乱涨价或变相涨价等。当然，其中涉及违法乱纪行为是财务审计和财经法纪审计解决的问题，经济效益审计仅解决各种效益关系的处理（宏观效益与微观效益的关系，直接效益与间接效益的关系，目前效益与长远效益的关系），这方面的内容在本部分的“学习子情境 3.2.1”中有述，不再展开。

2. 经济效益审计的具体评价标准

经济效益审计的具体评价标准，亦称技术经济指标，是全面、具体、详尽的执行标准，是从不同层次、不同角度、不同方面衡量被审计单位经济活动的效益有无、效益高低的尺度。经济效益审计的具体评价标准是总体标准的补充、深入和具体化，它是由以财务指标和技术经济指标为主体的指标体系构成的。经济效益过程中大量的经常性的工作是具体标准的计算、比较分析和评价。

经济效益的具体评价标准是对被审计单位经济效益量方面的要求和限定，是被审计单位在正常情形下必须达到的效益水平，是被审计单位经济效益高低的衡量尺度。经济效益审计

的具体评价标准是由反映经济活动不同层次、不同方面的指标构成的，这些指标的来源、内容、表现形式非常复杂，由一系列计划目标、技术经济定额、业务标准、各种指标和有关的数字组成，如总资产报酬率、劳动生产率、资金周转率、投资回收期等，具体内容已在“学习子情境3.2.1”中详细论述。

社会主义经济效益是质和量两方面的有机统一，只有将两方面结合起来才是科学的全面的效益。

（二）按内容性质划分

按内容性质，经济效益审计评价标准分为如下几类：

1. 国家政策、法律法规和国民经济计划

审计人员在作效益审计评价时，要结合国家相关的政策和指令性计划等，并以之为依据。如国家对于企业改制的政策规定（上市公司必须达到哪些效益要求）；国家经贸委出台的产业政策规定，对于资金周转速度快，营运效益高的行业重点发展，而对资金周转速度慢，营运效益差的则限制发展。国家的产业政策是呈动态性的，它随着外部经济环境的变化而调整。例如，随着我国加入WTO前后形势的不同，国家对汽车行业、纺织行业等采取了前后不同的产业政策。国家计划具有强制性特点，如果被审事项违背了产业政策，即使它的微观效益可能是好的，但它可能影响了宏观效益的提高，所以应予以低评价。

2. 部门和单位自行制定的计划、预算、定额、合同

审计人员在作经济效益审计评价时，要综合利用部门和单位自行制定的生产经营目标（计划）、预算、定额、合同等作为评价标准。这里的计划与上一层次的计划意义不同，它不是指令性和强制性的，而是企业努力的目标。企业的预算与定额同为企业经济活动前（事前）控制标准，但它们又有区别，即控制的对象不同，预算可以控制固定成本项目和间接费用，如管理费用、财务费用、销售费用等。假如企业实际成本超过预算，则要查明原因。定额制可以控制变动成本项目和直接费用，如生产单位产品的材料消耗定额、人工（工时）定额、燃料定额等。例如，企业制定资金占用（库存原材料、库存商品、在产品、产成品等）定额控制企业生产某一阶段的资金占用。

3. 历史水平、行业水平、计划水平、国际水平

审计人员评价被审经济活动时，用历史标准可以评价其效益的升降程度，用行业标准可以评价其效益的优劣程度，用计划标准可以评价其效益的完成程度，用国际标准可以评价其效益与国际的差距，评价其竞争程度，有利于主管部门获得适当信息，进行宏观比较。

4. 理论依据及科学计算数据

这是经济效益审计所特有的标准，经济效益审计除了可以采用财务审计中的函证、盘点、计算、分析性复核等审计方法外，还可借用工具学科和相关学科的知识，包括理论依据和方法。例如，在经济效益的管理审计中，就可以管理理论为依据，评价其内部控制设计的合理性，测试内控制度的健全有效性。

经济效益审计的评价标准还可以是科学计算数据，如经济效益审计中要取得的趋势证据是一种预测数据，不具备真实发生性，必须是经过科学计算得出的数据，才能降低审计风

险。再如，企业质量管理和成本管理中经济批量和最优合格率都是经过科学计算得出的，经济效益审计可用来作为效益好坏评价的标准。

三、企业经济效益审计评价指标体系

经济效益审计指标是经济效益审计评价标准的基本单位和具体形式，运用评价指标可以对被审计单位某一时期某一方面的效益水平进行分析评价，但是一个指标很难对被审计单位的经济效益做出全面评价，必须由若干个指标构成的经济效益审计评价指标体系才能达成。所谓经济效益审计评价指标体系是指由相互联系、相互制约的若干用来评价被审计单位经济效益的指标构成的有机整体。下面介绍三种一般通用的企业经济效益审计评价指标体系。

（一）投入—产出—效益体系

适用于任何有投入产出的经济活动，该经济效益审计指标体系如图3－5所示：

- 经济效益审计投入产出指标体系率
  - 投入指标
    - 消耗
      - 固定资产折旧
      - 工时消耗
      - 原材料、燃料、辅助材料消耗
      - 工资支出
      - 各种费用支出
      - 其他
    - 占用
      - 全部职工和各类在册人数
      - 固定资产占用额
      - 流动资金占用额
      - 日历工时或制度工时占用
      - 其他自然资源占用
  - 产出指标
    - 总产值
    - 商品产值
    - 总产量
    - 品种指标
    - 销售收入
    - 优质品率
    - 合格品率
    - 多级品率
  - 效益指标
    - 综合经济效益指标
      - 资金利税率　利润额
      - 人均创利税额　利润率
      - 资金利润率
      - 净产值
      - 净收入指标
    - 反映人力资源投入的效益指标
      - 全员劳动生产率　定额工时完成率
      - 工人劳动生产率
      - 工时利用率
    - 反映财力资源投入的效益指标
      - 流动资金周转次数　固定资金产值率
      - 流动资金周转天数　成本降低额和降低
      - 年销售资金率　成本利润率
      - 产值流动资金率
    - 反映物力资源投入的效益指标
      - 主要设备台时产量　标准产量折旧率
      - 原材料利用率　万元产值能耗
      - 企业综合能耗
    - 反映投资项目的效益指标
      - 投资效果系数　内含报酬率
      - 投资利润率　投资回收期
    - 反映技术进步、企业环境改善的效益指标
      - 市场占有率　设备更新率
      - 产品质量稳定提高率
      - 新产品试制计划完成率

图3－5

针对上图指标体系的设计构成需要说明的是：

（1）上述经济效益审计指标体系按投入、产出和效益三大部分分类（也有分成核心指标、辅助指标和基层指标三类，或分成衡量指标、分析指标和目的指标三类以及其他分类），并列举出各类中的一部分指标，所列指标也不可能完全适用于所有被审对象。审计人员必须依据被审项目、被审计单位、被审时期的具体情况，进行修正、补充和完善，使之符合审计目的的基本要求。

（2）经济效益审计指标根据综合程度可分为不同层次，如综合指挥、具体指标、里层指标、表层指标、通用指标、说明指标等，这些指标在审计过程中发挥不同的作用，与审计结论的紧密关系亦不相同，审计人员应予注意。既要选择能充分表达各种资源综合利用效益的、少量的、反映价值形态的高度综合指标，也要选择基础的、大量使用的实物指标或综合程度相对较低的价值指标，并使各指标相互衔接、相互呼应、相互补充，以便能适应经济效益不同方位和不同层次的比较、分析和评价的需要。

其中常见指标计算公式如下：

（1）人均创利税（元/人）＝某时期利税总额/该时期职工平均人数

（2）资金利税率（%）＝某时期利税总额/该时期全部资金平均余额×100%

（3）全部资金利税额（元）＝某时期利税总额

（4）全员劳动生产率（元/人）＝某时期工业总产值/该时期全部职工平均人数

（5）成本利润率（%）＝某时期产品销售利润/该时期产品销售成本×100%

（6）全部流动资金周转天数 $=\dfrac{(\text{定额流动资金平均余额}+\text{非流动资金平均余额})\times\text{分析期天数}}{\text{分析期的产品销售收入}}$

（7）能源单耗＝某时期材料消耗总量（实物量）/该时期产品产量

（8）材料利用率（%）＝某时期产品中的材料总量/该时期材料消耗总量×100%

（9）工人劳动生产率 $=\dfrac{\text{某时期工业总产量（或实物量）}}{\text{该时期工人（包括学徒）的平均人数}}$

（10）设备台时利用率＝某时期设备实际使用台时数/该时期设备制度台时数×100%

（11）设备台时产量＝某时期产品产量/该时期设备实际使用台时数

【业务3－2】典型案例

ABC有限责任公司本年及上年劳动生产率相关指标数据如表3－6所示：

表3－6　ABC有限责任公司劳动生产率相关指标　单位：人民币元；小时

序号	项目	上年	本年	差异（＋ －）
1	全员劳动生产率	120,006	111,998.96	
2	全员人数	800	820	
3	生产工人人数	720	730	
4	生产工人比重			
5	生产工人全年工时总数	1,440,000	1,478,250	
6	人均全年工时			
7	总产值	96,000,000	91,840,000	
8	人均全年产值			
9	单位工时产值			

要求：

（1）根据上表中已有数据，计算其他指标并直接填入表中；

（2）根据计算结果，分析该公司全员劳动生产率下降的原因；

（3）提出改进意见。

分析：

（1）计算结果见表3-7。

表3-7　　单位：人民币元；小时

序号	项目	上年	本年	差异（+-）
1	全员劳动生产率	120,006	111,998.96	-8,007.04
2	全员人数	800	820	+20
3	生产工人人数	720	730	+10
4	生产工人比重（3）/（2）	90.00%	89.02%	-0.98%
5	生产工人全年工时总数	1440000	1478250	+38250
6	人均全年工时（5）/（3）	2000	2025	+25
7	总产值	96000000	91840000	-4160000
8	人均全年产值（7）/（3）	133333.33	125808.22	-7525.11
9	单位工时产值（8）/（6）	66.67	62.13	-4.54

（2）影响全员劳动生产率的有三个因素，即生产工人占全员比重、生产工人人均全年工时和生产工人单位工时产值，分别是上表中的第4项、第6项和第9项。

本年与上年相比，全员劳动生产率下降8,007.04元（下降6.67%）。

根据全员劳动生产率计算分解公式：

全员劳动生产率=生产工人比重×生产工人人均全年工时×单位工时产值

上年全员劳动生产率：90%×2,000×66.67=120,006（元/人）

本年全员劳动生产率：89.02%×2,025×62.13=111,998.96（元/人）

本年与上年相比下降：111,998.96-120,006=-8,007.04（元/人）

①由于生产工人比重下降导致全员劳动生产率下降：

（89.02%-90%）×2,000×66.67=-1,306.73（元/人）

②由于生产工人人均全年工时增加导致全员劳动生产率上升：

89.02%×（2,025-2,000）×66.67=+1,483.74（元/人）

③由于单位工时产值下降导致全员劳动生产率下降：

89.02%×2,025×（62.13-66.67）=-8,184.05（元/人）

以上三项合计影响：-1,306.73+1,483.74-8,184.05=-8,007.04（元/人）

可见，影响全员劳动生产率下降的主要原因是单位工时产值较上年有较大幅度的下降，下降幅度为6.81%（4.54/66.67），而其他两个影响因素影响程度较小，且基本上相互抵销。

（3）改进意见。

①整体人员的控制。随着GDP等指标的不断公布，员工月人均收入在不断提升，带给

企业在人工成本方面的压力就越大，在提升产能的同时，要加强人员总量的控制。

②合理安排人员结构。生产工人人数、行政管理人员人数及其他人员的人数比重要恰当。

③分工协作，提高出勤率、有效工时利用率，巩固劳动纪律。

④不断提高劳动者的整体素质与工作技能。

（二）综合—局部—因素体系

综合—局部—因素体系由综合指标、局部指标和周转指标三部分构成，是表层—里层指标体系的延伸：

（1）综合指标，是指能反映经济效益主体（某企业、某单位或某项目）整体的投入、产出之比的指标。如资金利税率、人均创利税额、总资产报酬率、净现值等指标。

（2）局部指标，是指能反映某一方面（资源或活动等）局部的投入、产出之比的指标。如全员劳动生产率、流动资金周转率、产品合格率、成本计划完成率（或降低率）等指标。

审计人员一般可根据综合指标和局部指标做出审计结论，而综合指标和局部指标的变动又受自身一些因素的影响，这些因素相对于综合指标和局部指标来说，更直接细微，可用周转指标来反映。

（3）周转指标，是指能反映综合和局部指标变动的影响因素的指标，往往是提出审计建议的出发点。

如综合指标总资产报酬率受以下三个周转指标的影响：利润报酬系数、销售利润率、资金周转总次数。局部指标流动资金周转率受以下三个周转指标的影响：销售收入、销售成本、流动资金占用额。局部指标全员劳动生产率受以下三个周转指标的影响：生产工人劳动生产率、制度工时利用率、生产工人占全员比重。

（三）企业国有资本金绩效评价指标体系

企业国有资本金绩效评价指标体系从企业的财务效益状况、资产营运状况、偿债能力状况和发展能力状况四个方面综合地反映了企业的经济效益性。审计人员进行效益性评价时，可以将该指标体系借用过来，作为效益评价的标准，对于不适用的指标可以进行修正后，再作为经济效益审计的评价标准。常用企业国有资本金绩效评价的基本指标及相关的修正指标如表 3 – 8 所示。

表 3 – 8　　常用企业国有资本金绩效评价的基本指标及相关的修正指标

序号	项目	基本指标	修正指标
一	财务效益状况指标	净资产收益率 总资产报酬率	资本保值增值率 销售利润率 成本费用利润率
二	资产营运状况指标	总资产周转率 流动资产周转率	存货周转率 应收账款周转率 不良资产比率 资产损失比率

续表

序号	项目	基本指标	修正指标
三	偿债能力状况指标	资产负债率 已获利息倍数	流动比率、速动比率 现金流动负债比率 长期资产适合率 经营亏损挂账比率
四	发展能力指标	销售增长率 资本积累率	总资产增长率 固定资产成新率 三年利润平均增长率 三年资本平均增长率

1. 企业财务效益状况指标

（1）总资产报酬率，计算公式为：

$$总资产报酬率=\frac{利润总额+利息支出}{资产平均总额}\times 100\%$$

$$资产平均总额=\frac{期初资产总额+期末资产总额}{2}$$

其中，分子利润总额是指息税前利润，包括净利润和税收额，分母资产是指企业的全部经济资源，它是一个时点指标，所以要计算其序时（算术）平均数。企业经济资源的来源即利益关系人有国家、银行、资本投资者和其他债权人。该指标反映了企业各利益关系人的获利情况：国家作为社会管理者，维护社会秩序和市场稳定的身份，可以获得税收收入；国家作为企业的投资人，可以年终分红和增加所有者权益；净利润通过在应付利润和留存收益之间进行分配，一部分进入了投资者的腰包，一部分增加了所有者权益；利息支出则是付给债权人的报酬。

该指标用来衡量企业运用全部资产获利的能力，综合性强，是一个大口径指标，可用于企业的宏观经济管理和指导调控，是国家政府和地方政府对企业改革发展进行分类指导的依据。企业改制后分类方向有股份有限公司、有限责任公司、上市公司、改制企业等，不能改的企业要进行资产重组、债务重组或债转股。

（2）净资产（资本）收益率，计算公式为：

$$净资产（资本）收益率=\frac{净利润}{所有者权益（实收资本）}\times 100\%$$

该指标用来衡量企业运用投资者投入的资本获得收益的能力，综合性不强，是一个小口径指标。分子净利润是一个时期指标，分母所有者权益是一个时点指标，所以要计算其序时平均数。该指标在上市公司中又表现为每股收益率，可以用于评价投资决策方案，计算公式如下：

$$每股收益率（元/股）=\frac{净利润}{股票发行数}$$

（3）资本保值增值率，计算公式为：

$$资本保值增值率=\frac{期末所有者权益}{期初所有者权益}\times 100\%$$

该指标主要反映投资者投入企业的资本的完整性和保全性。评价时，如果资本保值增值率等于100%，为资本保值；资本保值增值率大于100%，为资本增值；小于100%则表示资产流失。

该指标有局限性，容易混淆主、客观因素，不便于区分责任和正确考核经营者的业绩。例如，某企业期末所有者权益120万元，期初所有者权益100万元，则资本保值增值率120%，所有者权益增加了20万元，经过查账找到原因，发现有客观因素，即企业在该年追加投资30万元，有主观因素，即企业在该年发生经营亏损10万元。这样一看，则和前面得出相反的评价结论，即企业该年的财务效益和经营业绩是不好的。所以为了剔除客观因素的影响，该指标可进行如下修正：

$$资本保值增值率=\frac{期末所有者权益\pm客观因素}{期初所有者权益}\times100\%$$

其中根据职业判断，一般公认的客观因素有：追加投资额（应作为减项）、严重自然灾害净损失（增加项）、接受捐赠（减项）、法定重估增（减）值、利润分配方案的改变、企业重组等。

（4）销售利润率，计算公式为：

$$销售利润率=\frac{利润总额}{产品销售收入}\times100\%$$

其中产品销售收入指扣除销售折让、销售折扣和销售退回之后的净额。该指标反映企业销售收入的获利水平。其修正指标为：

$$销售利润率=\frac{销售利润（主营业务利润）}{销售收入（主营业务收入）}\times100\%$$

因为“销售利润=销售收入－销售成本－销售费用－销售税金及附加”，所以销售利润率大小受此公式中各因素的影响，审计的目的就是分析该指标变动的影响因素。

2. 企业资产营运状况指标

对于企业的资产营运，传统观念认为其是一种产品生产（经营）观念，即只有资金有周转增值能力，如企业投入资金成本100万元，通过购入材料、生产产品、到产成品销售转换成销售收入120万元这个生产经营过程，增值了20万元的利税。这种观点认为固定资产周转期长，实现不了增值。

现代观念则认为其是一种资本营运观念，即企业的全部资产都能周转、增值，包括企业的固定资产、无形资产、长期投资等，所以测算企业资产营运状况的指标范围也扩大了。

（1）存货周转率，计算公式为：

$$存货周转率=\frac{销售成本}{存货平均余额} \quad 次数$$

$$存货平均余额=\frac{期初存货余额+期末存货余额}{2}$$

一般周转率的计算公式如下：

$$周转率=\frac{周转额}{资金占用} \quad 次数（正指标）$$

$$周转天数=\frac{资金占用}{周转额}\times计算期天数 \quad 天数（逆指标）$$

该指标用于衡量企业在一定时期内存货资产的周转次数，反映企业购、产、销效率的一种尺度，表明了企业垫付资金的回收速度，即资金增值的效益性。分子资金占用是时点指标，所以要计算它的序时（算术）平均数。对应修正指标为：

$$存货周转率=\frac{销售收入}{存货平均余额}\quad 次数$$

该指标既反映了资金的回收速度，又反映了资金增值实现的程度。

（2）应收账款周转率，计算公式为：

$$应收账款周转率=\frac{销售净收入（赊销净额）}{平均应收账款余额}$$

$$赊销净额=销售收入-现销收入-销售退回、折让、折扣$$

$$平均应收账款余额=\frac{期初应收账款余额+期末应收账款余额}{2}$$

该指标也称收账比率，用于衡量企业应收账款周转快慢。由于企业的赊销资料作为商业秘密不对外公布，所以，赊销净额一般用销售净收入表示，即赊销和现销总额。

应收账款的存在是企业的一大弊端：由于无现金流入量，影响企业经营的周转，增加贷款，进而增加了利息支出（财务费用），降低了利润，还可能发生坏账损失，会加剧社会上的三角债现象。因此企业应严格控制应收账款的占用，以降低控制风险。

（3）不良资产比率，计算公式为：

$$不良资产比率=\frac{年末不良资产总额}{年末全部资产总额}\times 100\%$$

审计实践表明，企业的不良资产包括：周转（变现）受阻的商品和产品；已发生减值的各种资产（现行市价成本孰低法即账面成本大于现行市价时，按现行市价入账）；证券投资、未处置的闲置固定资产和材料、收不回的债权；变质、使用价值下降，不能按原有价值使用的物资储备等。银行的不良资产则指贷款无法收回的资产。

3. 企业偿债能力状况指标

（1）资产负债率，计算公式为：

$$资产负债率=\frac{负债总额}{资产总额}\times 100\%$$

该指标用于衡量企业负债水平高低情况，表明了企业的资本结构。国际标准以50%为好，我国一般正常在60%—70%之间。这个比率太高不好，表明企业财务状况恶化，要进行债务重组或债转股；比率太低也不好，表明企业经营状况差，经营规模不够。

要控制审计风险，审计建议应慎重。例如，某企业资产负债率为20%，是否应建议它提高负债呢？应该再比较一下总资产报酬率与预计的负债利息率：如果总资产报酬率大于预计的负债利率，则可以建议其提高负债，以增值资产；如果总资产报酬率小于预计的负债利率，则不能建议其提高负债，因为可能会引起资产流失。

（2）流动比率、速动比率、现金比率，计算公式为：

$$流动比率=\frac{流动资产}{流动负债}\times 100\%$$

该指标衡量企业在某一时点偿付即将到期债务的能力，又称短期偿债能力比率。

$$速动比率=\frac{速动资产}{流动负债}\times 100\%$$

$$速动资产=流动资产-存货$$

$$现金比率（旧指标）=\frac{货币资金+短期投资}{流动负债}\times 100\%$$

该指标衡量企业在某一时点上运用随时可变现资产偿付到期债务的能力，短期投资可以作为现金的调剂手段，是对流动比率的补充。

$$现金比率（新指标）=\frac{全年现金经营活动现金净流量}{流动负债}\times 100\%$$

该指标更直接地表明了企业的变现能力，反映了企业的流动负债用于经营活动的情况。

（3）长期资产适合率，计算公式：

$$长期资产适合率=\frac{所有者权益+长期负债}{固定资产+长期投资}\times 100\%$$

该公式反映不同的资金来源用于不同的资金运用上，主要反映了企业的长期负债资本化的情况，分子表明了企业资产的来源，分母表明了企业资产的占用，对应程度应为100%。如该指标结果大于100%，则表示来源多于占用，意味着企业流动负债少于流动资产的占用，表明企业流动比率上升，短期偿债支付能力强。若该指标结果小于100%，则表示来源少于占用，意味着企业长期资产占用了一部分流动负债的来源，流动负债多于流动资产的占用，表明企业流动比率下降，短期偿债支付能力变弱。

4. 企业发展能力状况指标

测试企业的发展能力就是测试企业的成长性，可以用科学计算的数据预测企业的发展趋势。

（1）资本积累率，计算公式为：

$$资本积累率=\frac{本年所有者权益增加额（年末-年初）}{年初所有者权益}\times 100\%$$

该指标影响因素较多，可以分析企业资本的积累过程：资产经过合理配置，周转速度快，可以有较多的经营收益，增加了企业的净利润，年终通过分配，一部分作为应付利润付出，一部分作为留存收益，即增加了年末所有者权益。

（2）销售增长率，计算公式为：

$$销售增长率=\frac{本年销售增长额（报告期）}{上年销售额（基期）}\times 100\%$$

该指标反映企业经营、销售规模的发展状况。

（3）三年资本平均增长率，计算公式为：

$$三年资本平均增长率=\sqrt[3]{\frac{三年末所有者权益}{三年初所有者权益}}-1$$

企业的财务目标就是追求利润最大化和价值最大化，该指标是一时点指标，反映企业的价值增长状况，计算时注意它含有三次增长，例如取2015年初所有者权益和2017年末所有者权益可以计算该比率。

（4）三年利润平均增长率，计算公式为：

$$三年利润平均增长率 = \sqrt[3]{\frac{第三年利润总额}{三年前利润总额}} - 1$$

该指标是一时期指标，反映企业的财务效益发展状况，例如取2014年利润总额和2017年利润总额可以计算该比率。

（5）固定资产成新率，计算公式为：

$$固定资产成新率 = \frac{固定资产净值}{固定资产原值}$$

固定资产是企业的技术基础，该指标用于测试企业对固定资产维修、更新改造的情况，如果企业不改善固定资产，则固定资产成新率越来越低，企业可能有“拼设备”的短期行为。

【业务3－3】典型案例

ABC有限责任公司有关存货周转指标及相关数据如表3－9所示：

表3－9　ABC有限责任公司有关存货周转指标及相关数据表　　单位：万元

指标	2017年	2016年	差异（＋－）
存货平均占用额			
原材料平均占用额	90	100	
在产品平均占用额	108	120	
产成品平均占用额	246	200	
本期材料费用	300	300	
本期完工产品成本	510	480	
本期产品销售成本	570	600	
本期产品销售收入	740	800	
存货周转天数			
原材料资金周转天数			
在产品资金周转天数			
产成品资金周转天数			

要求：

（1）计算2017年、2016年存货周转天数并填表中；

（2）计算2017年、2016年各阶段周转天数并填入表中；

（3）分析存货周转速度加快或放缓的原因；

（4）提出加快存货周转的措施。

答案：

（1）2017年存货周转天数＝（90＋108＋246）×360/740＝444×360/740＝216（天）

2016年存货周转天数＝（100＋120＋200）×360/800＝420×360/800＝189（天）

与2016年相比，存货周转速度放缓，周转天数增加了27天（216－189）。

（2）各阶段资金周转天数计算结果见表3－10：

表 3-10　　ABC 有限责任公司各阶段资金周转天数计算汇总表

指标	2017 年	2016 年	差异（+　-）
存货平均占用额			
原材料平均占用额	90	100	
在产品平均占用额	108	120	
产成品平均占用额	246	200	
本期材料费用	300	300	
本期完工产品成本	510	480	
本期产品销售成本	570	600	
本期产品销售收入	740	800	
存货周转天数	216	189	+27
原材料资金周转天数	108	120	-12
在产品资金周转天数	76.24	90	-13.76
产成品资金周转天数	155.37	120	+35.37

（3）根据存货周转天数计算分解公式：

存货周转天数 = 原材料周转天数 ×（原材料消耗/产品销售收入）+ 在产品周转天数 ×（完工产品成本/产品销售收入）+ 产成品周转天数 ×（产品销售成本/产品销售收入）

将各阶段周转天数换算成总周转天数。

换算 2017 年：

存货周转天数 = 108 ×（300/740）+ 76.24 ×（510/740）+ 155.37 ×（570/740）
= 43.78 + 52.54 + 119.68 = 216（天）

换算 2016 年：

存货周转天数 = 120 ×（300/800）+ 90 ×（480/800）+ 120 ×（600/800）= 45 + 54 + 90
= 189（天）

通过上述计算可以看出，存货周转速度增加了 27 天，主要是由于产成品资金周转速度明显放缓所致：产成品资金周转由 2016 年的 90 天至 2017 年的 119.68 天，周转一次增加了 29.68 天，而原材料、在产品资金周转则有所加快。

（4）改进措施：

①在生产方面，降低原材料库存，就是要保证满足生产的前提下，持有最少的库存。缩短生产制造的时间，也就是缩短生产周期，减少在产品。要按市场实际订单生产（即便是需要留有成品库存），制造时间短，则可以留有更少的成品库存。当原料、半成品（在产品）、成品库存降低时，销售会增长，库存周转率会提升。

②在分销方面，建立拉动式的分销链。以实际的终端需求，一级级拉动供应链的配送，直至工厂端的生产，甚至工厂的供应商源头。建立根据市场变化波动合理调整供应链各级库存的机制，避免终端依靠预测向上游大批量订货。

职业道德与素质

【案例背景】

(一) 项目名称与概况

(1) 项目名称：某甲股份有限公司承包类加油站经济效益审计（以下简称甲公司）。

(2) 项目概况：甲公司与A企业和B企业联合经营11个加油站（为行文方便，以下对案例中出现的11个加油站进行编号，分别为1#至11#），双方各持股50%。其中与A企业联合经营2个加油站（第1#和第2#加油站），原始投资为520万元，2011年起由A企业承包经营；与B企业联合经营9个加油站（第3#至第11#加油站），原始投资为3,076万元，2010年起由B企业承包经营。

(二) 审计主要内容

(1) 各项内部控制制度的建立和执行情况。

(2) 承包协议的执行情况：①是否按承包协议规定全额上交每年的税后利润；②是否合理使用联营加油站原有固定资产，保证固定资产的安全和完整；③是否遵守承包协议的其他条款。

(3) 经营管理和财务收支合规性：①是否按照有关企业会计制度进行会计核算和财务管理；②是否存在违法违规的经营行为。

(三) 主要审计过程及工作情况

审计前期，审计组根据该审计项目的具体情况进行了准备，制定了审计方案，对审计中可能出现的问题进行了认真的研究和准备，对所有重大问题进行了追溯。同时针对该项目审计期间跨度长（分别达7、8年之久）、涉及账户多（有10套财务账）、由联营对方承包经营多年的特点，配备了较多的审计资源，投入了大量的人力物力。审计组根据各加油站提供的联营及承包协议、会计报表、账簿及凭证和统计台账等资料，主要审查了各加油站在审计期间的经济效益、承包协议的执行等情况。核实了各加油站各项资产的使用及增减变动情况，核实各加油站在审计期间的经济效益、承包协议的执行等情况，核实盘点了各加油站的货币资金、固定资产和存货。

该项目的审计重点是承包协议的合理性及承包协议的执行情况等，特别是承包利润的上交及合理使用加油站原有资产，保证资产的安全和完整情况，对此，审计人员进行了详尽的查实。由于这些加油站由联营方承包经营，承包方对审计组有抵触情绪，给审计工作带来了很大难度。审计人员“动之以情，晓之以理”，与承包方进行了多方沟通，终于取得了被审计单位的理解和配合，保证了审计任务的圆满完成。

(四) 审计查出的主要问题

(1) 在投资双方签订的这11个加油站承包协议中，对固定资产的购置、处理等重大经济活动未明确审批及实施程序；

(2) 第2#加油站的经营管理及安全等存在较为严重的问题和隐患；

(3) 2011年至2018年10月，第4#、5#、6#、9#、10#这5个联营加油站以冲减累计折旧的方式增加固定资产242万元，造成固定资产原值不实，同时也不利于固定资产的管理；

（4）这11个加油站历年共计少提折旧52.71万元；

（5）审计在盘点这11个加油站的固定资产时，发现各加油站均存在不少的破损或闲置资产；

（6）审计在检查各加油站的土地使用证和房产证时，发现有的加油站没有土地使用证，且房产证上的房屋所有权人及土地使用权证上的土地使用者名称与营业执照上的企业名称不一致；

（7）截至2018年10月，第5#、6#、9#、10#、11#加油站减少的实收资本分别为注册资金的46%、34%、45.3%、29.8%和30.5%。

（五）审计处理、建议和成果

审计处理和建议为：

（1）建议联营双方进一步完善承包协议，增加对固定资产的购置及处理等经济活动的约束性条款，确保其资产的完整、增加及处置资产的合理性。

（2）建议应对第2#加油站进行整治，堵塞管理漏洞，消除安全隐患，确保加油站财产安全。对该加油站的前景，建议投资双方进行客观论证，做出正确的投资决策。

（3）建议第4#、5#、6#、9#、10#等5个联营加油站应将冲减“累计折旧”而形成的固定资产242万元，调入“固定资产”科目，并按规定计提折旧。

（4）建议相关加油站应根据会计制度规定按一贯性原则计提折旧。

（5）建议对这11个加油站的固定资产作一次全面清理。

（6）建议应变更和补办相关加油站的土地使用证和房产证。

（7）建议对实收资本减少超过注册资金20%的5个加油站的营业执照进行变更。

通过审计，共查处违规违纪金额304万元，提出各项整改措施26条。进一步完善了承包协议，促进了承包加油站的规范经营。

分析：

从该审计项目来看，甲公司分别与A企业及B企业共同投资联合经营11个加油站，该批加油站由A企业和B企业进行经营管理，并定期按承包协议向甲公司缴纳承包利润（税后）。实施该审计项目，则是甲公司按照承包协议的规定，履行对A企业和B企业的经营管理进行监督和检查的权利。

（一）对审计项目确定为经济效益审计的评价

我们知道，经济效益审计主要侧重对项目的经济性、效率性、效果性实施审查。而传统的财务审计则偏重于审查财务报表有无违反会计制度的行为。

从该项目的审计内容来看，主要有3项，即：内部控制制度的建立和执行情况；承包协议的执行情况；经营管理和财务收支的合规性。似乎更倾向于专项审计，或者是包括财务审计在内的综合审计。至少在审计内容里面，没有突出经济效益审计的特点和要求。

从该项目的审查过程来看，围绕财务报表，求证资产、负债及所有者权益等各项数据的合理性，是该项目的审查重点。特别是审计中所采用的方法，基本上都是传统财务审计的方法，如检查、审阅、分析性程序等。

从项目审查出的问题来看，主要共有7项，其中1项是关于承包协议，1项是关于内部控制制度，5项是关于财务报表的账务处理结果。此外，从审计结果和建议来看，更偏重于财务审计。

事实上，该项目是围绕承包协议而实施的一项专项审计。至于对财务报表的审查，则主要是服务和服从于对承包协议的检查。对加油站经济效益的关注，即承包方或者代管方是否有侵害甲公司的利益，是实施该项目的重要原因。

（二）对该审计项目的综合评价

确切地说，本案例实际上是以检查代管协议是否真正得到履行的一项专项审计，离经济效益审计是有一段距离的。

由于投资双方实施一方经营、另一方监督审查的方式，决定了经营方式利于一方而不利于另一方。因此，审计监督的力度和效应是令人怀疑的。改变双方的经营方式是解决问题的根本。理想情况下，甲公司能够很好地签订协议，正确确定所分配的利润额，从而维护自身的利益。而实际上，由于任何契约都是不完备的，甲公司无法做到这一点。同时，乙方（A企业或B企业，下同）也是要考虑自身经济利益的，一旦察觉到自身利益无法实现，会选择放弃，这样，代管协议也就不能履行。在审计方式上，本项目审计跨度长达7、8年，失去了监督的意义。另外，应当加强事前和事中审查，如选取某个加油站、选取某一天进行突击检查其业务，并通过这种抽样的办法来推断整体经营业务的合理性。在人员配备上，应当安排具有丰富加油站经营业务经验的人员参加，以弥补审计力量的局限性。

启示：

上述分析表明，这不是一个实际意义上的经济效益审计案例。但它所反映和揭示出来的问题是非常典型的，带给我们的思考也是深刻的。我们可以设想，如果对这样的加油站实施真正意义上的经济效益审计，应该如何去做。下面，就对之加以探讨。

（一）审计主体

本案例中，加油站联营双方各自有不同的分工，乙方负责托管该加油站，而甲公司获取固定的利润。对于联营的加油站，甲企业关心其资产保值增值情况，考虑其经营风险等。似乎乙方负责管理加油站，而甲公司对其进行经济效益审计是非常合理的。但实质上，由于信息不对称，同时加油站实行承包经营，因此，甲公司并不具备真正意义上的监督能力，无法实施有效的监督。

我们假想甲公司在合同上已经解决了和乙方的利益分配关系，即甲公司享有恰如其分的经营成果，并且，一旦经营失败，如果经查明系乙方经营不力所造成，可以向乙方追偿其投资额。在这种情况下，乙方就需要尽力经营管理好加油站。且在此前提下，由乙方来担任审计主体非常合适，因为乙方具有很强的动机这么做，否则“一荣俱荣，一损俱损”。

（二）审计目标

按照经济效益审计的定义，其主要内容是对经济活动的经济性、效益性以及效果性进行恰当的审查和评价。

从经济性来看，涉及是否要设立加油站的问题。乙方需要从整个企业投资项目和整体发展战略来考察加油站的投资。如果加油站投资项目整体投资报酬率偏低、风险较大，且不符合企业的投资战略发展方向，或乙方有更具发展前景的投资项目，则加油站的经济性可以评价为较差，可以选择放弃、变卖等，以收回投资额，寻求其他项目。

从效益性来看，需要全面考察加油站的回报。既要考虑经济效益，也要考虑社会效益。承担与企业自身相适应的社会责任，已越来越成为企业追求长远利益的根本要求。这里，评价标准是关键，可以是事先设定的计划指标，也可以是同行业相关指标。

从效果性来看，需要对加油站的经营成果加以全面考察和分析。主要从产出角度来分析其经营是否达到预期的效果，并进行深入的分析，以查找原因。

（三）审计标准

这是一个相当复杂和棘手的问题。好的标准可以提升经济效益审计的层次和水平，相反，不当的标准会引导审计人员得出错误的结论。在制定这样的标准时，需要考察企业的过去业绩，还要考察同行业的整体水平。

需要事先根据经济性、效益性和效果性来确定细化的标准。这样的系列指标应当涵盖财务和非财务两大方面，全面体现审计目标的根本要求。当然，在考察和评价时，需要根据变化了的外部环境进行调整，并尽量剔除一些非正常因素的干扰，以做到客观和符合实际。

对于加油站的考核标准，要考虑该加油站历史经营业绩，判断各项指标是否有改进。同时，也要和相同地理位置的加油站的经营状况相比较。加油站经营的好坏，既有必然因素，也有偶然因素。企业应当根据加油站的实际经营情况，建立必要的和行之有效的内部控制制度，以保障其资产安全和经营目标的实现。

（四）审计步骤

经济效益审计分为准备阶段、实施阶段和终结报告阶段。准备阶段主要是对加油站项目开展大量调查研究工作，以占有充分资料，进而明确该项目的具体审计目标，选定恰当的审计方法，并在此基础上制定切实可行的审计方案。此外，审计人员必须通过学习等方式掌握审计标准。实施阶段主要是运用审阅、核对、查询等审计方法对有关资料（审计对象），特别是有关加油站核算的会计资料的真实性、合法性进行审查，以保证该项目经济效益审计建立在真实、合法的基础上。同时，要特别加强对该加油站（项目）的内部控制系统的审查和评价。终结报告阶段主要任务是撰写和提交经济效益审计的审计报告，所依据的是审计过程中所搜集到的充分和适当的审计证据。在报告中，需要对加油站的内部控制进行充分的评价，并对进一步提高加油站的效益提出建议。

（五）审计方法

经济效益审计的核心仍然是搜集发表审计意见的证据，而证据的获取离不开正确适当的审计方法。除了一般审计的核对法、盘点法、审阅法、调节法、鉴定法等等之外，经济效益审计由于还涉及领导决策、经营管理等深层次的问题，它的方法还包括审计调查和现代管理方法等。此外，还可以通过询问和调查等方法进一步获取真实的信息，为下一步的审计工作提供引导。加油站是一个特殊的石油零售企业，它的客户主要是机动车辆的驾驶员。通过问卷调查、询问等方式向他们了解对加油站服务的意见和看法，并让他们就加油站的经营提出恰当的建议，以助于改进审计标准和提高审计质量。

（六）审计报告

审计报告是整个审计工作的总结，是审计成果的体现。审计报告应当围绕和突出加油站项目投资和经营管理中存在的主要问题，同时要提出切实可行的改进建议。此外，为保证审计建议能够得以实施，经济效益审计项目还应当特别强调后续审计，其目的是对所做审计决定中提出的纠正意见、改进建议和措施的效果进行审查，并相应提出后续审计报告。这是保证审计建议和意见得到落实的重要程序和步骤。

职业能力训练

一、单项选择题

1. 下列有关经济效益审计的说法，不正确的是（　　）。

A. 经济效益审计的目的在于提高企业的经济效益

B. 经济效益审计的对象是被审计单位的业务经营活动和管理活动

C. 经济效益审计的结论具有法律效力

D. 经济效益审计更强调事前审计的作用

2. 下列哪项不属于经济效益审计的内容（　　）。

A. 经济性审计　　B. 效率性审计

C. 效果性审计　　D. 公平性审计

3. 下列（　　）方法是内部审计机构和人员在进行效率性审计时不常运用的审计方法。

A. 数量分析法　　B. 因素分析法

C. 比较分析法　　D. 量本利分析法

4. 经济活动中的投入有消耗和占用两种形式，下面（　　）属于消耗形式的资源投入。

A. 存货储备　　B. 固定资产净值

C. 职工人数　　D. 成本费用

5. 下列不属于企业发展能力指标的是（　　）。

A. 资本积累率　　B. 总资产增长率

C. 销售增长率　　D. 总资产周转率

6. 甲企业2017年销售额为1000万元，销售成本为800万元，2016年底存货45万元，2017年底存货55万元，则甲企业的存货周转率为（　　）。

A. 20　　B. 16

C. 18　　D. 14.55

二、多项选择题

1. “三E”审计是指（　　）。

A. 经济性审计　　B. 效率性审计
C. 效果性审计　　D. 财政财务审计

2. 经济效益审计按审计范围大小，可以分为（　　）。
A. 全面审计　　B. 局部审计
C. 项目审计　　D. 行政事业经费绩效审计

3. 审计实施阶段应包括以下工作（　　）。
A. 制定审计方案　　B. 进行初步测试
C. 收集审计证据　　D. 撰写审计报告

4. 影响产品单位成本中原材料成本的因素包括（　　）。
A. 原材料价格　　B. 产品产量
C. 产品质量　　D. 原材料耗用量

三、实务题

1. 某企业2017年销售收入为140,000元，销售成本为100,000元，年初资金余额为80,000元，年末余额为120,000元，2016年销售收入为125,000元，销售成本为110,000元，资金年初余额为56,000元，年末余额为80,000元。

要求：请用资金周转率和销售利润率两个指标分析该企业资金利润率的变动情况并做出评价。

2. ABC有限责任公司本年及上年总资产报酬率相关指标数据见表3-11：

表3-11　　ABC有限责任公司本年及上年总资产报酬率相关指标数据表　　单位：万元

序号	项目	上年	本年	差异（+ -）
1	总资产报酬率	1.136	0.9657	
2	利润总额	128	127.855	
3	利息	14	17	
4	营业利润	100	99.9	
5	利润报酬系数			
6	营业收入	500	555	
7	销售利润率			
8	资产平均总额	125	150	
9	资金周转总次数			

要求：

（1）根据上表中已有数据，计算其他指标并直接填入表中；

（2）根据计算结果，分析该公司总资产报酬率下降的原因；

（3）提出改进意见。

技能强化训练

【实训目标】 熟悉并掌握经济效益审计。

【实训资料】 某公司是一大型制造企业，其许多产品在市场上均有较高的占有率，但是因利润率不高，近几年又开发了新产品，以形成新的利润增长点。经过生产销售，市场前景比较乐观。但是，在该公司的财务报表上，对于该新产品的统计显示产品亏损。公司领导对此比较困惑，委托内部审计部门予以审计核实。

审计人员抽查了该公司的新产品，并进行了全过程的跟踪审计。该新产品合同总价××××万元（不含运费），合同总量×××吨，单价×万元/吨，已经完工交货。

根据该产品销售发票显示，发票总价与合同总价相符，发票中产品重量×××吨，比合同中签定的重量多××吨。公司会计报告中该产品的制造成本总额为××××万元，产品亏损××万元（销售收入－制造成本）；根据同期公司财务报告测算，该产品应负担管理费用和财务费用为×××万元。销售亏损加上应分担的期间费用，则该项新产品营业亏损为×××万元。

随后，审计人员对构成新产品的成本进行分析对比，计算边际贡献，寻求该成本的真实状况及发展前景。

经过审计人员搜集资料，没有发现公司关于该新产品完整的定额成本、计划成本、目标成本及产品成本责任考核体系，只有相关的基础会计资料。根据公司会计资料反映，该产品的成本主要由材料、加工费和专用费用、材料价差构成，成本总额为××××万元。材料价差包括外购材料价差、公司内部煤气、电力、风、水及毛坯半成品差异，计算方法为按产品成本总额乘以10%。公司厂内煤气、风、水、电及半成品等劳务差异的分配方法是在该产品完工月份，用各毛坯车间累计的产品制造成本乘以综合差价率。

审计人员对新产品开展跟踪审计，首先从合同与发票对比入手发现发票与合同总价相符，但重量不符，接着，对成本进行对比，发现定额成本、计划成本、目标成本及产品成本责任考核体系不完整，从数字上进行分析。

【实训要求】 运用所学对上述问题进行分析。

【实训指导】

1. 审计中发现的问题

（1）没有完整的产品定额成本、计划成本、目标成本等资料及产品责任考核体系。针对新产品，拟以集团公司计划处调查搜集其定额成本、计划成本等数据，结果因公司没有这方面的责任考核，所以数据也没有。目前公司还是以单位为对象考核分厂总费用或成本总额，也称费用包干。问题在于其中的变动费用是随产量增减而升降的，若产量减少，而其中变动费用未随产量的相同比例减少，即使总费用未超年初核定目标，实际也是超支。但这往往被忽视，最终易导致所属分厂都节约费用，而公司综合后却费用超支。若以产品为对象考核产品成本则能避免这一弊端，因生产一定的产品所发生的成本必有相应的收入做补偿，收入、成本是一一对应的，只要各分厂产品成本不超目标，综合后不会超。

（2）实际交货重量大于合同重量××吨，按×万元/吨计算，损失收入××万元。新产品合同重×××吨。若以发票重量与合同重量比多××吨，损失收入××万元。

（3）材料价差分配方法不合理，影响了产品成本的准确性。公司厂内煤气、风、水、电及半成品等劳务差异的分配方法采用某产品完工月份，用各毛坯车间累计的产品制造成本乘以综合差价率。这种分配方法不合理，因为从消耗内容上看，对于风、水、电等，全公司不仅是毛坯车间使用，非毛坯车间、管理处室、后勤部门等也要使用，所以劳务差异不应仅在毛坯车间分配，而应在全公司分配；毛坯车间的折旧费、工资、外委修理费等是毛坯制造成本中的一部分，但它们没有差异形成，这部分成本被分摊材料价差也属不合理。从分配时间上看，有滞后性，以新产品为例，该产品制造期为××××年12月至××××年8月，期间虽不断材料投入，但集中投料期均在××××年8月前，不可能在完工的8月一次投料，因此按其××××年8月完工时当月的综合差异率计算并分配价差，显然准确性不够。

另外，实行综合材料价差率也影响产品成本的准确率，以产品B使用钢板、焊材为例，按计划价格计算为×××万元，以实际采购计算为×××万元，货差××万元。但若以计划价格计算的金额×××万元乘以10%，则新产品的钢板焊材成本还要增加××万元，合计则为×××万元，比实际采购成本×××万元多××万元，比实际多负担近××%。

（4）成本结转不实。新产品应结转产品销售成本××××万元，实际结转×××万元，少结转×××万元，隐藏在产成品账内形成潜亏。

2. 建议

（1）建立健全严格的产品成本责任考核体系，以产品为对象，按工序或分厂制定产品目标考核成本，确保凡发生的产品成本都有相应收入做补偿。同时，也对分厂进行了约束，避免分厂成本计量不准的缺陷。

（2）建议公司指定严格产品质量保证体系，如有特殊情况（如实际产品重量大于合同约定重量），应力争同用户商议，收回超重货款。避免公司利益受损，也避免因超重部分没有收益造成产品的亏损。

（3）建议公司细化材料价差、劳务价差分配方法，保证产品成本数据的准确性，给经营定货及公司决策提供有效信息。

（4）因该新产品边际贡献较大，且能创造利润，建议公司加大市场开发力度，同时加大内部挖潜，以免因材料等上涨造成该产品不能创造利润。

（5）建议公司通过对新产品的效益审计总结经验，对其他产品的成本进行核实，保证单个产品的成本真实，查找公司产品亏损的真正原因，以便有针对性地整改，为公司带来更大的效益。

3. 审计评价

进行成本效益审计时，需要对成本流程重新核实一遍，不能仅仅依靠财务部门提供的数据，从材料采购到产品销售全过程进行跟踪，对疑点重点关注，要根据不同项目选取合适的项目进行比较分析，使出具的报告根据有说服力。

（1）成本详细情况。

①材料成本：依据材料定额量、实际消耗量及有关计划价格和实际采购价格测算的新产

品的材料定额成本、实际成本及会计报告成本分别为×××万元、×××万元、×××万元。这里定额成本是指定额消耗量与计划价格的积；实际成本是指实际消耗量与实际采购价格的积；会计报告成本是指实际消耗量与计划价格的积。

实际材料消耗量低于定额量而降低的成本额，为定额成本与会计报告的差，为××万元。

采购价格低与计划价格降低的成本，为会计报告成本与实际成本的差，为××万元。

以上两项合计节约×××万元，系实际成本较定额成本的节约额。

②工时费：根据焊接定额工时及相应分厂会计资料反映，工时费定额成本为××万元，会计报告成本为××万元，报告成本较定额成本超支××万元，超支率为××%。焊接工时费超支主要是燃料、动力、工资上涨及产量不均等因素所致。

（2）成本比较。

①目标成本与定额成本的比较：

目标成本××××万元－定额成本××××万元＝××万元

即定额成本小于目标成本××万元，说明定货价格高于公司的成本定额水平。也就是说，该产品在材料及水电价格变化不大的情况下，应该不亏损。

②报告成本与实际成本的比较：

报告成本××××万元－实际成本××××万元＝××万元

报告成本大于实际成本，主要是材料价差采用综合差价率分配方法所致。该产品实际材料成本小于财务报告中的材料成本。

③会计报告成本与定额成本的比较：

会计报告成本××××万元－定额成本××××万元＝××万元

报告成本大于定额成本××万元，影响因素包括××材料节约××万元，工时超支××万元。

④目标成本与实际成本比较：

目标成本××××万元－实际成本××××万元＝－××万元

即实际成本大于目标成本××万元，公司财务报告中，由于其材料分摊的价差不合理，实际成本过高，材料多计入××万元，导致成本高于实际情况。

（3）边际贡献分析。边际贡献是指销售收入减变动成本后的差额。它是产品扣除自身变动成本后给企业所做的贡献。其首先用于收回企业固定成本，如果还有剩余则为利润，如果不足以收回固定成本则发生亏损。

根据公司会计资料测算新产品在主要加工分厂发生的固定成本为×××万元，主要指分摊的工人工资和制造费用。以此倒算的实际成本中变动成本为××××万元（不包括管理费、销售费用中的变动成本），所以新产品的边际贡献为××万元，如果考虑材料分配的不合理因素，将多计入的材料成本扣回，则边际贡献为×××万元。

该新产品应分摊的全部固定成本，经测算为×××万元，所以按会计资料测算的新产品的亏损为×××万元，但扣除多计入的材料成本，则该新产品实际为盈利×万元。这个数字比较真实地反映了新产品的盈亏情况。该产品实际收入××××万元，边际贡献×××万元，边际收入贡献率为××%，实际盈利×万元。

从数据上看，由于有较大边际贡献，而且实际上该产品不亏损，只是由于公司的材料分摊办法不尽合理导致该产品的账面亏损，因此这种产品的生产是具有发展前途的。但因该公司固定费用比重大，最终导致了利润不大，只有×万元，销售利润率为0. ×%。这就提出了在继续积极承揽该种价格水平的产品的前提下，如何减亏或扭亏的课题。在当前定货价格受市场规律制约，难以大幅度提高的情况下，需要加强管理，如通过建立产品成本考核体系、采取压缩固定费用等方法减亏或扭亏。

第 4 篇 4

审计报告

职业能力目标	专业能力	熟悉审计报告的类型；掌握审计报告的内容；了解经济责任审计报告和经济效益审计报告的方法及其优缺点
	职业核心能力	掌握审计报告的内容
主要概念	审计报告类型；民间审计报告；经济责任审计报告；经济效益审计报告	

学习情境 4.1　审计报告类型

情境引例

审计报告结论

审计范围：集镇道路排水工程的预算管理程序、项目政策、项目资金等事项

审计时间：2018 年 7 月 27 日

审计发现：对概算的定位偏差，在制定概算初期未能结合实际情况，运输费用未能达到实际施工要求，材料费主要参考桂林市场价，并没有结合当地的实际采购价。上述问题在预算书和结算书上进行了合理调整。

认为预算编制中基于项目因素的不断变化，可能使预算流于形式。

缺少有效的预算管理体系：没有确定和清晰的预算编制流程和规范标准的编制方法。

审计建议：

（1）加强预算基础工作，建立项目预算编制与执行制度。

（2）细化项目预算为财务数据并形成一个完整的预算体系。

（3）对预算编制人员进行业务培训。

工程概况：

硬化道路宽××米，长××公里，维护管道××米，新建排水管网××米。

开工时间：2018年3月3日

竣工时间：2018年7月15日

审计依据：

（1）建设工程施工合同；

（2）建设工程项目申请书；

（3）施工单位报送的结算书；

（4）《全国统一建筑工程基础定额广西壮族自治区单位估价表》及配套定额；

（5）施工期间《桂林地区建筑工程材料市场价格信息》及市场价格；

（6）地方发表的有关配套文件；

（7）有关协调会议纪要。

审计结论：

该工程实际报审金额为××元，核定金额为××元，核减金额为××元，具体情况如下：

土建工程：报审金额为××元，核定金额为××元，核减金额为××元。

其他：××元

附：工程竣工结算审核核定表

二〇一八年七月二十七日

分析：审计报告是整个审计工作的重要组成部分，是审计工作的最后一个环节，也是最重要的环节。从以上的审计报告结论来分析，请思考以下问题：

（1）以上是什么类型的审计报告？

（2）此案例带给我们的启示是什么？

一、审计报告概念

审计报告是指审计人员在完成预定的审计程序后，将审计结果向审计委托人（或授权人）所作的书面报告。

审计报告是整个审计工作的重要组成部分，是审计工作的最后一个环节，也是最重要的环节。如果此环节做得不好，对被审计单位就不能做出全面、客观、公正的评价，审计工作也就失去了意义。

审计是对单位的经济活动的监督，可以帮助被审计单位改善经营管理、提高经济效益、严格财务制度、严肃财经纪律，使各项方针、政策得到贯彻执行。因此，审计人员应在审计报告中详细、如实地反映：被审计单位的财务报表和会计记录是否符合企业会计准则（或其他准则）及相关的财务制度；是否公允地体现被审计单位的财务状况、经营成果和经济效益；是否存在违反财经法纪行为或贪污舞弊行为。审计人员在审计报告中要签名、盖章，以保证审计报告的客观公正，保证审计人员对审计报告的真实性和合法性负责。

二、审计报告的类型

审计报告根据不同的标准可以分为不同的类型。

（一）审计报告按使用目的分类

按使用目的可将审计报告分为公布目的的审计报告和非公布目的的审计报告。

1. 公布目的的审计报告

这是向企业的投资者、债权人、股东等非特定利益关系者公布的并附有会计报表的审计报告。

2. 非公布目的的审计报告

这是向经营者、合并或企业转让的关系人、提供信用的金融机构等特定使用者提供的有特定用途的审计报告。

（二）审计报告按编写的主体分类

按编写的主体不同，审计报告可分为国家审计报告、民间审计报告和内部审计报告。

1. 国家审计报告

国家审计报告即政府审计报告，是由国家审计机关指派的审计人员对被审计单位进行审计以后，将审计结果向审计机关提出的书面报告。审计报告内容不受任何行政团体、单位或个人的干预，一般不对外公布，采用详式的审计报告形式。

2. 民间审计报告

民间审计报告是指注册会计师根据《中国注册会计师审计准则》的要求，在实施审计工作的基础上对被审计单位年度财务报表发表审计意见的书面文件。它是注册会计师审计工作的最终成果，具有法定的证明效力。

民间审计报告一般对外公布，其格式和措辞基本统一，采用简式审计报告的形式。

3. 内部审计报告

内部审计报告是指内部审计机构签发的，向本单位、本部门的主要负责人出具的证明被审计事项的文件。此报告对外不具有法律效力。

（三）审计报告按内容分类

审计报告按其内容不同可分为财政审计报告、财务审计报告、财经法纪审计报告和经济效益审计报告。

1. 财政审计报告

它是指反映被审计单位财政收支活动的真实性和合法性的审计报告，包括财政收支审计报告和决算审计报告。财政收支审计报告是对财政预算收入、预算支出和预算外收支情况进行审计后做出的结论。决算审计报告是对行政事业单位的决算审计后提出的结论。

2. 财务审计报告

它是指对被审计单位的财务状况和经营成果进行审计后提出的书面报告。财务审计报告也可只对企业的资产负债表做出评价，只证明资产负债表是否真实、正确。

3. 财经法纪审计报告

该类审计报告一般是专案审计报告，是对被审计单位的某一专案财经纪律遵守情况做出评价的书面报告。此种审计报告往往对违反财经法纪行为提出处理意见，审计机关对此做出审计决定。

4. 经济效益审计报告

它是指对被审计单位经济活动的经济性、效率性和效果性进行审计后提出的书面报告。此报告对被审计单位的人员素质及管理水平做出评价，对工作效率高低、经济效率优劣进行分析，对推广经验和改善管理、提高经济效益提出切合实际的意见。

（四）审计报告按编写内容的详细程度分类

按编写内容的详细程度可将审计报告分为简式审计报告和详式审计报告。

1. 简式审计报告

简式审计报告是注册会计师对应公布的会计报表进行审计以后，以简短规范的语言来发表审计意见或无法发表审计意见的一种审计报告。简式审计报告反映的内容是非特定对象的利害关系人共同关注的必要审计事项，它具有特定的格式。此类审计报告适用于公布目的的审计。

2. 详式审计报告

该类审计报告是指对审计对象所有重要的审计业务和情况采用较为详细的文字来表述审计意见和提出审计建议的一种审计报告。详式审计报告的详细程度，主要取决于问题的重要性以及委派机关的要求。此种审计报告适用于非公布目的。

【业务 4－1】动脑筋 如何区分不同的审计报告类型？

学习情境 4.2 民间审计报告的内容

情境引例

注册会计师张靖于 2018 年 4 月 10 日完成了对丁公司 2017 年财务报表的审计工作，确定的财务报表层次重要性水平为 50 万元。在审计过程中汇总了以下错报：

（1）2017年12月预付2018年财产保险费5000元，全部作当月管理费用处理。该公司没有接受注册会计师的调整建议。

（2）2017年6月丁公司发生的一项销售费用60万元没有进行确认。丁公司2017年未审计的利润总额为120万元。注册会计师提出了调整建议，该公司拒绝采纳。

（3）2017年6月丁公司发生的一项销售费用180万元没有进行确认。丁公司2017年未审计的利润总额为120万元。注册会计师提出了调整建议，该公司拒绝采纳。

（4）该公司管理层拒绝注册会计师参加存货盘点，该存货占总资产的50%，注册会计师无法对存货运用替代审计程序。

要求：分别根据以上情况说明注册会计师应发表何种审计意见，并简要说明理由。

分析：注册会计师张靖于2018年4月10日完成了对丁公司2017年财务报表的审计工作，确定的财务报表层次重要性水平为50万元。从以上四项问题来看，应该发表什么审计意见？并请思考以下问题：

（1）民间审计报告的类型有哪些？

（2）什么是标准审计报告和非标准审计报告？

（3）什么是带强调事项段的无保留意见的审计报告，什么是保留意见的审计报告？

（4）什么是否定意见的审计报告，什么是无法表示意见的审计报告？

一、民间审计报告的类型

民间审计报告是注册会计师对被审计单位财务报表进行审计后发表的审计意见，可分为两大类型：

（1）无保留意见的审计报告，是指不含有说明段、强调事项段、其他事项段或其他任何修饰性用语的无保留意见的审计报告。

（2）非无保留意见的审计报告，包括保留意见的审计报告、否定意见的审计报告和无法表示意见的审计报告。

二、审计报告的基本内容

（一）审计报告的要素

审计报告应当包括下列要素：

（1）标题；

（2）收件人；

（3）审计意见；

（4）形成审计意见的基础；

（5）管理层对财务报表的责任段；

（6）注册会计师对财务报表审计的责任段；

（7）按照相关法律法规的要求报告的事项（如适用）；

（8）注册会计师的签名和盖章；

（9）会计师事务所的名称、地址及盖章；
（10）报告日期。

（二）标题

审计报告的标题应当统一规范为“审计报告”。

（三）收件人

审计报告的收件人是指注册会计师按照业务约定书的要求致送审计报告的对象，一般是指审计业务的委托人。审计报告应当载明收件人的全称。审计报告的收件人如果是股份有限公司就应是“……全体股东”；如果是有限责任公司就应是“……董事会”。

（四）审计意见

审计意见段应当包括下列内容：
（1）指出被审计单位的名称；
（2）说明财务报表已经审计；
（3）指出构成整套财务报表的每一财务报表的名称；
（4）提及财务报表附注（包括重要会计政策概要和其他解释性信息）；
（5）指明构成整套财务报表的每一财务报表的日期或涵盖的期间。

（五）形成审计意见的基础

该部分紧接在审计意见部分之后，包括下列方面的内容：
（1）说明注册会计师按照审计准则的规定执行了审计工作。
（2）提及审计报告中用于描述审计准则规定的注册会计师责任的部分。
（3）声明注册会计师按照与审计相关的职业道德要求独立于被审计单位，并履行了职业道德方面的其他责任。声明中应当指明适用的职业道德要求，如中国注册会计师职业道德守则。
（4）说明注册会计师是否相信获取的审计证据是充分、适当的，为发表审计意见提供了基础。

（六）管理层对财务报表的责任段

审计报告应当包含标题为“管理层对财务报表的责任”的段落，用以描述被审计单位中负责编制财务报表的人员的责任。管理层对财务报表的责任段应当说明，编制财务报表是管理层的责任，这种责任包括：
（1）按照适用的财务报告编制基础编制财务报表，并使其实现公允反映；
（2）设计、执行和维护必要的内部控制，以使财务报表不存在由于舞弊或错误导致的重大错报。

（七）注册会计师的责任段

注册会计师对财务报表审计的责任应当包括下列内容：

（1）我们的目标是对财务报表整体是否不存在由于舞弊或错误导致的重大错报获取合理保证，并出具包含审计意见的审计报告。合理保证是高水平的保证，但并不能保证按照审计准则执行的审计在某一重大错报存在时总能发现。错报可能是由舞弊或错误导致，如果合理预期错报单独或汇总起来可能影响财务报表使用者依据财务报表做出的经济决策，则通常认为错报是重大的。

（2）识别和评估由于舞弊或错误导致的财务报表重大错报风险，设计和实施审计程序以应对这些风险，并获取充分、适当的审计证据，作为发表审计意见的基础。由于舞弊可能涉及串通、伪造、故意遗漏、虚假陈述或凌驾于内部控制之上，未能发现由于舞弊导致的重大错报的风险高于未能发现由于错误导致的重大错报的风险。

（3）了解与审计相关的内部控制，以设计恰当的审计程序，但目的并非对内部控制的有效性发表意见。

（4）对管理层使用持续经营假设的恰当性得出结论。

（5）评价财务报表的总体列报、结构和内容，并评价财务报表是否公允反映交易和事项。

（八）注册会计师的签名和盖章

审计报告应当由项目合伙人和一名负责该项目的注册会计师签名和盖章。

（九）会计师事务所的名称、地址和盖章

审计报告应当载明会计师事务所的名称和地址，并加盖会计师事务所公章。

（十）报告日期

审计报告应当注明报告日期。审计报告的日期不应早于注册会计师获取充分、适当的审计证据（包括管理层认可对财务报表的责任且已批准财务报表的证据），并在此基础上对财务报表形成审计意见的日期。

注册会计师在确定审计报告日期时，注册会计师应当确信已获取下列两方面的审计证据：（1）构成整套财务报表的所有报表（包括相关附注）已编制完成；（2）被审计单位的董事会、管理层或类似机构已经认可其对财务报表负责。

【业务4－2】动脑筋 审计报告的基本内容和会计报告的基本内容有什么不同？

三、非无保留意见的审计报告

1. 非无保留意见的含义

非无保留意见是指保留意见、否定意见或无法表示意见。当存在下列情形之一时，注册会计师应当在审计报告中发表非无保留意见：

（1）根据获取的审计证据，得出财务报表整体存在重大错报的结论；

（2）无法获取充分、适当的审计证据，不能得出财务报表整体不存在重大错报的结论。

如果注册会计师能够通过实施替代程序获取充分、适当的审计证据，则无法实施特定的程序并不构成对审计范围的限制。

下列情形可能导致注册会计师无法获取充分、适当的审计证据（也称为审计范围受到限制）：

（1）超出被审计单位控制的情形；

（2）与注册会计师工作的性质或时间安排相关的情形；

（3）管理层施加限制的情形。

2. 确定非无保留意见的类型（见图4－1）

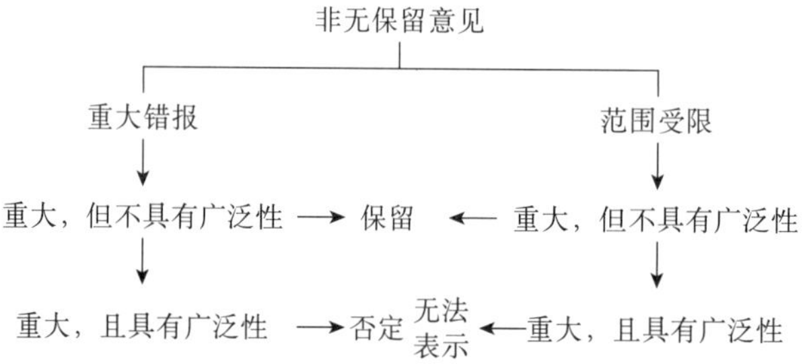

图4－1

注册会计师确定恰当的非无保留意见类型，取决于下列事项：①导致非无保留意见的事项的性质，是财务报表存在重大错报，还是在无法获取充分、适当的审计证据的情况下，财务报表可能存在重大错报；②注册会计师就导致非无保留意见的事项对财务报表产生或可能产生影响的广泛性做出的判断。需要注意的是：

（1）在承接审计业务后，如果注意到管理层对审计范围施加了限制，且认为这些限制可能导致对财务报表发表保留意见或无法表示意见，注册会计师应当要求管理层消除这些限制。如果管理层拒绝消除限制，除非治理层全部成员参与管理被审计单位，注册会计师应当就此事项与治理层沟通，并确定能否实施替代程序以获取充分、适当的审计证据。

（2）如果受到的限制产生的影响重大且具有广泛性，应当在可行时解除业务约定，如果在出具审计报告之前解除业务约定被禁止或不可行，应当发表无法表示意见。注册会计师可能认为需要在审计报告中增加其他事项段（解释不能解约的原因）。

（3）如果认为有必要对财务报表整体发表否定意见或无法表示意见，注册会计师不应在同一审计报告中对按照相同财务报告编制基础编制的单一财务报表或者财务报表特定要素、账户或项目发表无保留意见。

【业务4－3】做中学

承接审计业务后，如果注意到被审计单位管理层对审计范围施加了限制，且认为这些限制可能导致对财务报表发表保留意见或无法表示意见，注册会计师采取的下列措施中，正确的有（　　）。

A. 要求管理层消除这些限制，如果管理层拒绝消除限制，应当与治理层沟通

B. 如果无法获取充分、适当的审计证据，且未发现的错报（如存在）对财务报表的影

响重大且具有广泛性，应当在可行时解除业务约定

C. 如果无法获取充分、适当的审计证据，且未发现的错报（如存在）对财务报表的影响重大且具有广泛性，若解除业务约定不可行，应当发表无法表示意见

D. 如果无法获取充分、适当的审计证据，且未发现的错报（如存在）可能对财务报表的影响重大，但不具有广泛性，应当发表保留意见

解析：四个选项均正确。选项D，如果无法获取充分、适当的审计证据，且未发现的错报（如存在）可能对财务报表的影响重大，如果具有广泛性，应当发表无法表示意见。

【业务4－4】做中学

下列情形中，注册会计师应在审计报告中增加强调事项段的是（　　）。

A. 被审计单位存在重大的未决诉讼，已在财务报表中做出了的正确的会计处理和恰当的披露

B. 被审计单位针对存在的重大或有负债，拒绝在财务报表中做出恰当披露

C. 被审期间取得的100万元营业收入在审计报告日前被退回，被审计单位已按照相关会计准则调整了财务报表，并进行了恰当披露

D. 审计报告日前，被审计单位存放辅料的一间小型仓库失火，将会给企业带来一定损失，但不会对持续经营构成影响，同时已在财务报表附注中进行了披露

解析：选项A正确。选项B，应出具保留或否定意见；选项CD，应出具标准无保留意见。

3. 非无保留意见的审计报告的格式和内容

（1）导致非无保留意见的事项段（说明段）；

（2）审计意见段；

（3）非无保留意见对审计报告要素内容的修改。

（二）审计报告的强调事项段

1. 强调事项段的含义

审计报告的强调事项段是指审计报告中含有的一个段落，该段落提及已在财务报表中恰当列报或披露的事项，根据注册会计师的职业判断，该事项对财务报表使用者理解财务报表至关重要。

2. 增加强调事项段的情形

如果认为有必要提醒财务报表使用者关注已在财务报表中列报或披露，且根据职业判断认为对财务报表使用者理解财务报表至关重要的事项，注册会计师在已获取充分、适当的审计证据证明该事项在财务报表中不存在重大错报的条件下，应当在审计报告中增加强调事项段。注册会计师可能认为需要增加强调事项段的情形举例如下：

（1）异常诉讼或监管行动的未来结果存在不确定性；

（2）提前应用（在允许的情况下）对财务报表有广泛影响的新会计准则；

（3）存在已经或持续对被审计单位财务状况产生重大影响的特大灾难。

需要注意的是，强调事项段的过多使用会降低注册会计师沟通所强调事项的有效性。强调事项段应当仅提及已在财务报表中列报或披露的信息。

3. 在审计报告中增加强调事项段时注册会计师采取的措施

如果在审计报告中增加强调事项段，注册会计师应当采取下列措施：

（1）将强调事项段紧接在审计意见段之后；

（2）使用“强调事项”或其他适当标题；

（3）明确提及被强调事项以及相关披露的位置，以便能够在财务报表中找到对该事项的详细描述；

（4）指出审计意见没有因该强调事项而改变。

【业务4-5】讨论 何为审计报告，21世纪还需要审计报告吗？

【业务4-6】讨论 以当前国际经济一体化、金融化和知识化为背景，讨论审计学科的未来发展趋势。

（三）审计报告的其他事项段

1. 其他事项段的含义

其他事项段是指审计报告中含有的一个段落，该段落提及未在财务报表中列报或披露的事项，根据注册会计师的职业判断，该事项与财务报表使用者理解审计工作、注册会计师责任或审计报告相关。

2. 需要增加其他事项段的情形

对于未在财务报表中列报或披露，但根据职业判断认为与财务报表使用者理解审计工作、注册会计师的责任或审计报告相关且未被法律法规禁止的事项，如果认为有必要沟通，注册会计师应当在审计报告中增加其他事项段，并使用“其他事项”或其他适当标题。注册会计师应当将其他事项段紧接在审计意见段和强调事项段（如有）之后。需要在审计报告中增加其他事项段的情形包括：

（1）与使用者理解审计工作相关的情形；

（2）与使用者理解注册会计师的责任或审计报告相关的情形；

（3）对两套以上财务报表出具审计报告的情形；

（4）限制审计报告分发和使用的情形。

需要注意的是，如果拟在审计报告中增加强调事项段或其他事项段，注册会计师应当就该事项和拟使用的措辞与治理层沟通。

【业务4-7】做中学

承接审计业务后，如果注意到被审计单位管理层对审计范围施加了限制，且认为这些限制可能导致对财务报表发表保留意见或无法表示意见，注册会计师采取的下列措施中，正确的有（　　）。

A. 要求管理层消除这些限制，如果管理层拒绝消除限制，应当与治理层沟通

B. 如果无法获取充分、适当的审计证据，且未发现的错报（如存在）对财务报表的影响重大且具有广泛性，应当在可行时解除业务约定

C. 如果无法获取充分、适当的审计证据，且未发现的错报（如存在）对财务报表的影响重大且具有广泛性，若解除业务约定不可行，应当发表无法表示意见

D. 如果无法获取充分、适当的审计证据，且未发现的错报（如存在）可能对财务报表的影响重大，但不具有广泛性，应当发表保留意见

解析：四个选项均正确。选项D，如果无法获取充分、适当的审计证据，且未发现的错报（如存在）可能对财务报表的影响重大，如果具有广泛性，应当发表无法表示意见。

【业务4-8】做中学

下列情形中，注册会计师应在审计报告中增加强调事项段的是（　　）。

A. 被审计单位存在重大的未决诉讼，已在财务报表中做出了的正确的会计处理和恰当的披露

B. 被审计单位针对存在的重大或有负债，拒绝在财务报表中做出恰当披露

C. 被审期间取得的100万元营业收入在审计报告日前被退回，被审计单位已按照相关会计准则调整了财务报表，并进行了恰当披露

D. 审计报告日前，被审计单位存放辅料的一间小型仓库失火，将会给企业带来一定损失，但不会对持续经营构成影响，同时已在财务报表附注中进行了披露

解析：选项A正确。选项B，应出具保留或否定意见；选项CD，应出具标准无保留意见。

【业务4-9】做中学

ABC会计师事务所的A注册会计师担任多家被审计单位2017年度财务报表审计的项目合伙人，遇到下列导致出具非标准审计报告的事项：

（1）甲公司2017年初开始使用新的ERP系统，因系统缺陷导致2017年度成本核算混乱，审计项目组无法对营业成本、存货等项目实施审计程序。

（2）2017年，因采用新发布的企业会计准则，乙公司对以前年度投资形成的部分长期股权投资改按公允价值计量，并确认了大额公允价值变动收益，未对比较数据进行追溯调整。

（3）因丙公司严重亏损，董事会拟于2017年对其进行清算。管理层运用持续经营假设编制了2017年度财务报表，并在财务报表附注中充分披露了清算计划。

（4）丁公司是金融机构，在风险管理中运用大量复杂金融工具。因风险管理负责人离职，人事部暂未招聘到合适的人员，管理层未能在财务报表附注中披露与金融工具相关的风险。

（5）戊公司2016年度财务报表未经审计。管理层将一项应当在2017年度确认的大额长期资产减值损失作为前期差错，重述了比较数据。

要求：针对上述第（1）至第（5）项，逐项指出A注册会计师应当出具何种类型的非标准审计报告，并简要说明理由。

答案：

（1）保留意见/无法表示意见审计报告。无法获取充分、适当的审计证据，对财务报表影响重大/重大而广泛。

（2）保留意见审计报告。比较数据存在重大错报但不广泛，当期数据存在重大错报但不广泛。

（3）否定意见审计报告。被审计单位运用持续经营假设不适当。

（4）保留意见审计报告。存在影响重大但不具有广泛性的披露错报。

（5）带其他事项段的保留意见审计报告。应当在其他事项段中说明对应数据未经审计，且存在影响重大但不广泛的错报。

【业务4－10】典型案例

ABC会计师事务所的A注册会计师在执行项目质量控制复核时遇到下列与审计报告相关的问题。

要求：针对下述第（1）至（4）项，代A注册会计师逐项判断审计项目组对审计报告的处理是否恰当。如不恰当，简要说明正确的应对措施。

（1）2017年度甲公司为关联方向银行借款提供信用担保，未在财务报表附注中披露。审计项目组认为该事项对财务报表使用者理解财务报表有重大影响，拟在审计报告中增加其他事项段予以说明。

答案：不恰当

解析：应在财务报表附注中进行披露的事项未披露，将影响审计意见的类型，导致出具非无保留审计意见，而不是增加其他事项段予以说明。

（2）2017年度乙公司董事长因其亲属利用内幕消息买卖乙公司股票而受到监管机构调查。审计项目组与监管机构的沟通结果表明，该事项系董事长亲属个人的不当行为，与乙公司及其董事长无关。截止审计报告日，监管机构未出具正式调查报告。因媒体对该事项报道较多，审计项目组拟在审计报告中增加其他事项段予以说明。

答案：不恰当

解析：注册会计师应当针对该事项提请管理层在附注中进行披露，而不是在审计报告中增加其他事项段。

（3）2017年度丙公司全部交易在一体化的信息系统中仅以电子方式生成、记录和报告。由于信息系统一般控制存在值得关注的内部控制缺陷，导致审计项目组无法信赖自动化应用控制。审计项目组拟出具无法表示意见的审计报告。

答案：恰当

（4）审计项目组认为丁公司管理层在财务报表中运用持续经营假设不适当，并发现年末存货余额存在重大错报（该错报对财务报表的影响重大但不具有广泛性）。审计项目组拟就持续经营问题对丁公司2017年度财务报表发表否定意见，但不再在审计报告中提及存货的重大错报。

答案：不恰当

解析：在导致否定意见的事项段中应同时提及存货的重大错报和持续经营的不恰当性。

学习情境 4.3 内部审计报告的内容

情境引例

审计报告

天天股份有限公司全体股东：

我们接受委托，审计后附的天天股份有限公司（以下简称天天公司）财务报表，包括 2017 年 12 月 31 日的资产负债表，2017 年度利润表、股东权益变动表和现金流量表以及财务报表附注。

一、管理层对财务报表的责任

编制和公允列报财务报表是天天公司管理层的责任，这种责任包括：1. 按照企业会计准则的规定编制财务报表，并使其实现公允反映；2. 设计、执行和维护必要的内部控制，以使财务报表不存在由于舞弊或错误导致的重大错报。

二、导致无法表示意见的事项

由于天天公司遭受严重水灾，手工记账的会计账簿受损，我们无法采用适当的审计程序来获得充分、适当的审计证据。

三、无法表示意见

由于上述审计范围受到限制可能产生的影响非常重大和广泛，我们无法对天天公司财务报表发表意见。

衡达会计师事务所　　　　中国注册会计师：张铭（签名）
（盖章）
中国××市　　　　中国注册会计师：刘洪（签名）
二〇一八年三月一日

分析：从以上审计报告的内容分析并思考以下问题：

（1）注册会计师张铭和刘洪编制的是哪一种类型的审计报告？

（2）审计报告的内容应包含哪些？

一、标题

审计报告的标题因审计项目和审计内容的不同而不同。

包括内容：被审计单位名称；审计事项（类别）；审计期间；其他。

例如：关于对公司财务收支的审计报告；关于对公司（期间）经营（目标）结果的审计报告；关于对任期经济责任的审计报告；关于对公司经理离任的审计报告；关于对公司问题的中期审计报告；关于对项目的专项审计调查报告；关于对拟并购公司资产情况的审计报告；尽职调查报告；关于对公司内部控制制度的审计报告，等等。

二、收件人

内部审计报告的收件人应当是对审计项目有管理和监督责任的机构或个人。具体包括：

（1）被审计单位适当管理层；

（2）董事会或其下设的审计委员会或者组织中的主要负责人；

（3）组织最高管理当局；

（4）上级主管部门的机构或人员；

（5）其他相关人员。

三、正文

审计概况；审计依据；审计发现；审计结论；审计建议；其他方面。

1. 审计依据、审计目标、审计范围、审计内容、审计人员、审计时间

要开宗明义地指出审计的依据，本次审计要解决的问题，审计对应的时期、范围和内容，以及审计工作人员及审计所耗时间。这里不能啰嗦，宜高度概括但不能缺项。

2. 审计出的主要问题及问题形成的原因

审计出的主要问题要根据重要性（金额大小、性质、影响程度等）原则，对问题进行排序，如重大偏离审计目标的违法问题、违规问题、高风险问题、做假账、上报虚假的财务报告、资产不实风险等。对所有问题都要先定性质后量化，如虚增年度利润300万元；职务侵占公款300万元；现金短款300元；违反投资决策程序造成投资损失300万元；私设小金库300万元，等等。然后逐项描述。基本要求是让所有收到报告的人都能读懂问题的来龙去脉。

问题形成的原因可以单独写也可写在报告里，但一定要实事求是，符合客观实际。问题的原因应该明确界定出主观原因和客观原因。主观原因的表现是：明知故犯；先犯后改、改了再犯；履查履犯。客观原因的表现是：业务流程中设为非控制重点环节；内部控制点制度空白；非常情况下发生；企业发展中的新问题。所有原因均应引申其对公司发展的影响。

3. 被审计对象在审计期间就已经审计出的问题的整改行动及纠正措施

在审计期间（审计通知书发出之日起到部门审计报告定稿前）对审计发现的问题，公司已经或正在进行整改，有实际纠正行动和结果的，应该在审计报告中进行描述。肯定被审计对象对制度的维护和对回应审计问题所做出的努力。这个信息应该通过审计报告传递到所

有能读到审计报告的每位领导。

4. 审计结论与审计评价

每份审计报告都要给出审计结论和审计评价。这不仅是对被审计对象履行的义务，也是体现审计独立性、权威性、客观性、决策可参照性的必要前提，是企业设立内部审计机构的主要目标之一。内部审计不参与经营，与经营者没有直接的利益冲突关系，审计结论和审计评价必须确保独立性和权威性。

5. 审计建议

国家审计这个位置是要写“审计意见”或“审计结论和处理意见”的，内部审计无执法权，如无公司文件明确规定，则没必要写成“审计意见”。“审计建议”要具备可操作性，基本要求是能够解决审计发现的问题。内部审计存在的前提是能够发现问题，内部审计的价值是解决已经发现的问题，最低要求是同样的问题不能在同一个管理中心或利润中心重复发生。

【业务4-11】做中学

内部审计报告正文的主要内容包括（　　）。

A. 审计概况　　B. 审计依据

C. 审计结论　　D. 审计决定

E. 被审计单位的反馈意见

答案：ABCD

四、附件

内部审计报告的附件是对审计报告正文进行补充说明的文字和数字材料。具体包括：

（1）相关问题的计算及分析性复核审计过程；

（2）审计发现问题的详细说明；

（3）被审计单位及被审计责任人的反馈意见；

（4）记录审计人员修改意见、明确审计责任、体现审计报告版本的审计清单；

（5）需要提供解释和说明的其他内容。

五、签章

内部审计报告应当由主管的内部审计机构盖章，并由以下人员签字：

（1）审计机构负责人；

（2）审计项目负责人；

（3）其他经授权的人员。

六、报告日期

审计报告日期一般采用内部审计机构负责人批准送出日作为报告日期。以下情况下使用相关的日期：

（1）采纳组织主管负责人的某些修改意见时；

（2）内部审计人员在本机构负责人审批之后又发现被审计单位存在新的重大问题时；

（3）内部审计报告存在重要疏忽时；

（4）其他情况。

七、其他

【业务4－12】做中学

审计证据的作用是（　　）。

A. 判断被审计事项是非、优劣的标准

B. 考核审计人员业绩的依据

C. 做出审计决定的基础

D. 联结审计工作的纽带

E. 评价审计事项的事实依据

答案：CE

学习情境4.4　经济责任审计报告

情境引例

（审计机关全称）关于

（姓名）同志任（街道办事处名称和职务）期间经济责任的审计结果报告

审任文〔201〕号签发人：

（本级人民政府或组织部门）：

根据《北京市区县级以下党政领导干部任期经济责任审计暂行办法》（京办发［2000］2号）和政府〔　　〕政字号指令（或委托书），审计组于201　年　月　日至201　年　月　日，对　　同志自　年　月至　年　月任　　　（职务：主任、党委书记等）期间的经济责任进行了就地（送达）审计。被审计街道办事处法定代表人和财务主管人员就与审计事项有关的会计资料的真实性、完整性和其他相关情况做出了承诺。现将审计结果报告如下：

一、基本情况

二、审计中发现的问题

三、其他需要说明的情况

四、审计评价

五、审计建议

（说明：以上正文内容应以审定任期经济责任审计报告修改后的内容为准）

（审计机关盖章）

二〇一　年　月　日

主题词：审计行政事业经济责任结果报告

抄送：

局内分送：局领导（　　　），存（　　　）。

市审计局办公室201　年　月　日印刷

共印　　份

分析：企业经济责任审计报告是经济责任审计工作及其成果的总结，结合上例，请思考以下问题：

（1）经济责任审计报告具体的内容有哪些？

（2）企业经济责任审计报告的作用有哪些？

（3）审计建议有几种？

一、企业经济责任审计报告的概述

（一）企业经济责任审计报告的概念

报告，是下级向上级汇报工作，上报情况时使用的一种公文。企业经济责任审计报告是关于企业财务收支及其有关经济活动的真实、合法、效益性和企业领导人员任期内履行经济责任情况和结果的书面文件。

“情况”既包括审计的依据、时间、方式、范围、内容等审计工作情况，又包括企业领导人员所在企业及相关人员的基本情况。

“结果”既包括发现的问题或取得的成绩，又包括企业财务状况、经营成果等。

（二）企业经济责任审计报告的作用

企业经济责任审计报告是经济责任审计工作及其成果的总结，对内、对外都会起直接或间接的作用。其主要作用有：

（1）企业经济责任审计报告是了解审计工作成绩的主要依据；

（2）企业经济责任审计报告是审计机关进行审计处理、处罚的依据；

（3）企业经济责任审计报告是企业领导人员管理机关考核和使用干部的重要依据之一；

（4）企业经济责任审计报告是重要的信息资源。

【业务4－13】动脑筋　企业经济责任审计报告的作用除了以上的四种，还有哪些呢？

二、企业经济责任审计报告的内容

一个完整的经济责任审计报告书应由报告和附件两大部分组成。

报告必须有标题、主送单位、正文、报告单位、报告日期。审计组长签名等基本要素。其中，正文是报告的主要组成部分，也是报告的基本内容，具体分为导言、基本情况、审计发现的问题、审计评价、审计建议。

1. 导言

包括依据、范围、内容、方式、起讫时间等。

2. 基本情况

基本情况是被审计企业和被审计人员的基本情况。

3. 审计结果及发现的问题

（1）简明扼要的叙述事实。

（2）指明问题产生的原因。

（3）准确进行审计定性。

（4）提出审计处理、处罚的初步意见。

4. 审计评价

（1）会计信息的真实性。

（2）经营业绩情况。

（3）内部控制及重大投资决策情况。

（4）遵守国家法律法规情况。

5. 审计建议

审计建议有三类：

（1）对审计发现被审计企业内部控制以及生产经营、财务管理方面的问题提出加强和改进管理的建议。这类建议必须具体、有针对性，要切实可行。

（2）被审计企业所执行的规定与法律、行政法规相抵触，有关主管部门侵害被审计企业经营自主权和合法权益，应当由有关部门处理、处罚的，提出要求有关主管部门纠正或者对责任人处理、处罚的建议。

（3）对被审计企业违反国家规定的财务收支行为负有直接责任的主管人员和其他责任人员，认为应当给予行政处分的，向被审计企业或者其上级机关、监察机关提出给予行政处分的建议；认为已经触犯刑法，构成犯罪的，提出移送有关司法机关追究刑事责任的建议。

【业务 4－14】动脑筋 现代企业归谁所有，为谁服务，如何进行审计评价？

三、企业经济责任审计报告的编制

企业经济责任审计报告的编制应该包括编制要求、编制方法、编制原则和编制程序等内容。

(一) 企业经济责任审计报告的编制要求

(1) 事实清楚，客观公正；
(2) 全面反映，突出重点；
(3) 表述准确，格式规范；
(4) 层次分明，结构合理。

(二) 企业经济责任审计报告的编制程序

(1) 审核、整理审计工作底稿；
(2) 讨论编写提纲，草拟审计报告；
(3) 征求意见，修改审计报告；
(4) 审核审计组报告，起草审计结果报告；
(5) 复核审计报告；
(6) 审计组审计报告和审计结果报告。

【业务4－15】动脑筋

注册会计师审计追求的是“过程真实”，还是“结果真实”，抑或“程序合理”？

四、企业经济责任审计报告的案例

【业务4－16】典型案例

关于教材供应有限责任公司
××同志任职期间经济责任
审计报告

内安会审字［2018］第　号

教材供应有限责任公司：

根据《国有企业及国有控股企业领导人员任期经济责任审计暂行规定》和贵单位的要求，我们于2018年7月6日—7月20日对 同志担任教材供应有限责任公司（以下简称教材公司）经理期间，即2011年1月1日—2018年4月30日的经济责任进行了审计。教材供应有限责任公司向我们提供了其2011年1月1日—2018年4月30日的账簿、凭证、报表及其他财务资料，设计、实施和维护与资产相关的内部控制，保证教材公司资产的安全、完整及提供资料的真实性是教材公司及 同志的责任。我们的责任是在实施审计工作的基础上对××同志于任职期间内的经济责任发表审计意见。我们按照中国注册会计师审计准则的规定执行了审计工作，中国注册会计师审计准则要求我们遵守职业道德规范，计划和实施审计工作。我们根据教材公司提供的资料实施了检查、监盘、函证、复核等审计程序，现就审计情况报告如下：

一、基本情况

教材供应有限责任公司是由内蒙古大学和祝茂、米铁柱、张淑琴、吴格日勒等自然人出资组建的有限责任公司，成立于2010年11月28日，现取得由呼和浩特市工商行政管理局新城区分局核发的注册号为150102010009342的《企业法人营业执照》，公司住所位于呼和浩特市新城区哲里木路（内工大技工贸综合楼），法定代表人云新生，注册资金为50万元。经营范围：图书、教材、杂志零售（前述项目有效期至2020年3月12日）；文化用品销售。

2011年5月23日教材供应有限责任公司根据董事会决议任命××同志担任教材供应有限责任公司经理。根据内蒙古大学校办产业管理办公室文件“内大企字（2008）02号”关于收取管理费的规定，××同志任职期间，应向内蒙古大学校产处每年按企业毛收入的1%上交管理费。

主要经营职责：根据学校教务科的教材供应计划，向各个图书和教材出版单位征订图书和采购教材；然后向各个使用单位发放图书，对库存的图书进行管理。

财务核算方面：发生图书购置及发放、公司日常费用开支等经济活动凭原始凭证交由内蒙古大学校产处设置的财务部门统一核算，内蒙古大学教材供应有限责任公司内部设置库存账进行教材和图书的明细核算。

二、任职期间经济责任审计结果

（一）任职期间教材公司的资产负债及经营成果情况

经审计，教材公司2011年初的资产总额为500,000.00元，为股东内蒙古大学投入的图书和自然人投入的货币资金，到2018年4月30日的资产总额为4,959,937.25元、负债总额为3,472,435.99元、净资产总额为1,487,501.26元。2018年4月30日与2011年1月1日的财务状况相比较，总资产增加了4,459,937.25元，是成立时的9.92倍；负债增加了3,472,435.99元；净资产增加了987,501.26元，增加了近2倍。

教材供应有限责任公司2011年1月1日至2018年4月30日的营业收入总额为35,188,677.92元，发生的成本为29,393,385.74元，三项费用总额为3,815,501.15元，计提所得税617,257.85元，实现净利润为1,187,501.26元。

（二）审计调整事项

就教材公司2011年1月1日至2018年4月30日期间发生的不符合《企业会计准则》且能够调整的事项，财务报表的相应调整如下表所示：

单位：元

项　目	未审数	审计调整数		审定数
		借方	贷方	
流动资产	888,668.49	4,019,680.50		4,908,348.99
固定资产净额	245,518.30		196,970.04	48,548.26
无形资产及其他资产	3,040.00			3,040.00

续表

项　目	未审数	审计调整数		审定数
		借方	贷方	
资产总计	1, 137, 226. 79	4, 019, 680. 50	196, 970. 04	4, 959, 937. 25
流动负债	－535, 536. 01	1, 500, 000. 00	5, 507, 972. 00	3, 472, 435. 99
长期负债	185261. 54	185261. 54		0. 00
负债合计	－350, 274. 47	1, 685, 261. 54	5, 507, 972. 00	3, 472, 435. 99
实收资本	500, 000. 00			500, 000. 00
资本公积				0. 00
盈余公积	132, 038. 76			132, 038. 76
未分配利润	855, 462. 50			855, 462. 50
净资产合计	1, 487, 501. 26			1, 487, 501. 26
收入	35, 188, 677. 92			35, 188, 677. 92
成本	29, 393, 385. 74			29, 393, 385. 74
费用及税金	3, 977, 056. 27			3, 977, 056. 27
净利润	1, 818, 235. 91			1, 818, 235. 91

具体调整内容为：

（1）资产项目调增4, 019, 680. 50元，其中：

①将已出售但未收到款项的学生书款3, 822, 710. 46元，由预收账款的借方余额转入应收账款借方，其中应收账款未审账面金额为149, 929. 25元，审计确认金额为3, 972, 639. 71元；

②将计入待处理固定资产损益的教材196, 970. 04元，调入其他流动资产，其他流动资产未审账面金额为0. 00，审计确认金额为196, 970. 04元；

（2）负债项目调增5, 507, 972. 00元，调减1, 685, 261. 54元。其中：

调增项目包括；

①将属于拖欠内蒙古大学的教材款1, 500, 000. 00元，由短期借款转入应付账款；将属于已入库但未收到票据的暂估入账的货款185, 261. 54元，由专项应付款调入应付账款，两项合计使应付账款增加1, 685, 261. 54元；

②预收账款原账面余额为－3, 822, 710. 46元，重分类后余额为0. 00元，调增3, 822, 710. 46元。

调减项目包括：

①将拖欠内蒙古大学的书款1, 500, 000. 00元由短期借款调入应付账款，短期借款减少1, 500, 000. 00元，短期借款原账面余额1, 500, 000. 00元，审计后余额为0. 00元。

②将已入库未取得票据的款项185, 261. 54元，由专项应付款调入应付账款，专项应付款原账面余额185, 261. 54元，审计调整后余额为0. 00元。

（三）××同志任职期间各项经济指标完成情况

经向内蒙古大学校产处及调查了解，××同志任教材公司经理期间，其上级管理部门未对教材公司下达具体的经济责任指标。

（四）××同志任职期间对外投资情况及资产处置情况

1. 对外投资情况

××同志任职期间无对外投资情况。

2. 资产处置情况

公司有价值130,119.15元的教材，由各学院教师用书白条领出，未在财务部门结账。

（五）××同志任职期间利润分配情况

××同志任职期间，教材公司除个别年份外，每年有盈利，在缴纳了所得税后，于2016年、2017年、2018年累计向股东分配股利200,000.00元，本人分到税前股利26,000.00元；除此之外，教材公司在其任职期间累计上交内蒙古大学校产处管理费291,392.23元。

（六）××同志任职期间企业内部控制制度的建立及执行情况

经对教材公司内部控制制度的测评，我们发现教材公司存货内部控制制度不健全，导致会计核算不真实、不及时，实物资产管理不善等财务管理问题，有待进一步改善。现将主要问题说明如下：

1. 存货内控控制制度不健全

我们在对教材公司进行审计期间，没有查到教材公司内部控制制度。与存货相关的内部控制的实际执行情况如下：存货的采购根据内蒙古大教务处的计划组织订购教材，教材到库后组织入库，但对于存货和发票不能同时到达的存货，不能及时将入库单传递到财务部门，造成仓库账和财务账存货差异较大。例如，截至2018年4月30日，根据财务部门提供的存货售价账面值300,581.21元，而根据库管提供的仓库账该时点的账面值为1,433,957.50元，两者相差1,133,376.29元；领用环节，能做到存货的领用均应得到批准和记录，并传递到财务部门进行账务处理，但在××同志任职期间，也存在白条出库且不向财务部门报账的情况，根据仓库部门提供的清单表明，其任职期间白条出库未入账金额130,119.15元；在存货的盘存制度方面，公司虽然也定期盘点，但没有一套盘存制度，典型的缺陷是每次盘点后不编制存货盘点表，不将盘点结果、进仓、出仓、库存台账和财务明细账进行对比，不对发现的问题进行调查分析并提出处理意见，而是如果实物量短缺，没有找原因追究相关人员的责任，直接调整库存账，这样也在一定程度上造成仓库账和财务账不相符，影响财务部门成本结转的准确性。

建议教材公司继续完善、建立健全相关内部控制制度，如存货岗位分工制度、存货的入库验收内控、仓储环节的内控、领用环节的内控、存货盘存的内控并建立责任追究制，同时对货和发票不能同时到达的存货，及时将入库单传递到财务部门、以使账实相符，达到规范、有效管理的目的。

2. 有些会计核算内容不真实

公司在成立初期对存货的发出采用“以存挤销”方式来确定产品销售成本，可能存在将白条抵库、丢失、管理不善等原因造成的存货减少都计入成本；在后期采用“零售价法”来确定发出存货的成本后，又由于仓库对货已到、票未到的情况不向财务部门报账，致使财务部门进销差价率的计算存在偏差，直接影响产品销售成本，同时使财务账的库存商品和应付款不实，致使存货剔除了内蒙古大学在初期转入的1,500,000.00元存货外，出现负数，致使会计核算内容不真实。

3. 会计核算不及时

教材公司存在已发生的经济业务事项未及时进行会计处理的情形，如业务人员不及时将入库单据送到财务部门报账、挂账收入或损失未及时进行相应账务处理等事项，致使财务报表不能如实反映财务状况和经营成果，在一定程度上影响了财务记录、分析工作。

按照国家有关财务规定，企业对于已经发生的交易或者事项，应当及时进行会计确认、计量和报告，如实反映符合确认和计量要求的各项会计要素及其他相关信息，保证会计信息真实可靠、内容完整。因此，建议教材公司对上述不妥当的做法予以改正。

4. 会计科目使用不准确

审计过程中我们注意到，教材公司存在会计科目使用不准确的现象，例如将已入库但发票未到的存货形成的负债暂估入账计入到专项应付款；将内蒙古工业大学转入存货形成的应付款计入到短期借款核算；将摊销期在一年以上的汽车维修费、下水管道的维修费、租赁房屋的维修费等计入待摊费用。

建议教材公司按照会计工作基础规范的要求完善财务核算及管理工作。

5. 应收款清收不及时

教材公司对售出的图书款清收不及时，例如对内蒙古大学建工学院15,704.70元和内蒙古专修学院98,583.75元图书款不及时清收，建议教材公司及时对往来款进行清收。

（七）××同志任职期间个人收入及廉洁自律情况

1. 个人收入情况

审计查阅了教材公司自2011年1月1日—2018年4月30日止应付工资、主营业务成本、期间费用等相关科目，并抽查了相关凭证，发现××同志累计从教材公司领取工资薪金报酬合计287,299.59元；取得税前股利26,000.00元，公司已代扣其个人所得税5,200.00元。

2. 廉洁自律情况

审计查核了教材公司自2011年1月1日—2018年4月30日止的会计账簿和凭证，未发现××同志违规报销费用和挪用公款等现象。经向财务人员询问，××同志不存在授意、指使、强令会计机构、会计人员伪造、变造会计凭证、会计账簿及其他会计资料和财务会计报告等行为。

（八）××同志任职期间遵守财经法规情况

经审计教材公司自2011年1月1日—2018年4月30日止的会计账簿、相关协议、合同、纳税申报等相关资料，未发现违反财经法规等情况。

（九）××同志任职期间上缴税费情况

××同志任职期间，教材公司累计上交内蒙古大学校产处管理费291,392.23元。累计上缴国家、地方等各种税收2,426,547.64元。

（十）××同志任职期间国有资产保值增值情况

教材公司2011年1月1日的净资产为500,000.00元，2018年4月30日的净资产为1,487,501.26元，增加987,501.26元。

三、审计评价

1. 综上所述，××同志任职期间基本遵守了国家相关财经法律、法规的规定，履行了一名负责人的基本职责。

2. 需要说明的特殊事项

（1）2011年12月31日，教材公司以暂借周转金的方式从内蒙古大学转入进价为2,000,000.00元的教材，该批教材截至2018年4月30日账面剩余1,500,000.00元，但该批教材部分可能已失去教材的使用价值，如处置可能会使公司存在潜亏因素，本次审计未考虑其对任期经营效益的影响。

（2）2015年12月31日，将397,208.44元可能存在重复入账的存货计入待处理流动资产损益，原因待查，次年将其中的200,238.40元冲回，但其中的196,970.04元自2015年挂账至今一直未能查清原因进行账务处理。由于我们在审计期间未能取得该项挂账的准确原因，因此不能对其进行会计处理，我们提请报告使用人在使用本报告时考虑该事项对审计期间经营状况的影响。

（3）××同志任职期间，公司有价值130,119.15元的教材，由各学院教师用白条领出，未在财务部门结账，我们提请报告使用人在使用本报告时考虑该事项对审计期间经营状况的影响。

附件：2011年1月1日至2018年4月30日审计后财务报表

内蒙古会计师事务所　　　　中国注册会计师：

中国·呼和浩特　　　　中国注册会计师：

二〇一八年七月二十二日

学习情境4.5 经济效益审计报告

情境引例

集团经济效益审计

一、企业概况

集团某一下属公司亏损多年，该公司是一个中外合资企业，集团持有75%的股份，主要生产、销售微型汽车、轻型汽车及零部件，自1998年以来连续亏损，截至2017年末累计亏损达9.2亿元，资产负债率210%。

二、案例过程

2018年，审计组对该公司2017年的经济效益情况进行了审计。审计中运用了经济效率比较和经济活动分析等方法，通过比较发现该公司产品销量较2016年下降了61%，直接导致收入大幅下降。通过对该公司2017年利润的亏损情况进行分析，发现其全部产品的毛利率仅为1.35%，其中主要车型的毛利率为-16.5%，且个别型号车型的边际贡献率已出现负数，全年的主营业务收入与其他业务利润仅能负担主营业务成本、税金及营业费用、而亏损额与管理费用、财务费用水平相当。审计人员通过符合性测试等审计手段，发现了该公司在采购、销售、生产等各环节还存在管理上的问题和不足，如商品车库存管理混乱，存在长期外借车辆；三包配件领用审批不规范，致使账实存在差异；大部分采购或外委加工费发票挂账缺少审批手续；厂房及设备出租租金尚不足以抵偿折旧费用等。针对审计中发现的问题，审计组提出了审计意见和建议，敦促其尽快出台政策或制度，加强管理，同时将审计结果上报集团公司领导以采取进一步措施防止事态恶化。

三、案例分析

我们可以发现，案例中审计组对于该亏损单位开展经济效益审计主要围绕着开源和节流这两个重点来进行。

首先要分析单位亏损的原因，找出该单位历史上经济效益最好年份各项数据作为基准，然后收集两、三年的数据与基准进行比较。主要做以下五个对比：一是比销售收入，如果销售收入下降较多，则问题可能发生在产品的开发、销售或质量上；二是比毛利率，如果毛利率下降，则问题可能发生在生产成本上；三是比管理费用，如果管理费用上升，则要对管理费用的各个科目对照检查，找出导致管理费用上升的主要因素；四是比较财务费用，如果财务费用上升的比例超过银行利率的调整，则应该查找新增借款的原因；五是比投资收益，对外投资单位数和投资额是增加还是减少，目前许多单位这一部分占比较大，但管理上往往滞后，因而暴露出不少问题。

开源的重点在增加销售收入。在开展经济效益审计时，将该单位近期占销售收入比例较大的几个产品近两年的产量和销量按月对比，可以看出哪些产品的产、销是同步上升，还是下降或持平。特别是对数量大而销量下降的产品要作详细的分析，因为这可能会造成大量的积压；对产量和销量的差距越来越大的几个产品要作细致的分析，很可能这里会出现新的亏损因素，而对于销量逐步上升的产品则要花大力气进行分析，这里很可能会有新的经济增长点出现。

节流主要有两个方面：一是节约开支，以最低的成本、费用生产尽可能多的优质产品；二是堵住国有资产流失的漏洞。这些损失绝大多数都能通过经济效益审计暴露出来：应收账款长期收不回成为呆账和坏账；在对外投资、联营、合作中，有的外商仅提供一只样机，就被算作“技术投资”；在联营单位里，管理费用高，滥发奖金和实物；搞非法集资，既支付利息又支付“红息”；用各种手段私设“小金库”，造成单位利润下降，甚至出现亏损；利用公款为个人炒股票和期货，造成大量亏损；管理不严，出现贪污、受贿、挪用以及被盗、被窃现象；购置的生产设备，长期闲置不用；购进质量低劣的原材料、元器件造成库存积压；为其他单位经济担保，不做信用分析，当债务方无力还债时，负连带担保责任，造成严重经济损失；举债投资，达不到预期效益而使单位背上沉重的经济包袱；仓库管理混乱，账物不一致，使得造成损失多少无法查明；不重视生产质量，产生大量废品和加工损耗，造成极大的浪费。

这样2018年，集团审计室经济效益审计部共完成对分、子公司的经济效益审计14项，完成审计报告17份，涉及资金25亿元，审计出有问题资金近6千万，提出管理建议近百条。集团每年也因为采纳审计意见和建议而堵塞了大量的管理漏洞，有效控制了资产的流失，审计人员的工作成果也使得审计部门越来越得到集团领导及各单位的理解和重视，集团的审计工作也处在稳定上升的良性循环中。可见，审计的最终目的是针对审计中发现的影响被审计单位经济效益的事项和问题提出具有建设性的意见和建议，以帮助被审计单位找出影响经济效益的失控点，从而进一步提高被审计单位的整体效益。

分析：开展经济效益审计，就是评价企业经营管理行为的经济性、效率性和效果性。

透过上述案例，我们看到经济效益审计确实是一项增值审计，精辟透彻的管理分析一针见血地指出了企业存在的问题及需要努力的方向，合理有效的管理建议好比一剂良药能帮助企业化解风险，提升经营管理水平，促进企业实现价值。具体得到以下几点启示：

1. 找准切入点，以点带面

在做经济效益审计时，要以影响企业经济效益的关键问题、管理的薄弱环节、重要单位为重点，紧密围绕公司经营目标和中心工作。例如经营决策、计划、资金运用、生产技术等是企业经营管理系统中的重要部分和环节，我们就要以此为突破口，确定经济效益审计项目，这样可起到事半功倍、以点带面的效果。

2. 做好财务审计是开展好经济效益审计的关键

只有将效益审计与财务收支审计相结合，才能保证效益审计是在真实、合法的会计资料基础上进行，才能出之有据、言之有理，抓住问题的关键。

3. 不断提高内审人员素质是做好经济效益审计的根本保证

经济效益审计与财务审计相比，对审计人员要求更高，面对不同的企业、不同的生产组织方式，除了要精通财务知识，还要懂得企业管理、生产控制、工艺流程等各方面的专业知识。

请思考以下问题：

（1）企业经济效益审计报告的作用有哪些？

（2）企业经济效益审计报告的特点有哪些？

（3）企业经济效益审计报告的内容有哪些？

（4）企业经济效益审计报告的要求有哪些？

（5）企业经济效益审计报告的撰写步骤有哪些？

经济效益是企业的生存之本，内部审计的出发点和归宿是改善管理和促进效益提高。因而，开展企业内部经济效益审计是适应发展、顺应时势的。

在进行审计时，针对不同性质的单位要制定不同的审计方案，如对成本中心的审计重点是生产管理及投入产出管理；对利润中心的审计重点是生产经营各环节影响经济效益的关键控制点；对销售公司的审计重点是营销政策的制定和执行控制、三包费用及广告费用等费用的真实性、合理性控制。审计方案的制定体现了经济效益审计站在企业效益的角度看问题的特点。

上文的【情境引例】简要介绍了针对亏损企业的内部经济效益审计。接下来，我们对企业经济效益审计报告做进一步讨论。

一、企业经济效益审计报告的概述

（一）企业经济效益审计报告的概念

经济效益审计报告是审计人员在经济效益审计工作结束时发表审计意见、做出审计评价和提出审计建议的一种书面文件，它是经济效益审计过程中一项最为重要的文件。

（二）企业经济效益审计报告的作用

（1）提出经济效益审计报告是审计规范的要求。审计工作结束时，必须根据审计准则或审计条例的规定提出审计报告。经济效益审计作为审计的一个主要的种类，它也必将受到审计规范的制约。是否提出审计报告，也是审计工作区别于其他的有关检查、评价活动的重要标志之一。

（2）经济效益审计报告是审计人员对被审计单位实现的经济效益情况发表意见、评价和建议的书面文件。审计人员必须通过审计报告来发表经济效益审计的意见。审计人员要对被审计单位的生产力要素的利用情况、管理的素质和管理职能的情况、被审计单位的工作效率情况，以及内部控制制度的情况等，做出必要的评价和建议。审计人员通过经济效益审计报告来提出改进工作的意见和建议。

（3）经济效益审计报告是审计人员向有关方面沟通信息、报告审计结果的重要手段。审计人员通过经济效益审计报告向审计机关、国家有关的职能部门、被审计单位的主管部门、以及被审计单位的领导机构和审计委托人报告审计的结果，对被审计单位的经营成果、经营状况、管理效率等方面的情况进行评价，提出改进工作的建议。审计人员也通过审计报告向被审计单位传达自己对经济效益的看法。离开了经济效益的审计报告，审计工作的意义就会受到削弱。

（4）经济效益审计报告是被审计单位的管理机构和上级主管部门提高工作效率、进行经济决策的重要参考文件。审计报告较为详细地肯定了有利于提高经济效益的各种情况，也指出存在的各种问题以及对于改进这些问题的办法和建议，供被审计单位研究、采纳，被审计单位能够借助于审计报告来改进未来的工作。

（5）经济效益审计报告是一项重要的审计文件，需要归档保管，以便于今后开展后续审计和复审。

【业务4－17】动脑筋 经济效益审计报告和经济责任审计报告有什么不同?

二、企业经济效益审计报告的特点

和财务审计、财经法纪审计的审计报告相比，经济效益审计报告具有以下几方面的特点：

（一）经济效益审计报告内容有时是综合性的

审计人员往往会涉及一些财务审计和法纪审计方面的问题。因为对经济效益的评价离不开对于财务活动的评价。因此，在必要的时候，经济效益审计报告中也应该把财务审计的一些内容反映出来。

（二）经济效益审计报告中审计结论强制性的程度较低，经济效益审计一般不做出审计决定

审计人员通常提出审计建议，或者各种可供选择的方案，供有关的被审计单位和主管部门采纳。由于经济效益审计着眼于效率、效果和节约等方面，评价标准也较为灵活，影响经济效益的因素很多，审计人员有时也会考虑不周。因此，审计人员往往以讨论、说服的语言来发表意见，供主管部门和被审计单位参考采纳。

（三）经济效益审计报告更侧重建设性

经济效益审计报告通常包括成绩和问题，以及评价和建议。审计人员在对经济效益做出评价的同时，更为注重对提高经济效益提出必要的建议，以帮助被审计单位改善工作，使经济效益审计报告更具有建设性。

（四）经济效益审计报告一般采用详式报告的形式

经济效益审计报告用比较详细的文字来表达审计人员的意见，特别是对于存在的问题和改进的措施、建议更是详细阐述。经济效益审计报告文体较长，写作上较费时间。在经济效益审计中，审计人员要反映的问题往往比较多，情况也较复杂。因此，经济效益审计报告大多采用这种形式表达。另外，与财务审计报告相比，经济效益审计报告尚未形成一套规范的写法，包括的内容也各不相同。更为重要的是由于经济效益审计在理论上还有许多需要探讨，因此对如何撰写经济效益审计报告还要总结研究。

【业务4-18】动脑筋 如何理解经济效益审计报告的建设性？

三、企业经济效益审计报告的内容

经济效益审计报告的内容，取决于具体的经济效益审计的目的、内容和要求。审计人员应该根据每一项经济效益审计的不同特点来确定应该反映哪些内容。例如，管理审计和项目审计的审计报告所反映的内容有着本质不同；而不同的项目审计，反映的内容也不一样。又如，内部审计和外部审计由于各自对被审计单位的情况熟悉程度不一，报告的内容繁简也不尽相同，从实际情况出发来撰写审计报告，才能够使经济效益审计报告发挥应有的作用。

尽管每一项经济效益审计报告的内容各不相同，但在经济效益审计报告中包含了一些共同的要素，这些共同的要素就构成了经济效益审计报告的基本内容。经济效益审计报告的基本内容包括以下几个方面。

（一）经济效益审计的工作情况

在这一方面，审计人员通常要说明经济效益审计事项的性质和范围，被审计单位和被审事项的特点，经济效益审计事项的要求和执行的时间，以及在经济效益审计过程中审计人员所采用的审计程序和审计的内容等等。

（二）对被审计事项的基本评价

审计人员要分析被审计单位主要经济效益的计划和指标的完成情况，同被审计单位的历史先进水平和行业先进水平进行比较，对被审计单位的管理素质和管理职能的优劣进行分析，对被审计单位的发展规划和项目计划所预计的经济效益进行验证等。进行了上述有关内容的说明以后，审计人员对被审计单位现实的经济效益做出基本评价，总括性地说明被审计单位或被审计项目经济效益的优劣。在基本评价的基础上进一步对成绩、问题进行分析。

（三）主要成绩和经验

如果被审计单位的经济效益是好的，被审计单位采用了有效的措施，或者改善了管理，以及改善了被审计单位的生产技术条件和环境，使被审计单位的经济效益得到提高，审计人员应该充分肯定被审计单位所取得的主要成绩，并且从中总结出提高经济效益的主要经验，以利于推广。如果是对于项目、规划的经济效益审计，审计人员可以着重说明实现预计经济效益的有利条件。

（四）主要问题

审计人员要在审计报告中对于被审计单位经济效益方面存在的问题加以说明，即使被审计单位的经济效益情况较好，也难免存在影响经济效益进一步提高的各种问题。特别是对于经济效益较差、存在问题严重的被审计单位，更应指出问题所在，并且抓住问题的实质。对于规划、项目的经济效益审计，审计人员则应着重指出达到预期计划的不利因素，如果这些规划和项目并不可行，审计人员则应说明不可行的原因和理由。

（五）改进意见和建议

审计人员应该在经济效益审计报告中，对于存在的问题提出改进的意见和建议，这是经济效益审计报告的一项十分重要的内容。审计人员针对被审计单位和被审项目中存在的问题以及不足之处，提出意见和建议，包括提高经济效益的途径、解决问题的办法、可以采用的措施，以及可供选择的方案等。审计人员也可以在审计报告中对被审计单位和被审计事项提出处理的建议，供有关主管部门参考采纳。例如，审计人员认为某个投资方案是不可行的，审计人员可以提出取消实施这一投资方案的建议。

【业务4－19】动脑筋

企业经济效益审计报告的内容和企业经济责任审计报告的内容有何不同？

四、经济效益审计报告的要求

撰写经济效益审计报告的基本要求是：

（一）立场正确，全面分析

要以国家的利益作为经济效益审计报告的出发点。不论是国家审计、内部审计还是民间审计，审计人员都要站在国家的立场上，维护国家利益，不能只顾被审计单位的经济效益，而且要考虑国家的经济效益。不能只看眼前的经济效益，而且要看长远的经济效益；不能只看有形的经济效益，而且要看社会效益。

（二）实事求是，态度明朗

审计人员不能夸大事实，也不能大事化小，要实事求是，一分为二看问题。审计人员不能只看被审计单位存在的问题，不看他们取得的成绩，或者只看到成绩，不看存在的问题。审计人员的态度应该是明朗的，不能在经济效益审计报告中不表明自己的态度。含糊其词，或者遮遮盖盖，似说非说，这些都是不负责任的表现。

（三）突出重点，抓住关键

影响经济效益的因素很多，审计人员没有必要罗列所有的因素，也不必对所有的问题面面俱到地加以表述。审计人员对于经济效益进行评价时，只要抓住关键的问题进行评价、分析，找出主要原因，对于次要问题在撰写时可以略去。这样，经济效益审计报告就可以突出重点，使阅读报告的人易于明确问题所在。

（四）意见具体，建议可行

审计人员对被审计单位的经济效益状况提出审计意见时应该具体，切忌笼统和抽象。因为经济效益审计报告主要的目的是帮助被审计单位提高经济效益，审计意见笼统和抽象不利于被审计单位改进工作，不能够达到经济效益审计报告的目的。对于提高经济效益的建议应该是切实可行的，审计人员不应该提出连自己都没有把握的建议。必要时，审计人员可以提出几个方案，供被审计单位采纳。

（五）文字简洁，措辞恰当

撰写经济效益审计报告不需要追求华丽的辞藻。要能够恰当地表达审计人员的意见，避免给人以华而不实的感觉。文字应该简明，能够用较短文字说清楚，则不应该把文字拉长，以避免审计报告的冗长。报告的措辞要恰当，避免使用意义含糊或不确切的词句。

五、企业经济效益审计报告的撰写步骤

经济效益审计工作基本完成以后，审计人员掌握了大量的审计证据，在此基础上审计人员着手撰写审计报告。撰写审计报告的过程大体可以分为以下几个步骤：

（一）汇总情况

在经济效益审计中，审计人员往往分为几个小组分头审计不同的方面。审计人员要把各方面的情况进行汇总，并对有关问题进行重点说明。这样，审计人员对经济效益审计事项就有了一个全面的认识。

（二）筛选和整理资料

对于所掌握的资料要进行筛选，首先要对工作底稿中的记录进行筛选，剔除不真实的资料。然后，要剔除次要资料，保留重要的资料。通过筛选，保证资料的质量。

（三）统一思想认识

在整理筛选资料的基础上，审计人员应该统一思想。对于被审计单位的经济效益状况，审计人员的看法经常不一致。因为影响经济效益的因素是很复杂的，这些因素发生作用的过程也是很复杂的。审计人员应该进行讨论，取得基本一致的认识。

（四）确定中心议题和主要内容

通过资料的筛选和思想的统一，审计人员进一步确定经济效益的中心议题及其主要的内容。

（五）分析原因和拟出建议

经济效益审计报告的中心议题和主要内容确定以后，根据所要反映的内容，分析造成经

济效益优劣的各种原因，包括主观的原因和客观的原因，要分析事物的本质。审计人员进一步考虑应该如何提出提高经济效益的建议。

（六）对审计建议进行讨论

对提高经济效益的建议进行必要的论证和测算，并听取有关业务部门的意见，以保证建议的可行性。

（七）编写报告提纲

在撰写经济效益审计报告以前，审计人员先编写一个报告提纲，在提纲中列示反映的内容和证据、产生的原因和改进的建议等，建立起审计报告的基本框架。

（八）撰写初稿

根据经济效益审计报告提纲，审计人员着手撰写审计报告初稿。审计报告初稿可以由一人执笔，也可以分工撰写。经济效益审计报告初稿应由经济效益审计事项的审计负责人审定。

（九）征求被审计单位意见

经济效益审计报告在报送有关部门以前，应该征求被审计单位的意见。审计人员的看法有时和被审计单位不一致。对于被审计单位不同的意见，如果审计人员认为是合理的，应该予以接受，并修改经济效益审计报告的初稿，使之更符合实际情况；如果审计人员认为意见是不合理的，审计人员可以加以说明，并坚持自己的意见。征求意见还起到了向被审计单位通报审计意见的作用。

（十）定稿和报送

征求意见后，审计人员酌情修改报告初稿，写出正式经济效益审计报告。经过必要的审查，按规定报送有关的部门和单位，并且交送被审计单位。

六、企业经济效益审计报告的案例

【业务4－20】典型案例

年度经济效益专项审计报告

根据集团董事会安排，稽核部于2018年1月6日派出审计组对××发展有限公司（以下简称公司）及××××修建工程有限公司（以下简称修建公司）2017年经营效果进行专项审计。审计组通过询问、核对、比较、分析性复核、盘点等方法开展审计，并得到××公司领导及有关人员的大力支持与配合，顺利完成审计工作，现将审计结果报告如下：

一、基本情况

××公司成立于2016年，主要以代建业务为主；××××修建公司成立于2017年6月

25 日，主要经营业务为××建筑工程施工和市政公用工程施工。××公司与××××修建工程公司作为母子公司，在管理上为“一套人马，两块牌子”，其业务收入分开核算，管理费用按一定方法进行分摊。

××公司的收入来源是以计提代建管理费收入为主，受政策影响较大，其代建管理费的计提经财政审核，因此收入真实性与完整性风险较小。同时从可控角度看，××公司对成本费用的控制主要体现在管理费用上。××××修建公司目前以承接集团范围内的修缮工程项目为主，经了解，承接的工程项目外包给施工单位施工，并以合同价的 10% 作为公司毛利，公司负责工程项目的进度、安全及质量，做好现场管理。

二、经营效果

1. 经营成果：

（1）××公司

①包含××项目的 2017 年经营成果如下表所示：

单位：万元

项目	2017 年	2016 年	增减额	增减率
投资额	15, 555. 60	20, 507. 04	－4951. 44	－24. 15%
收入	353. 53	648. 05	－294. 52	－45. 45%
利润	－166. 24	30. 26	－196. 50	－649. 37%

②不包含××项目的 2017 年经营成果如下表所示：

单位：万元

项目	2017 年	2016 年	增减额	增减率
投资额	11, 575. 60	20, 507. 04	－8931. 44	－43. 55%
收入	301. 03	648. 05	－347. 02	－53. 55%
利润	－85. 92	30. 26	－116. 18	－383. 94%

注：上述 2017 年数据为经此次审计抽查核对但未经会计师事务所审计的母公司本部的财务报表数据。

剔除××项目的影响，2017 年收入下降幅度与投资额下降幅度接近，说明收入受到投资额的直接影响，这与公司实际情况一致；而净利润下降幅度大大超过收入的下降幅度，反映了在收入减少情况下成本费用未得到相应程度的减少。

（2）××××修建公司 2017 年收入为 185. 31 万元，比 2016 年的 28. 81 万元多 156. 50 万元；实现利润 －39. 71 万元，比 2016 年的 －0. 11 万元，少了 39. 60 万元。××××修建公司相比 2017 年成立之初收入有了大幅增长，扣除对应成本，分摊相关管理费用后，在财务数据上仍体现为亏损。

2. 指标完成情况（见下表）

从目标完成情况上看，××公司代建投资额仅完成目标额的 57. 01%，受此影响，收入实际完成目标的 54. 76%；××××修建公司收入也仅完成目标额的 26. 47%。

单位：万元

项目	××公司			××××修建公司			合计		
	目标	实际完成	差异率	目标	实际完成	差异率	目标	实际完成	差异率
代建投资额	20,305.38	11,575.64	-42.99%	-			20,637.38	11,575.64	-43.91%
自营项目投资额	332.00			-			332.00	-	-100.00%
固定资产购置	-			0.55	-	-100.00%	0.55	-	-100.00%
营业收入	549.68	301.00	-45.24%	700.00	185.31	-73.53%	1,249.68	486.31	-61.09%
主营业务成本	-	-		607.11	159.38	-73.75%	607.11	159.38	-73.75%
管理费用	418.76	392.28	-6.32%	61.99	59.35	-4.26%	480.75	451.63	-6.06%
其中：工资	202.74	206.55	1.88%	32.26	34.65	7.41%	235.00	241.20	2.64%
福利费	20.27	14.85	-26.74%	3.23	3.22	-0.31%	23.50	18.07	-23.11%
办公费	9.00	8.76	-2.67%	3.00	0.95	-68.33%	12.00	9.71	-19.08%
业务招待费	14.75	13.71	-7.05%	1.52	0.50	-67.11%	16.27	14.21	-12.66%
汽车费用	22.04	21.57	-2.13%	8.76	8.76	0.00%	30.80	30.33	-1.53%
差旅费	3.20	1.95	-39.06%	-	-		3.20	1.95	-39.06%
交通费	0.13	-	-100.00%	0.04	-	-100.00%	0.17	-	-100.00%
劳保费	7.63	7.80	2.23%	1.03	1.02	-0.97%	8.66	8.82	1.85%
低值易耗品摊销	0.36	0.36	0.00%	0.12	-	-100.00%	0.48	0.36	-25.00%
财务费用	-4.39	-19.60	-346.47%	-	-0.13		-4.39	-19.73	-349.43%
利润总额	105.35	-85.92	-181.56%	8.01	-39.71	-595.76%	113.36	-125.63	-210.82%
净利润	80.81	-85.92	-206.32%	5.43	-39.71	-831.31%	86.24	-125.63	-245.67%

注：（1）××公司的数据仅反映母公司本部的情况，非合并数据；（2）表中××公司营业收入、费用及利润数据已扣除××项目的影响。

管理费用上，××公司及××××修建公司费用在预算之内，合计费用节约6.06%。在××公司投资额大量减少且××××修建公司收入大幅低于预期的情况，合计管理费用与原预算目标差异较小。

从具体费用明细上，与人员有关的工资费用合计及劳保费用合计分别超支2.64%及1.85%。

审计组建议：（1）××××修建公司承建的工程有不同的利润空间，不考虑利润空间而统一以合同价的10%作为毛利，会导致本公司丧失一部分可能争取到的利润空间为施工方所占有，因此建议加强预决算工作，对于利润空间大的项目争取更多的毛利，为企业增收。（2）××公司及××××修建公司应加强管理费用的管理与控制，尤其对占管理费用总额60%以上的与人员相关费用的管理上。（3）××公司及××××修建公司应提高预算管理水平，将费用的管理与实际业务量结合，在业务量下降的情况下，应减少如人员费用、汽车费用、办公费用等与实际业务量相关的费用，同时在制定预算时应考虑业务量变化的影响。

三、经营管理审计情况及审计建议

（一）制度建设情况

××公司与××××修建公司的管理制度一致，以集团管理制度为主，没有相应细化的符合本公司管理需要的制度，部分管理规定主要以会议纪要的形式确定下来，如考勤管理、车辆管理、电话费管理等。

审计组建议：(1) 集团管理制度主要为框架制度，下属子公司应根据本公司的实际情况在集团制度框架下，制定相对细化的制度，以适应本公司加强管理的需要；(2) 为提高管理的执行力，应将有关管理规定以制度或实施细则的形式确定，以确保制度的系统性、权威性和持续性，同时使管理制度得以不断完善和巩固。

（二）人员及薪资管理情况

1. 基本情况

××公司及××××修建公司的人员总数为40人，符合2016年集团统一制定的“三定方案”的定员规定；同时职工薪资的构成符合集团公司的薪酬管理规定。在薪资核算上，通过对考勤人员、员工明细及薪资明细进行抽查核对，薪资核算无误；同时，××公司及××××修建公司加班费的计算截止于2017年4月份，即4月份开始不再计算加班费，通过对2017年1－3月份加班情况进行核对，加班费的计算标准符合集团政策，其加班的依据为每月根据管理需要制定的值班表，包括节假日。

2. 存在问题

(1) ××公司根据实际工作需要，在公司内部设立了拆迁部，部门为三人，一人主持部门工作，两人为征地专员（原为开发部征地专员）。而“三定”方案中无此部门及主持部门工作的岗位。

(2) 在薪资核定与发放上，2017年11月、12月薪资表上与二级公司××物业签订合同的两名职员，以一级公司（××公司）的标准进行薪资核定，并在××公司发放。根据访谈，××公司考虑到该两名员工与××公司的合同虽于2017年10月结束，但其薪资预算全年都在××公司，故该两名员工的薪资按之前的合同在××公司的核定及发放持续至2017年结束，2018年开始按××物业的薪资标准重新核定并在××物业发放。

3. 审计组建议

(1)“三定方案”为2016年集团成立之初，结合当时实际情况制定的，建议根据实际情况的变化，对“三定方案”定期进行评估，必要时进行调整。

(2) 随着××修建公司业务的稳定和拓展，××××修建公司根据实际情况编制“三定方案”。

(3) ××公司对“三定方案”内容的调整，应按规定履行相应的流程，并报集团审批。

(4) ××公司应根据劳动合同对员工的薪资的核定和发放进行及时调整，以符合有关制度规定，避免有关制度或法律风险。

(5) 与人员相关的工资福利等费用占管理费用总额的60%以上，很大程度上影响公司的利润情况，在业务量大幅下降的情况下，可以考虑通过以下方法进行减员增效：

①薪资构成中绩效部分作为工资的浮动部分，对部门及个人进行绩效考核，并根据业务量及业绩表现按比例发放，而不进行全额发放。

②通过对部分岗位工作进行整合等方式对人员进行必要的淘汰，以降低人员费用，如：目前驾驶员岗位的人员有4人，可以参考集团内其他公司仅保留2位驾驶员。

③在××母子公司范围内，甚至在集团范围内，对人员进行整合调配，进行适当的分流，以充分利用人力资源，同时减少人员费用。

（三）管理费用审计情况

1. 基本情况

××公司及××××修建公司为“一套人马，两块牌子”的管理模式，管理费用按一定方法进行分摊。实际发生费用如下表所示：

单位：万元

项目	××公司			××××修建公司			合计		
	2016 年	2017 年	增减率	2016 年	2017 年	增减率	2016 年	2017 年	增减率
管理费用	569.30	392.28	-31.09%	4.90	59.35	1111.22%	574.20	451.63	-21.35%

注：（1）××公司已扣除××固定资产的折旧费与摊销共计 28.75 万元；（2）××公司 2017 年代建投资额（业务量）比 2016 年下降 47.55%。

从管理费用的构成明细上看，所占比例较大的前五类费用为与人员有关的薪资福利、折旧费、汽车费用、业务招待费、办公费用，其总额占管理费用总额的 90%。前述费用中，除折旧费用为不可控的固定费用外，其余均为可控的变动费用，与实际业务量有不同程度的正向比例关系。此次审计对上述四类可控费用的管理情况进行重点核查。

2. 存在问题

除上述人员及薪资外，通过审计发现××公司汽车费用、业务招待费及办公费用的管理存在如下问题：

（1）汽车费用管理：

××公司及××××修建公司公务车共 6 部，其中 3 部为班车兼公务使用，3 部为领导用车；2017 年有加油补贴的私车数量为 13 辆，4 月份减少为 7 辆。

①通过核对 3 月、7 月、10 月及 11 月份汽车加油卡的明细发现，在 7 月、10 月及 11 月份的明细中存在同一天同一张卡里出现连续两次加油的情况，经询问，该卡为公司董事长持有的加油卡，由于享受私车补贴的车辆按每月 800 元的油费补贴不够使用，该卡除固定为公务车 BF007 加油外，还为两部外借的工程车辆（BP139 及 DFR992）加油。

此项违反了 2017 年 4 月份实施的《××××集团车辆管理（试行）办法》中第一款第一条“各公司应做到一车一油卡”的规定。

②通过对汽车费用的明细进行核查，有两部外借车辆（BP139 及 FR992）。2017 年在××公司及××××修建公司报支油费 24,900.00 元及维修、保养、停车、装饰等费用 2,785.00 元，共计 27,685.00 元（其中 4 至 12 月份的费用为 15,020.00 元）。

此项违反了 2017 年 4 月份实施的《××××集团车辆管理（试行）办法》中第一款第七条“向外借用的车辆不得在公司报支费用”的规定。

③经了解公务车 BB720 使用人实际上为工程部副经理××，职工董事××使用的是外借车辆 BP139，公司从各自工作需要上考虑，给两人配备了上述车辆使用。

根据 2017 年 4 月份实施的《集团车辆管理（试行）办法》“具备配车及配专职驾驶员

的领导：集团公司副总裁以上领导；以及公司正职领导干部（含主持工作的副总）；经集团董事会批准的个别领导干部”，上述两人均不具备配车的条件。

（2）招待费用管理：

①× ×公司存在跨两个月以上且跨年度报销招待费的情况，如 2016 年中秋餐费 1,681.00 元于 2017 年 1 月 28 日报销，2016 年 10 月份餐费 1,909.00 元于 2017 年 1 月份报销。该情况不利于业务招待费的控制，影响实行预算控制的效果。

②× ×公司的 2017 年业务招待餐费集中于 11、12 月份，两月招待餐费总额为 46,200.00 元，占全年招待餐费总额的 64.8%。经了解，主要是由于招待用餐地点较为固定，一般于年底集中结算或达到一定额度时再与商家结算。该结算方式虽然方便，但也不利于招待费的管理和控制。

③× × × ×修建公司 2 月份报支业务招待费 5,000.00 元。根据 2017 年 4 月 1 日印发的［2017］49 号文《关于× × × ×修建公司业务招待费管理（暂行）办法的通知》规定“从 2017 年 1 月 1 日起，每季度终了按季度净利润计提 15% 的业务费”“未计提或没有计提额度，不得审批业务费（即业务招待费）”，而根据 2017 年× × × ×修建公司的财务数据，公司一季度及全年净利润均为负数，属于没有计提额度的情况，据此制度，当年不得审批业务招待费。据了解，由于制度 4 月份印发，该项费用在此之前发生，是依据年初预算额度进行审批与核销。

（3）办公费用管理：

①办公用品部分入库单填写不规范（如日期、数量的完整与准确性），且办公耗材没有管理台账，上述问题作为规范性问题，并不影响付款的准确性，但不利于办公用品管理的完善。

②2017 年 10 月 15 日采购的 2 批办公用品实际清单计算错误，导致实际支付金额比准确计算金额多 237.60 元。

③2017 年办公费用在预算范围内，但据对部分办公用品的使用分析，碳粉和墨盒的使用量较大；同时，办公用品的 11 月份及 12 月份报支金额较大，据访谈了解，原因在于年底对以往的办公费用做了清算。

3. 审计组建议

（1）严格执行《× × × ×集团车辆管理（试行）办法》的有关规定，以有效控制汽车费用。对于因特殊原因，需要增加车辆用油的核销及由于工作需要配置车辆，按必要的程序进行审核审批，以加强制度的执行力，做到有规可依、有规必依，对于不符合公司实际情况的制度规定，可提出修改意见。

对车辆费用管理的控制，还应考虑：①对公务车辆的使用进行整合，尽量减少汽车使用量；②对车辆使用进行必要的控制，避免不合理的公车私用的情况；③2017 年通过减少补贴车辆方式节约了一定的费用，建议考虑继续对私车公用的车辆评估其公用的频率，采取合理减少汽车补贴（目前统一为 800 元/月）方式，以控制车辆费用。

（2）加强招待费的管理。为有效控制招待费，建议从以下几个方面细化招待费管理制度：①对于招待费的报支进行时限规定，确保相关费用及时入账；②招待用餐费用附用餐明细并经商家、参加人签字确认；③必要时针对不同人员进行限额管理；④对贵重礼品的采购制定相应的内部控制流程，并进行必要的审批限制。

(3) 加强办公用品的管理。由于办公用品消耗大，应对办公用品的采购、使用与管理制定控制规定：①办公用品的采购应以实际需要为依据，防止过量采购；②认真执行采购流程及准确填写并保留入库单、签收单等各类单据，同时加强经办人、财务人员对单据数据的审核，防止出现错误导致损失；③办公用品的使用应坚持节约原则；④对办公用品的管理上，对办公用品（包括办公耗材）进行台账的建立，并定期进行盘点核对；⑤对于办公费用的报支进行时限规定，确保相关费用及时入账。

审计组（签名）：
××××集团有限公司
集团稽核部
二〇一八年　月　日

职业道德与素质

【案例背景】

通用公司内部审计案例分析

一、美国通用电气公司（GE）的内部审计

GE 公司是美国最大的产业公司之一，也是世界上最大的电气公司。该公司有 12 大类产品和服务项目，包括家用电器、广播设备、航空机械、科技新产品开发、销售服务等。

（一）GE 内部审计目标与内容

GE 为其公司审计署规定了即使在美国公司中也可以说是标新立异的工作目标：超越账本、深入业务。这一措施的运用使得他们在检查和改善下属单位的经营状况、保证投资效果符合公司的总体战略目标和培养企业管理人才方面开创了极为成功的范例。

GE 的内部审计包括两类：首先是下属企业财务部门自己的审计，重点审查其自身经营情况和财务活动是否符合总公司的规定；其次是总公司一级的审计；最能代表 GE 特色的是其公司审计署的审计。

（二）GE 内部审计的特色

GE 认为，要做好审计工作，有两个关键性的因素必须解决，一个是共同接受的会计标准和原则，另一个是双重报告系统。

总公司财务部保存有一套国家出版的会计标准和原则，每级财务部门的职责就是坚持贯彻这些原则。公司的财务部提供了一个基本的会计结构，各个企业围绕此结构运行。此结构有助于坚持共同的会计标准和原则，审计主要监督的就是各下属企业是否认真遵守了这些标准和原则。

处理审计工作的另一个重要问题是双重报告原则。每个产业集团的财务负责人既要向本企业的负责人报告，还直接向总公司的财务副总裁报告。

在审计工作中，审计人员首先从查账入手，但决不止步于单纯查账，而是花费更多的时间和精力去研究可能有问题的业务，包括业务流程和有关策略、措施，意在从中发现经营效果、公司内部资源的开发利用、产品质量和服务等各个方面有无可以改进之处。他们对于风险大、一般利益也大的方面尤其注意。因为人们习惯于在风险面前明哲保身，往往出现低效率、浪费、不求进取等种种弊端。而这些领域又恰好是审计人员应当关注的重点。

（三）GE 内部审计的人员结构

GE 内部审计人员绝大多数是工作过几年的年轻人，其中大约 80% 的人拥有财会方面的学历；15% 的人有相关产业知识背景和管理等方面的经验；5% 的人是搞信息处理的。公司每年从几百个报名者中精心挑选几十名进入审计署，同时从审计署中输送同样数量的人去充实 GE 各业务集团的管理干部队伍。包括副总裁在内的各级管理干部中有相当数量的人有审计工作经历，整个 GE 中级以上财会管理人员中有 60%—70% 是由公司审计署输送的。每年离开审计署的人员中约有 40% 可以直接提升为中级以上管理人员。

（四）GE 内部审计工作过程

在审计工作开始之前，审计小组要做的工作是了解和研究情况，倾听其他有经验成员的各种想法和建议，他们形象地把这种调查研究称之为对自己大脑的一次知识和概念的“轰炸”，在此之后才确定本次审计的目标。

在审计中，审计小组对整个审计工作负有全权，召开调查会、进行个别谈话、收集情况和资料等活动都由他们自主安排。在这之后是分析情况、理清头绪，衡量各种问题间的相互影响。为了实现审计目标，他们可以做他们认为需要做的任何工作，目的只有一个——找出问题的解决方案。

即便找到了解决办法，事情也远未结束。实施方案的具体建议一般由审计小组提出，而且他们总是要把新方案变成一种日常工作，具体落实后才肯罢手，以便在他们离开后能够坚持下去。在这一过程中，审计小组要与被审计部门的领导和业务人员打无数次交道。

总起来说，GE 公司内部审计已远远不是我们一般人所认为的审计概念了（一般人可能认为审计往往带有事后性质，而且也只是财务性质的），它成了 GE 对下属企业进行强有力控制的最有效工具，也是 GE 对其下属企业所有权的具体体现和保证。

问题：

（1）GE 内部审计特点有哪些？

（2）如何加强我国内部审计职能？

分析：

1. GE 内部审计特点分析

（1）具有独立性和权威性。公司内部审计部门直接向 GE 总公司的“第三把手”报告，增加了内部审计机构意见的分量和权威性，内部审计人员自己也觉得“说话的声音格外响”，审计工作也往往因此更能得到被审计部门领导的积极配合。

（2）内部审计人员的选用严格、组成结构合理。GE 选用内部审计人员时，并不过多考虑审计人员原先所学的专业，而注重人的素质和才能。他们要求每个新人能给审计部门带来他人所没有的或无法做到的新贡献、新思想。进入审计署的人员有着各种各样的学历背景，而且见解往往与众不同。不同的经历和见解有助于问题的发现和解决。有幸入选的审计人员大多能保持这一机构传统的献身精神。他们工作专注，有极高的自觉性、积极性和创造性，而不知疲倦。

（3）在审计工作安排上独具匠心。平均每三个月，审计人员便接受一项新使命，每次都是不同的审计对象，不同的组成人员，不同类型的业务问题。审计人员互相吸收营养，往往在对比中就能发现问题。在设计解决方案时，自然又会将其他审计对象的好经验融入方案，无形中提高了内部审计的效率和效果，促进了内部审计价值的实现。

GE 的这些做法表面上看起来很奇怪，但内部审计的内容被他们创造性地加以发挥并由此获益。GE 的经验告诉我们，企业再大也是可以控制的，关键是要找到一个既符合现代企业管理精神，又切实可行的办法，强化内部审计职能，提升内部审计价值就是不错的一个选择。

2. 如何加强我国内部审计职能？

（1）加强独立性。领导者要在组织上赋予内部审计机构和人员独立性或相对独立性，更要创造条件引进独立的审计委员会制度，为内部审计发挥管理和控制风险职能打好组织基础。内部审计机构和人员要吸收国际先进的内部审计理论，注重提高专业素质，探索风险管理审计，强化管理和控制风险的职能。

（2）严格实行审计回避制度。内部审计人员不直接参加企业经营管理活动，与被审计单位有亲属关系或经济利益关系的，要主动地回避。

（3）有预防性。现代企业要生存、要发展，要在激烈的市场竞争中立于不败之地，必须建立严密的、完善的控制系统，严格的、科学的管理制度和有效的、畅通的运行机制。只有这样，才能保证经营目标的实现。内部审计着重研究和评价内部控制系统严密性、完善性，管理规章制度科学性、完整性，方法措施适应性、有效性。通过检查分析可以及时发现经营管理中的薄弱环节和存在的漏洞，及早提醒经营管理者采取措施加以改进，起到标本兼治，防患于未然的作用。

（4）注重效益性。内部审计要以促进管理、提高效益为重点，一方面开展投资项目可行性评估、经营风险预测审计和生产技术工艺审计，为促进经济效益的提高发挥作用；另一方面开展成本费用和内控制度审计，为堵塞漏洞、降低成本、减少损失贡献力量。

（5）定位于“服务”。内部审计由过去查错防弊到现在主要从事评价内部控制系统；由检查营私舞弊风险到评估投资风险、经营风险；由过去的“警察”形象转变为“顾问”，重点是为被审计单位或部门服务。其目的是协助管理者顺利完成生产经营任务，实现经营目标。

（6）不断更新观念，研究新方法、采用新技术。内审工作在企业经营环境和生存发展条件不断变化的情况下，也要在不断变化中发展。在观念上，把审计对象看作是服务对象；在方法上，比较广泛应用复杂风险评估技术，提高审计效率效果；在环节上，主要精力放在计划和决策阶段，及早确认风险；在目标上，更注重寻求避免或减少风险的方法和途径；在技术上，熟练掌握和使用现代化工具，如计算机审计；在素质上，既要求具有高等教育专业水平和具有一定企业经营管理的实际工作经验，又要求取得审计专业任职资格，如注册会计师、注册内部审计师。

(7) 内审工作应不断地由事后审计向事前审计、预防性审计发展，注重趋势和风险分析。

职业能力训练

一、单项选择题

1. 被审计单位书面声明的日期应为（　　）。

A. 资产负债表日　　B. 接近但不迟于审计报告日

C. 注册会计师收到审计声明书的日期　　D. 注册会计师提交审计报告的日期

2. 企业在应付账款项目中反映了预付账款，在应收账款中应映了预收账款，这种审计差异属于（　　）。

A. 核算误差　　B. 重分类误差

C. 建议调整的不符事项　　D. 未调整不符事项

3. 审计中发现的核算误差，为正确编制审计差异调整表，运用（　　）来划分建议调整的不符事项与未调整不符事项。

A. 审计风险评估　　B. 审计检查方法

C. 重要性原则　　D. 误差金额的大小

4. 提出否定被审计单位会计报表公允地反映的审计意见是（　　）。

A. 保留意见　　B. 否定意见

C. 无法表示意见　　D. 标准意见

5. 审计报告按（　　）不同分类，可以分为详式审计报告和简式审计报告。

A. 使用目的　　B. 内容详简程度

C. 报告人　　D. 性质

6. 当增加其他事项段旨在提醒使用者关注与审计报告中提及的其他报告责任相关的事项时，该段落可以置于（　　）。

A. 紧接在审计意见段和强调事项段之后

B. “按照相关法律法规的要求报告的事项”的部分内

C. “按照相关法律法规的要求报告的事项”的部分之后

D. 审计意见段之前

7. 如果认为被审计单位持续经营不合理，而被审计单位仍按持续经营假设编制财务报表，则注册会计师应出具的审计意见是（　　）。

A. 带强调事项段的无保留意见　　B. 否定意见

C. 保留意见　　D. 无法表示意见

8. 下列关于按照两个财务报表编制基础编制财务报表的说法中，不正确的是（　　）。

A. 在某些情况下，财务报表可能声明按照两个财务报告编制基础编制

B. 管理层可能由于被要求或自愿选择同时按照两个编制基础的规定编制财务报表

C. 只要管理层认为合适，声明财务报表按照两个编制基础编制就是恰当的

D. 在实务中，同时遵守两个编制基础的可能性很小

9. 从下列文字描述中，可以看出应当出具无法表示意见的审计报告的是（　　）。

A. 我们审计了后附的华西中贸股份有限公司财务报表，包括 2017 年 12 月 31 日的资产负债表，2017 年度的利润表、股东权益变动表和现金流量表，以及财务报表附注

B. 我们审计了后附的华西中贸股份有限公司财务报表，包括 2017 年 12 月 31 日的资产负债表和合并的资产负债表，2017 年度的利润及利润分配表和合并的利润及利润分配表、现金流量表和合并的现金流量表，以及财务报表附注和合并的财务报表附注

C. 我们的责任是在实施审计工作的基础上对财务报表发表审计意见，我们按照中国注册会计师审计准则的规定执行了审计工作

D. 我们接受委托，审计后附的华西中贸股份有限公司财务报表，包括 2017 年 12 月 31 日的资产负债表，2017 年度的利润表、股东权益变动表和现金流量表，以及财务报表附注

10. 以下情形中，注册会计师将极有可能发表无法表示意见的是（　　）。

A. 客户没有反映会计准则和相关会计制度所要求的补充信息

B. 重要信息披露不充分

C. 客户施加的重大范围限制

D. 子公司的其他审计师发表了保留意见

二、多项选择题

1. 如果以前针对上期财务报表出具了非无保留意见的审计报告，且导致非无保留意见的事项仍未解决，注册会计师下列处理中正确的有（　　）。

A. 如果本期财务报表不真实是由于以前期间未解决的事项造成的，注册会计师应单独对对应数据发表非无保留意见的审计报告

B. 如果未解决的事项对本期数据的影响或可能的影响是重大的，注册会计师应当在审计报告中对对应数据和本期数据发表非无保留意见

C. 如果未解决的事项不导致对本期数据出具非无保留意见的审计报告，注册会计师应当对对应数据和本期数据发表无保留意见审计报告

D. 如果未解决的事项对本期数据的影响或可能的影响不重大，注册会计师应当说明，由于未解决事项对本期数据和对应数据之间可比性的影响或可能的影响，因此发表了非无保留意见

2. 以下关于注册会计师对其他信息的责任表述中，正确的有（　　）。

A. 如果没有法定或约定的义务对其他信息出具鉴证报告，注册会计师在对财务报表出具审计报告时就没有必要考虑其他信息

B. 如果有法定或约定的义务对某些其他信息实施特别程序，当这些其他信息存在遗漏或缺陷时，注册会计师应当考虑是否在审计报告中提及该事项

C. 注册会计师没有专门的责任来确定其他信息是否得到适当陈述

D. 如果有法定或约定的义务对其他信息出具专项鉴证报告，注册会计师的责任取决于

该业务的性质、法律法规和相关执业准则的规定

3. 如果认定对事实的重大错报确实存在，但管理层不进行修改，注册会计师基于谨慎考虑，可能会采取的措施有（　　）。

A. 征询法律意见　　B. 不出具审计报告

C. 解除业务约定　　D. 出具非无保留意见

4. 下列情形中，属于可能需要在审计报告中增加强调事项段的情形有（　　）。

A. 异常诉讼或监管行动的未来结果存在不确定性

B. 在允许的情况下，提前应用对财务报表有广泛影响的新会计准则

C. 与使用者理解审计工作相关的情形

D. 对两套以上财务报表出具审计报告的情形

5. 在下列情况中，注册会计师不应发表保留意见或无法表示意见的有（　　）。

A. 被审计单位拒绝接受注册会计师就重大事项提出的调整或披露建议

B. 被审计单位管理层拒绝签发声明书

C. 被审计单位拒绝就重大的应披露期后事项进行披露

D. 被审计单位拒绝接受就内部控制中的严重缺陷所提出的改进建议

6. 不考虑其他条件，下列各种情形的审计报告，属于标准审计报告的有（　　）。

A. 带强调事项段的无保留意见的审计报告

B. 包含其他报告责任段的无保留意见的审计报告

C. 无保留意见的审计报告

D. 无法表示意见的审计报告

7. 下列可分类为非标准审计报告的有（　　）。

A. 带其他事项段的无保留意见审计报告

B. 带其他报告责任段但不含有强调事项段或其他事项段的无保留意见审计报告

C. 含有少量修饰性用语的无保留意见报告

D. 非无保留意见的审计报告

8. 下列各项中，可能导致财务报表的重大错报的有（　　）。

A. 选择的会计政策与适用的财务报告编制基础不一致

B. 财务报表没有按照公允列报的方式反映交易和事项

C. 管理层随意变更会计政策

D. 财务报表没有做出必要的披露以实现公允反映

9. 以下关于审计报告的叙述，正确的是（　　）。

A. 审计报告的标题应为审计报告

B. 审计报告的收件人一般为委托人

C. 审计报告的日期应为完成外勤工作日

D. 审计报告的内容应包括附件，即已审会计报表

E. 审计报具有法定证明效力

10. 属于书面声明的作用的是（　　）。

A. 明确管理层的责任　　B. 鉴证被审计单位的账务资料

C. 提供审计证据　　D. 减轻注册会计师的审计责任

E. 证明管理层的胜任能力

三、判断题

1. 书面声明的收件人为接受委托的会计师事务所。（　　）

2. 当注册会计师在审计中发现被审计单位的会计处理方法与有关会计准则不一致时，就产生了审计差异。（　　）

3. 注册会计师只将审计报告送给被审计单位。（　　）

4. 如果被审计单位管理层拒绝提供注册会计师必要的书面声明，应当出具保留意见或无法表示意见的审计报告。（　　）

5. 有限责任公司的审计报告应该致送给股东大会。（　　）

6. 对于单笔核算误差低于所涉及会计报表项目（或账项）层次重要性水平，无论其性质如何，均应将其视为未调整不符事项。（　　）

7. 审计报告的签发日期应该是注册会计师完成外勤工作日。（　　）

8. 注册会计师出具无法表示意见的审计报告，表明其拒绝接受委托，不愿发表意见。（　　）

9. 如果经过实施有关实质性程序后，注册会计师仍认为与某一重要账户或交易类别认定有关的检查风险不能降低至可接受水平，那么他可能发表保留意见的审计报告。（　　）

10. 非标准审计报告是指非无保留意见的审计报告。（　　）

四、实务题

ABC 会计师事务所接受甲公司委托审计其 2016 年度财务报表，A 注册会计师为项目合伙人，出具了保留意见的审计报告。2017 年 10 月，甲公司决定改聘 EFG 会计师事务所审计其 2017 年度财务报表，并签订了审计业务约定书。甲公司同意 EFG 会计师事务所与 ABC 会计师事务所进行沟通。

（1）B 原为甲公司总经理，于 2017 年 5 月离开甲公司加入 EFG 会计师事务所，EFG 会计师事务所将其纳入 2017 年度财务报表审计项目组。

（2）EFG 会计师事务所从 B 那里了解到甲公司目前经营状况良好，重大错报风险不高，因此决定不再执行其他了解程序，直接进入进一步审计程序。

（3）EFG 会计师事务所在承接业务之前与 ABC 会计师事务所进行了电话沟通，并将沟通的情况记录在了审计工作底稿中。

要求：

a. 根据上述事项（1）—事项（3），逐项说明是否恰当，简要说明理由。

b. 在本期的审计过程中发现，以前针对上期财务报表发表保留意见的事项仍未解决，注册会计师应当对本期报表意见如何定夺？

技能强化训练

【实训目标】 编制审计报告。

【实训资料】 衡达会计师事务所接受天天股份有限公司的委托，对该公司 2017 年度会计报表进行审查，注册会计师张铭和刘洪进驻该公司后，发现因几天的连续暴雨，该公司遭受严重的水灾，办公室进水，许多手工记账的会计账簿受损。该公司账簿记录部分手工处理，部分计算机处理，但主要还是依赖手工处理。由于保护得当，计算机处理的账簿记录未受损，张铭和刘洪试图根据计算机资料重建 2017 年度的账户系统，但由于缺少重要的数据而难以全面恢复当初的会计记录。

【实训要求】

（1）张铭和刘洪应编制哪一种类型的审计报告？请说明理由。

（2）请编制一份恰当的审计报告。